向善者说

XIANG SHAN ZHE SHUO

魏秀生 / 著

中国社会出版社

国家一级出版社·全国百佳图书出版单位

图书在版编目（CIP）数据

向善者说 / 魏秀生著 . —— 北京 ：中国社会出版社，
2024.4（2024.10 重印）
　　ISBN 978-7-5087-7037-6

　　Ⅰ.①向... Ⅱ.①魏... Ⅲ.①慈善事业－概况－湖州
Ⅳ.① D632.1

中国国家版本馆 CIP 数据核字（2024）第 062323 号

向善者说

出 版 人：程　伟
终 审 人：周　立
责任编辑：秦　健
策划编辑：程　伟
装帧设计：时　捷
出版发行：中国社会出版社
　　　　　　（北京市西城区二龙路甲 33 号　邮编 100032）
印刷装订：河北鑫兆源印刷有限公司
版　　次：2024 年 4 月第 1 版
印　　次：2024 年 10 月第 3 次印刷
开　　本：170mm×240mm　1/16
字　　数：300 千字
印　　张：23.5
定　　价：88.00 元

目 录
CONTENTS

序 ·· 宫蒲光（001）

❦ **学习研究篇** ❦

让慈善温暖湖州 ··································· （003）

愿《湖州慈善》成为您的良师益友

　　——寄语《湖州慈善》创刊 ··········· （005）

关于慈善项目化建设的思考 ··············· （007）

认真学习贯彻国务院指导意见　大力加强慈善组织

　　自身建设 ··································· （011）

慈善组织如何加强联手联动 ··············· （015）

在把握大势中实现新作为 ··················· （019）

对慈善事业首先是鼓励支持 ··············· （022）

敬法如山　依法行善 ························· （024）

慈善义工工作之我见 ························· （026）

关于慈善指尖化建设 ························· （028）

以党的十九大精神为指引　努力实现湖州慈善事业

　　新作为 ··································· （033）

写在前面的话 ··································· （039）

深刻把握新时代特征　主动适应新时代要求　努力把

　　湖州慈善事业推向新高度 ··········· （042）

继续走在前列，续写现代大慈善新篇章 …………………（048）

湖州现代大慈善的实践与思考 ……………………………（049）

关于慈善特色化 ……………………………………………（055）

用好"慈善排行榜" 推动慈善大众化 ……………………（057）

何谓慈善大使 ………………………………………………（061）

慈善法给我们带来了什么 …………………………………（063）

以法治慈善之利器推动现代大慈善建设 …………………（071）

以党的十九届四中全会精神为指导，在更高站位上

　　开创新局面 …………………………………………（074）

为什么要成立慈善文化研究院 ……………………………（077）

坚定不移 久久为功 让在"湖州看见现代慈善"

　　梦想成真 ……………………………………………（081）

认真学习习近平疫情防控系列重要讲话精神 准确把

　　握慈善组织在重大突发事件中的定位与作为 ………（083）

对慈善文化的一些认识 ……………………………………（103）

"绿水青山就是金山银山"理念是推动新时代慈善事业

　发展的强大引擎

　　——以湖州市慈善实践探索为例 …………………（106）

关于慈善职业化建设 ………………………………………（118）

关于基层慈善组织网络和慈善文化建设 …………………（122）

学党史听党话跟党走 ………………………………………（131）

关于枢纽型、服务型、行业性慈善组织建设 ……………（134）

抓住机遇 实干争先 在推进共富先行的伟大事业中

　唱响慈善之歌

　　——湖州市慈善总会系统"共富路上善先行"

　　　十大行动的实践探索 ……………………………（137）

以党的二十大精神为指导，担当起慈善事业的新使命 ………（145）

对市区县慈善总会会长联席会议机制的总结与感悟 ………… （150）

慈善文化研究传播的湖州实践与思考 ………………………… （154）

实践探索篇

愿五月阳光永远温暖母亲 ……………………………… （161）

要用心研究慈善资源 …………………………………… （163）

村级基金要建用管并举 ………………………………… （165）

政府来不及做的慈善要主动介入 ……………………… （175）

如何把"慈善一日捐"活动组织好 …………………… （177）

慈善义工要义字当先为义而行 ………………………… （197）

"慈善一条街"是个创举 ……………………………… （199）

慈善冠名基金是多方共赢的大好事 …………………… （202）

药品救助是为低保群众送去的又一份温暖 …………… （204）

做慈善就是要冬暖夏凉 ………………………………… （206）

慈善组织在精准扶贫中应积极有效作为 ……………… （208）

善善相助行大善 ………………………………………… （212）

与百姓结缘善行天下 …………………………………… （214）

心中有他人是慈善的境界 ……………………………… （215）

进一步彰显龙头示范作用 ……………………………… （218）

对口援疆，慈善不能缺席 ……………………………… （224）

助力困难家庭大学生圆梦启航 ………………………… （227）

慈艺结合富有创意 ……………………………………… （230）

慈善工作要顺势而为 …………………………………… （232）

致敬慈善排行榜入围者 ………………………………… （236）

主题伟大，历久弥新 …………………………………… （237）

把读书作为终身爱好 …………………………………… （239）

以需求导向和发展导向谋划长远 ……………………… （242）

大敌当前人人有责 ………………………………… (244)

慈善无疆界 ……………………………………… (247)

共克时艰，我们的社会成熟了强大了 …………… (249)

社会责任感是企业成熟的重要标志 ……………… (251)

她书写了抗疫捐赠的三个第一 …………………… (253)

以一线战斗精神应对大战大考 …………………… (255)

慈善家庭令人敬 ………………………………… (257)

致敬助力抗疫的慈善工作者 ……………………… (258)

创建慈善文化研究院是对的 ……………………… (260)

首届南太湖慈善论坛的成功所在 ………………… (262)

登门求学　随行见学　论坛研学 ………………… (266)

"五力"并举，以优异成绩迎接建党 100 周年 …… (268)

致敬 2020 ………………………………………… (271)

关于"百千创建"活动 …………………………… (273)

深入推进基层慈善基金（机构）建设 …………… (278)

做一路向好的慈善组织 …………………………… (281)

在第二届浙陕慈善论坛上的致辞 ………………… (283)

共富路上善先行 ………………………………… (284)

透过变化看大势 ………………………………… (288)

新世纪湖州慈善事业发展情况

　　——以慈善总会系统为例 …………………… (292)

印象 2022　展望 2023 …………………………… (297)

从小慈善向大慈善大步跨越 ……………………… (302)

❀ 队伍建设篇 ❧

做一名无愧于慈善荣誉的慈善工作者 …………… (307)

兼职也要尽责

 ——如何当好副会长（单位） ·············· （312）

慈善人要多一点精气神 ··················· （314）

为慈善人搞好服务是办会之道 ··············· （318）

做慈善要有大情怀 ····················· （320）

做慈善的明白人有心人举旗人 ··············· （322）

不忘初心 继续奋斗 续写湖州现代慈善新篇章 ········· （324）

当好主人翁 擦亮主窗口 唱响主旋律 挺起主心骨 ······· （330）

把关协调育人 ······················· （332）

大舞台 大熔炉 大家庭

 ——我向往的慈善组织 ················· （333）

只要想成才，人人可成才 ················· （334）

沧海横流 方显慈善本色

 ——谨以此文献给并肩抗疫的湖州市慈善总会战友 ······· （336）

感悟 2020 ·························· （340）

真善美诚是慈善的最大标尺 ················ （342）

认准了的事就要百折不挠干下去 ·············· （345）

胸有全局决战决胜 ····················· （347）

慈善万岁 ·························· （352）

站好最后一班岗 ······················ （358）

后　记 ··························· （360）

序

宫蒲光*

　　慈善事业是我国基本经济制度、民生保障制度和社会治理制度的有机组成，是初次分配、再分配、第三次分配协调配套的基础性制度安排的重要方面，是具有广泛群众性的道德实践，是中国特色社会主义现代化建设事业的重要组成部分。党的十八大以来，以习近平同志为核心的党中央高度重视发展慈善事业，把充分发挥慈善在第三次分配中的作用、扎实推进全体人民共同富裕，摆在了更加突出的位置，提出了更加明确的要求。这是党和国家在中国式现代化进程中对慈善事业重要作用的精准定位，是赋予中国特色慈善事业光荣而伟大的历史使命，不仅为新时代慈善事业高质量发展开辟了广阔的天地，也激发了社会各界爱心企业、爱心人士，特别是慈善从业人员投身慈善事业的强大的内生动力。

　　我和魏秀生同志因善相识，因情结缘。湖州市慈善总会是中华慈善总会的会员单位，是总会重要的慈善力量和优秀的合作伙伴。魏秀生同志自2013年4月起担任湖州市慈善总会会长，他为人耿直，爽人爽语，是一位充满激情、积极向上的慈善人，在全国慈善会行业内颇负盛名。长期以来，魏秀生同志以"升官发财者莫入斯门，逍遥自在者请走他路"作为自己投身慈善事业的初心，把推进中国特色慈善事业高质量发展作为矢志不渝的奋斗目标。在湖州市慈善总会会长的岗位上，他不仅奋战在慈善实务第一线，还坚持研究探索推动慈善事业创新发展，形成了一

---

　　* 第十三届全国人民代表大会社会建设委员会副主任委员、民政部原副部长，中华慈善总会会长。

序　001

套立足自身、上下协同、左右联动的慈善工作运行机制，带出了一支政治意识强、能力素质高、极具敬业精神的慈善工作队伍，走出了一条符合中国特色慈善发展规律、彰显湖州自身特点的慈善发展之路。这十年，湖州市慈善总会在他的带领下，紧扣时代脉搏，围绕中心大局，做了很多创新先行的实践探索，特别是在推进慈善文化传承传播中，走在了全国慈善会的前列。他们创立了第一家具有独立法人资格的湖州市大东吴慈善文化研究院，在浙江省率先制订了"共富路上善先行"——慈善组织助力共富十大行动方案，率先开展了"百千慈善文化实践（示范）基地"创建活动，首创了丁莲芳慈善文化超市，等等，在许多方面开创了地市级慈善会弘扬慈善文化的先河，为浙江慈善、全国慈善会推进慈善文化创新发展作出了突出贡献。

《向善者说》是魏秀生同志在十年慈善工作实践中总结提炼的学习成果，是一部凝结作者心血和独立见解的文集，我通读后有四方面体会：一是具有突出的实践性。作者立足慈善工作实际，对慈善组织定位和运行、慈善基金募集、慈善项目实施、慈善组织人才队伍建设、"互联网+慈善"等诸多现实问题进行深入解读，是一本内容丰富的慈善实务手册。二是具有较高的理论性。近年来，伴随着我国经济社会的快速发展，慈善事业也面临许多新情况、新问题。作者从慈善工作实践入手，结合党和国家对慈善事业的新要求、新定位，在加强慈善法治建设、推进慈善文化建设、更好发挥慈善功能作用等方面进行了深入思考，提出了许多有价值的观点，对关心慈善、热爱慈善、正在从事慈善工作的同志具有较高的理论价值和启示意义。三是具有独特的创新性。作者结合湖州的慈善工作实际和浙江建设共同富裕示范区的地域特点，对开展村级慈善基金建设、打造慈善一条街、开展好慈善一日捐、推动慈善大众化等诸多问题，进行了有益的探索和实践创新，对推动东部发达地区慈善事业高质量发展具有一定借鉴意义。四是具有很强的可读性。全书语言平实无华，结构清晰明了，不仅传递出作者对慈善事业的理性思考和实操经验，还表达了作者做人做事的态度和慈善人的坦荡胸襟，一定能够为读者在工作生活中提供有益参考和正向激励。

党的二十大开启了全面建设社会主义现代化国家的新征程。站在历史的新起点，慈善事业责任重大、使命光荣。新时代呼唤新作为，新征程展现新担当。我期待全国慈善会同人，深入学习习近平总书记关于民政工作和慈善事业的重要论述，牢记党和国家赋予的历史使命，以更加奋发有为的精神状态，凝心聚力推动高质量发展，奋力谱写中国式现代化建设的慈善篇章，为扎实推进共同富裕、实现中华民族伟大复兴贡献新的慈善力量。

2023 年 12 月 5 日

学习研究篇

让慈善温暖湖州*

在这样一个新老交替、接力传递的时刻，我讲三句话：

第一句话：市委、市政府如此重视慈善事业的发展，如此重视市慈善总会的建设，如此重视今天的会议，为此，我们充满感激之情。市委书记马以和市长金长征欣然接受我们的聘请，担任总会的名誉会长。市委副书记金建新、副市长沈建平和市委、市政府的两位副秘书长都来参加会议，金建新副书记还将对我们的工作提出希望和要求。此前，沈建平副市长多次参加总会的活动，并到总会看望工作人员，进行工作调研，这些都激励我们以更加饱满的政治热情投入慈善工作。

第二句话：过去10年，特别是近5年来，市慈善总会成绩不凡，建树不凡。对此，我们充满感恩之心。沈荣林会长是德高望重的老领导，既是市慈善总会的创始人、设计师，又是亲力亲为的实践者、实干家。他的敬业精神、务实风格、严谨作风，受人敬重。这次总会换届，为了培养相对年轻的同志，他多次提出不再担任会长一职，并为接任的同志开展工作做了多方面的精心准备。他的高尚品质和他带领大家一起探索总结的关于市慈善总会的工作思路、工作途径、工作制度、工作作风，是一笔宝贵的精神财富，永远值得我们珍惜和发扬。我们对沈荣林会长、吴文江副会长和第二届理事会的多位副会长、理事及全体会员，为湖州慈善事业作出的不懈努力和重要贡献，再次表示衷心感谢和崇高敬意！

第三句话：未来5年，我们肩负众望，任重道远。对此，我们

---

* 在湖州市慈善总会第三次会员大会上的讲话，2013年4月11日。

必须要有感悟之作。这次理事会会议，大家推举我和其他 23 名同志担任会长和副会长。我们深知，这是一份信任、一份荣光，更是一份责任。党的十八大之后，习近平总书记多次告诫全党："空谈误国，实干兴邦。"这些要求同样适用于慈善总会的工作。我们将开阔视野、观察思考，放开手脚、真干实干，不断把湖州的慈善事业推向前进。一是要以热爱慈善的激情回报这份信任；二是要以推进慈善的业绩赢得这份荣光；三是要以呵护慈善的真诚担当这份责任。

同志们，历史上的湖州是民风淳朴之地、乐善好施之乡。在实现"四个翻番"、打造"四个湖州"的伟大事业中，慈善工作仍然大有可为。让我们携起手来，热爱慈善、推进慈善、呵护慈善，让慈善温暖湖州。

谢谢大家！

愿《湖州慈善》成为您的良师益友

——寄语《湖州慈善》创刊*

朋友，当您拿到这本还散发着淡淡墨香的刊物时，说明您已经与湖州慈善有缘。倘若您能再翻阅几页，品评几句，那便是我们的荣幸。

《湖州慈善》经过几个月的精心孕育，今天终于勇敢地落地了。她是一个鲜活稚嫩、嗷嗷待哺的新生儿。

新生儿在带给亲人欣喜的同时，也承载着众人对她的期盼。我期盼中的她，地理坐标——中国湖州，历史方位——现代慈善；展现的内容以人为本、以事为辅，围绕人思考、策划、采编，做到见事见人、见人见理、以人成事、以人感人；她的风格是主辅兼顾、内外交融、图文并茂、雅俗共赏；她的追求是把自己打造成有人看、有人盼、有人评、有人赞的有用之器。

新生儿需要亲朋好友、邻里乡亲和社会各界的呵护。感情上应亲近她，像对待自己的孩子一样；思想上要启迪她，像润物细无声一般，用滴滴甘泉乳汁滋养她；行进中要为她的每一步向前鼓与呼，也要为她的跌跌碰碰甚至不慎摔倒扶上一把。当然，善意批评与大度宽容同样是一种呵护。一句话，使她从诞生之日起，就享受温暖的阳光、清新的空气、浓浓的亲情、厚厚的爱意，让她沐浴着阳光雨露健康成长。

外因是条件，内因是根据。新生儿的成人成器说到底还要靠自身努力。我相信，她会在学习学习再学习中充实自我，在实践实

---

* 摘自《湖州慈善》第一期，2013 年 8 月。

践再实践中完善自我，在创新创新再创新中提升自我，在自省自省再自省中实现自我。以自我之实现传递大我之爱心，播洒慈善之温暖。

　　让我们一起期盼并祝福她吧！

关于慈善项目化建设的思考[*]

大家对这次会议高度重视，各位会长全部到会，都发表了意见、开动了脑筋，这也是快乐慈善的重要体现。动了脑筋才快乐，脑瓜子越动越灵活，笔头子越写越流畅，关系越交流越融洽。

关于项目化建设，我讲五个问题。

一、关于必要性。我总结了四句话，第一句话，项目化运作是先进地区的成功经验。去年我们到几个地方看了看，凡是慈善做得比较好的地区，项目化运作都不错。第二句话，项目化运作是传统慈善走向现代慈善的重要标志。德清和长兴的材料都讲到这个观点。传统慈善更多的是个案。现代慈善，大家公认的，目前美国的慈善是世界上做得最好的，比尔·盖茨也好，巴菲特也好，都是项目慈善。几百亿美元资金，面向全世界的某一个问题，甚至研究厕所怎样除臭的问题，拿出大笔资金专门研究，找科研人员去研究，关注全世界的环保，它就是项目慈善。第三句话，项目化运作是提升慈善公信力和透明度的必然选择。这两天大家都讲到这个观点，很多善心人士给慈善组织捐了钱，这些钱做了什么，要让他明明白白，他想做什么，你怎么帮他操作的，通过项目让他看到实实在在的捐款成果。我们经常听到捐给你们的钱花到哪里去了的疑问，为什么？项目没立起来是很重要的因素。如果项目立起来了，他就知道，这个项目花了多少万元，那个项目花了多少万元，大数据有了，公信力自然也就提升了。第四句话，项目化运作是提升湖州慈善水平的根本途径。湖州慈善总会走过了 10 年的历程，取得了很大的成绩，

---

* 在湖州市县区慈善总会会长联席会议上的讲话，2014 年 3 月 28 日。

但是大家都承认一个现实——我们与先进地区比，与群众的期待比，水平确实还不算高，我们做的项目，规模不大、品位不高、牌子不响、影响不广，这就是我们的现状。做都在做，效果也有，有的效果还不错，但总体上水平不是很高。规模化程度、品牌化效应、社会化反响，总体不是很理想。提升现有水平，项目化是根本途径。

二、关于可行性。可行性要建立在这样的基础上：第一，要有旺盛的社会需求。如果我们的项目，天地很广阔，这就是旺盛的社会需求。只有老百姓需要的项目，才有市场，才有运作的空间。第二，要有完善的组织体系。市、县（区）、乡镇（街道），包括村（社区），我们已经有了完善的慈善组织网络，这非常重要，你说联动，没组织网络怎么动得起来。我们已经有了完善的组织基础和网络，我一到慈善总会就讲，不能爷爷和爸爸做同样的事情，也不能爷爷和孙子做同样的事，有些事情是村里做的，有的是街道做的，一级干一级的事。第三，要有一定的物质基础。10年下来，我们每个总会都有了长足的进步，特别是去年，发展势头非常好，各区县的组织都有了一定的物质基础。第四，要有实践探索、经验积累，这一条我们也具备了。第五，要有较好的社会氛围。今年市总会准备做的两个项目，都是先跟爱心企业推介，企业也愿意参与，如果没有好的氛围、没有人参与，只靠我们这点物质基础也办不了大事，大的项目还是要靠爱心企业来投入。

三、关于原则。一是有客观需求。二是有慈善特色。三是有补政功能。四是有操作能力。我们办得了这个事才能办，办不了，驾驭不了，没有专门人才，不懂这个东西，你别上去了，骑虎难下，进去出不来不行，上去下不来不行。我们的慈善超市正在筹备，我也很担心，开门容易办好难，我们一定要有操作能力。五是要有示范效应。比如养老，慈善总会办的项目要有社会示范效应，要在社会上起榜样作用。六是要有检验尺度。调研、立项、检查、评估，能够检验项目成效。

四、关于形式选择。总的想法是在坚持能够运作的前提下，不拘一格，鼓励创新，这是一个大的原则。项目一定是有格式的，但成了模式化就不好。目前我们了解到的，大概有这样几种形式：一种是自办式，就是慈善系统自己搞。项目化运作绝不是只讲救助，项目化运作是个大概念，这次会上孙阿金副会长从筹资的角度讲项目，夏永社秘书长从救助的角度谈项目，朱群燕同志从资金管理的角度谈项目，宣教部从宣传的角度谈项目。一种是资助式。别人已经有个实体了，我资助他，譬如民办养老机构，看他办得不错，我跟他合作，挂我的牌子。慈善组织资助就要名正言顺，要挂牌。资助式，扩大慈善影响，扩大慈善宣传。另一种是合作式。我们已经有了上下的合作、左右的合作，大家一起来做这个项目，有共同的需求、共同的组织体系。现在有好多项目都是合作式的。还有一种是股份式。有一些实体项目，要叫企业进来，譬如说养老，正在调研，还在找合作方。如果要办可能实行股份制，慈善占小股，放一点在里面，机构独立运作，挂慈善牌子。慈善总会引进了民间资本，它是独立法人，叫民非组织也行。我们办的慈善超市就是这种形式，但它不是股份制，而是独立法人、民办非企业，是湖州市慈善总会美欣达慈善超市，因为是企业出的资，所以冠企业的名。当然还有其他更多的形式。关于项目化运作的趋势，我看了很多材料后总结了三句话：第一句话，从资金找项目向项目找资金转变。第二句话，从单一运作型向合作联动型转变。这个合作联动，可以是同类组织之间的合作联动，也可以是不同类组织之间的合作联动，慈善组织和政府部门合作也是合作，慈善组织和企业合作也是合作，和国企民企、混合所有制经济也可以合作。所以，我们的思路要拓展，单一运作与合作联动相比，肯定合作联动的力量更大。第三句话，从救助服务型向实体增值型转变。原来我们的项目更多的是救助服务型，应该办实体，慈善项目最好也是实体项目，办慈善实体。

五、当前我们该做什么。第一，要进一步统一认识。第二，要梳理已有项目。梳理不是罗列，罗列出来以后要分析，要整合，哪一些是可以继续保留的，哪一些是可以整合的，哪一些是可以提升的。梳理的目的是该保留的保留，该整合的整合，该提升的提升。第三，要大胆实践探索。说一千道一万，不如实实在在去做。一打纲领，不如一个实际行动。第四，要加快人才培养。项目化运作，需要专业人才，必须按照项目化的要求，从立项到评估到验收，不能做到哪里算哪里。规范化地做，必须要有专门人才。比较可喜的是各个总会都招了一些年轻同志进来，这是必然趋势。老同志挂帅、把舵，干活的人要年富力强、要年轻，不能都是一帮老头子。各个总会都有新面孔，这是好现象。让专业的人干专业的事，加快人才培养非常重要。

认真学习贯彻国务院指导意见
大力加强慈善组织自身建设*

　　认真学习贯彻《国务院关于促进慈善事业健康发展的指导意见》（以下简称《指导意见》），大力加强慈善组织自身建设是这次会议的主题。围绕主题，各位会长都作了很好的发言。下面，我也发个言与大家交流。

　　首先，根据我的理解，讲一讲《指导意见》的重要意义和主要特点。

　　第一，文件具有权威性。《指导意见》是国务院出台的，这是新中国成立60多年来第一次就慈善工作以国务院的名义发布的一个指导性的意见。在这之前，有关慈善工作的文件，一般都是由民政部发布的，或者说在政府工作报告里提上一句，党代会的报告上提上一句。以国家最高行政机关的名义出台关于慈善工作的意见，是新中国成立以来的第一次，因此它具有极高的权威性。我们必须从思想上切实引起高度的重视，在第一时间原原本本地学习好这个文件。

　　第二，文件的内容具有全面性。《指导意见》就慈善工作的地位、作用、内涵、政府的责任、慈善组织的任务以及慈善组织应该怎么做，政府应该怎么监管，社会各界应该怎么支持等方方面面都讲到了。总结了近些年各地实践的经验，集中各方面的智慧才形成了内容非常全面、对慈善工作具有全面指导作用的这么一个文件，所以我们要全面地去把握。

---

　　* 在湖州市县区慈善总会会长联席会议上的讲话摘要，2015年4月13日。

第三，**这个文件具有创新性**。文件的很多提法突破了人们原来对慈善的认识，而且列举的很多内容都体现了时代的特点。《指导意见》把这几年慈善在实践中的一些新经验、一些好做法都吸纳进去了，因此它具有很强的时代感和创新性。

第四，**这个文件具有严格性**。文件的严格性尤其体现在对慈善组织的要求上。我们为什么要专题研究自身建设？因为这个文件对慈善组织提出了非常严格的要求。慈善活动怎么公开、怎么透明，开展慈善活动如何按程序按规范来走？这个文件里面都有明确的规定。非常严格非常明确地给慈善组织画了杠杠，哪些可以做，哪些不可以做，要做应该怎么做，哪些问题要哪一级把关，向哪一级报告，在哪一级公示，包括报告的内容、公示的时间都有明确的要求。

其次，从学习贯彻《指导意见》的角度看加强慈善组织自身建设的重要性。有个观点我讲了多次，就是慈善工作做少了没多少问题，但做错了就是大事。少做没人说，不做也没人说，但是一旦做错了，造成的负面影响不是短期的。打铁还需自身硬，要把慈善工作做好，首先要把慈善人做好，我们要先做好一个慈善人才能做好慈善的事。要做一个好的慈善人就要经常地研究怎样加强自身建设，提升自身素质。只有有一批素质很高的慈善工作者才能推动慈善事业不断向前发展。也就是说，凡事都是人做的，人的境界高了，做事的格局也就大了，做事的境界也就高了；人的素质很低，做出来的事情很可能就事与愿违、事倍功半，得不到良好的社会反响，更收不到很好的社会效应。我们要借学习贯彻《指导意见》的契机，再一次系统地研究如何加强自身建设。昨天我们各位会长都交流了非常好的经验，德清的柴志良会长讲的是四个建设：思想政治建设、组织建设、能力建设、制度建设；长兴的徐永方会长讲了要打好六个基础：组织基础、队伍基础、能力基础、思想基础、实力基础、制度基础。大家讲得都非常好，各区县都形成了一些具有自己特色的、比较系统的自身建设的经验和做法，我们可以相互交流、相互借鉴。

我再强调四个方面的要求：

第一，要牢固确立《指导意见》在当前和今后一个时期对慈善工作的指导地位。因为《中华人民共和国慈善法》尚没有出台，《指导意见》是最权威的指导性文件，我们要牢固确立、大力宣传《指导意见》的指导地位，以适应《指导意见》权威性的要求。

第二，要认真学习准确把握《指导意见》的内容，以适应全面性的要求。对于《指导意见》，第一时间要看看讲了什么东西、传递了什么信息、提出了什么要求，要能够看得懂也讲得清。整体上把握住了，实践中就不会以偏概全，捡了芝麻丢了西瓜，今天这样明天那样，顾此失彼。对文件精神整体上的把握，对于全面贯彻非常重要。

第三，要勇于实践、大胆探索，以适应《指导意见》创新性的要求。特别是在慈善活动领域，要开阔视野，放开手脚，敢于试，敢于闯，敢于做别人没有做过的事情，同时要及时总结取得的成功经验，这样才能实现创新。总是东张西望、左顾右盼，迈出一脚就怕摔跤，做一点事就怕做错，那就永远做不好。所以我们在慈善活动领域也要勇于实践、大胆探索，解放思想、放开手脚，只有这样，新的东西才能不断生长出来。

第四，要高度警觉、严格自律，以适应《指导意见》严格性的要求。这里特别要强调，加强自身建设，说到底是要把复杂问题简单化，要把长文章做短，把长话说短，就是两个严：一个是自律要严，自己对自己要求要严格；另一个是监管要严，我们要自觉地接受行政的监督、民众的监督、财政的监督、审计的监督、媒体的监督、社会的监督，这些监督都是监管，对于我们来说都是他律，是别人帮助我们来把关。关于自律要严，内部要有章法，要有一系列的规章制度，财务要有财务的制度，廉洁要有廉洁的规定，做项目也好，搞救助也好，都要有章可循，这样才能实现自律。规章制度缺失只靠道德层面去自律是不长久的，邓小平同志经常讲制度更带根本性、更具稳定性。不能只凭个人一时的觉悟，今天觉悟高了不出问题，明天一不小心思想一松，没有制度的约束，肯定要出问题。所以自律要严的关键就是规章制度要配套，再加上自觉接受监管，我们才能够适应《指导意见》严格性的要求，把社会上的事情做好，把内部的建设搞好，做到内外双丰收。

慈善组织如何加强联手联动*

做任何一件事情，首先要回答为什么要做这件事，是什么动机什么初衷促使你做这样一件事？今天召集大家来，就慈善组织的联手联动问题进行专门商讨、交流。慈善说到底是要靠大家来做的，慈善也是为大家而做的，不是单靠慈善总会来做的。所以我们还是要学毛泽东同志，学党的光荣传统，凡事要依靠群众来做，必须要有人民战争的思想，必须要有群众路线的思想，一定要从大处去考虑问题。做慈善为什么打人民战争？不打人民战争，不管你是主力军还是生力军，一块好铁也打不了几根钉，一员大将也抵挡不了几个兵。但是你把大家动员起来，把各方面力量组织起来，你就可以发挥群众无穷的威力，依靠群众来做成群众自己想办的事情，依靠群众来做成有利于群众的事情。这是基本的道理，所以我们要研究联手联动问题。

有的同志可能会讲，我做慈善这么多年了，从来没有求过人不照样做吗？确实可以照样做，但这样做就做不大，也做不长远。从长远发展的角度来看，联手联动是现代大慈善的必然选择，也是一个慈善组织走向成熟的重要标志。看一个组织是否成熟就看它是单打独斗，还是联手联动。一个成熟的组织，必然是借用、动员、运用更广泛的社会资源，把大家都联系起来、动员起来，合力来做成有意义的事情。这几年湖州慈善的发展正在朝着这个方向前进，但是做得还远远不够，所以我们要研究慈善组织、慈善项目的联手联动问题。

---

* 在湖州市县区慈善总会会长联席会议上的讲话，2015 年 6 月 26 日。

　　所谓联手主要是指横向的、在一个层面上的联系，比如说市慈善总会怎么和市总工会联手，怎么和市委组织部、市委宣传部联手，怎么和市级机关、市级其他社会组织联手。所谓联动是指上下的、纵向的联系。比如说市慈善总会和县（区）慈善总会，这几年我们也一起做过项目；比如省里推出一个项目，要求市、县（区）配套来做，这就是上下联动。现在都在讲三级联动四级联动，我们现在也有相应的条件了。从湖州市来看，有市慈善总会、各县（区）慈善总会、乡镇的分会，还有村的工作站，我们有这个条件来联动，有这个组织基础来联动。没这个组织网络，你怎么去联动？党政机关布置工作要求不留死角不留盲点，要横向到边。不联手，怎么横向到边？我这个手不够，把你的手牵起来，大家手挽手肩并肩，这样就横向到边了。什么是纵向到底？上面有很好的想法，下面能够响应，大家都感到这件事有意义，然后通过一定的机制，上下一起来动手。就像我们做扶贫项目，市里出多少钱，县里出多少钱。再比如说我们搞急难救助这一块，有些人生了大病需要救助，1万元不够要3万元，要5万元，村里救助2000元，街道救助5000元，县（区）出一点，市里再出一点，这就是联动。联手联动，有联系也有区别，真正都联手联动了，上下左右都联系起来、都动员起来，这才是真正的联手联动。

　　联手联动有什么好处呢？参与慈善的面会更广，慈善资金的来源渠道会更宽，受益的人群会更多，慈善的影响会更大。这样，我们的慈善才更有实力、更具活力、更显魅力。如何在原有基础上，使湖州市行政区域内的慈善组织在联手联动中扮演好自己的角色，发挥好公益组织的主力军作用，把这个担子挑起来，在以下几个方面我们要努力。

　　第一，要有开明开放的胸怀。胸怀很狭窄，没有开放的意识，关起门来称老大，感到自己做得很好，不去帮助别人，自然也没有人来帮助你，这样的慈善是做不好的。我们的胸怀要开明开放，做一个开明开放的人，做一家开明开放的组织，尤其是做慈善。在座的都是慈善组织的会长，在一个组织里承担领导责任、组织责任，希望各位会长都要有开明开放的胸怀。

第二，要有主动作为的意识。联手联动谁来联？我们要主动。人家上门最好，但是当人家没上门时我们要主动上门。不要怕遇到冷面孔，不要怕低人一等，做慈善为别人谋款，为需要救助的人去求人不丢人。老是自称老大放不下架子，别人拉着你做，你还在推三阻四，那肯定做不好慈善。我一直认为，主动后面才能够有启动、有生动。你不主动，等别人上门，就变成了被动。这两年，我们有了很多好势头，市慈善总会和市级机关部门联手的项目越来越多，产生了 1+1>2 的效果，对他们是帮助，反过来对我们也是帮助，壮大了我们的实力，扩大了我们的影响，做大了我们的队伍。做慈善的人多起来了，很多单位都主动成立了义工组织，有慈善活动他们主动申请参加，社会反响非常好，所以我们一定要有主动作为的意识。

第三，要有每战必胜的信心。既然是联手联动项目，必然是两家以上单位一起做的项目。自己做尽管有责任，但相对责任小一点。但是当联手其他单位一起做时，要上下左右一起在做时，对这样的项目事先必须要做好充分论证，做好认真调查研究，划定项目边界。如果说只许成功不许失败，这句话讲得绝对了一点，但我们要力争每战必胜，就是要力争做一个项目成一个项目。就像我们慈善超市，从开始就要把各种可能充分考虑到，把各种应对措施考虑到，一旦出了什么情况都可以应对。我们做项目也要这样，特别是联手联动的项目，要把各种可能的有利因素和不利因素先考虑到，工作中我们主动承担主要责任。做一个成一个，后面才会有更多的联手联动项目做起来。

第四，要有规范透明的约束。联手联动项目，首先是个慈善项目，联手联动无非是多了责任主体，多了参与单位，因此管理的难度也更大了，对透明的要求就更高了。所有的联手联动项目都要签订协议明确各自的责任，划定工作边界，然后大家按章办事、信守承诺，按项目要求及时向有关方面及社会公开公示，接受监督，把项目做得又规范又透明，从而得到社会的认可，联手联动才能联得更好、动得更有成效。

在把握大势中实现新作为*

时间过得非常快，南浔区慈善总会已经走过 10 年的历程。弹指一挥间，10 年到今天，给我印象最深的有这几个方面：

一是建会晚；二是发展快，特别是近 5 年，说跨越式发展略显溢美，但是讲快速发展一点不过分；三是特色多、亮点多；四是发展趋势好。

如何立足新起点实现新作为？我提几点建议：

第一，要在把握大势中实现新作为。慈善的大势是什么？2013年党的十八届三中全会作出的全面深化改革的决定，就把慈善列进去了，要求"支持慈善事业发展"。2014 年 11 月 24 日，国务院印发了《关于促进慈善事业健康发展的指导意见》，这是新中国成立以来在国家层面出台的第一个有关慈善事业的重要文件。2015 年 11 月12 日，浙江省人民政府出台了《关于加快推进慈善事业发展的实施意见》。2016 年 3 月召开的全国人大会议将审议通过《中华人民共和国慈善法》。慈善事业，即将进入依法治善、依法行善的新阶段。这些信息告诉我们，现在做慈善工作，遇到了好机遇，迎来了好时光，进入了好阶段，我们应该满怀信心迎接这样一个新阶段的到来。

第二，要在扬长避短中实现新作为。南浔区的慈善工作有很多优势，有很多强势，像慈善文化悠久、民营经济活跃；党政推动有力、榜样引领给力；等等。但也有短板，像村级基金推进非常快，覆盖面非常广，但实力不够强；再如冠名基金，数量多但数额不够大。我们要把长处做得更长，把短板补齐。以长补短短变长，以长

---

* 在南浔区慈善总会第三次会员代表大会上的讲话，2015 年 12 月 30 日。

学习研究篇

019

接长长更长，形成健康发展态势。

第三，**要在激活主体中实现新作为**。主要是对理事会和总会提建议。慈善总会是社会组织，定位必须准确。随着依法治善，政府会越来越往后退，它是推动，不会站到前台，站到前台的是慈善组织自身。慈善组织怎样发挥主体作用？我自己有一个感受，要靠我们参与慈善组织的人，一定要把这部分人的积极性发挥出来。有100多个会员，有几十位理事，还有若干位副会长，这是我们的主体，这是我们能够用得上的基本力量。作为总会就要想办法，怎么来为主体服务，使他们有归属感，有荣誉感，产生责任感。他们有了主体意识，就会积极主动投身慈善事业，帮你出主意，帮你想办法，帮你筹措资金，帮你找慈善项目，这个非常重要。要靠主体，主体有作为，社会组织才能壮大自强；主体不作为，只靠党委、政府是远远不够的。不可能什么事情都靠书记、区长、分管区长，一定要在激活主体中实现新作为。

第四，**要在提升自我中实现新作为**。慈善面临良好的发展机遇，也面临很多难题和瓶颈，需要我们去想办法破解。必须强化以我为主的意识，就是以慈善总会为主。以我为主就要提升自我，提升是多方面的，最主要的有三个方面：一是要提升自我的精神境界，我当市慈善总会会长之后，在第一次内部会议上作了一个长篇发言，其中讲到一副对联，上联是"升官发财者莫入斯门"，下联是"逍遥自在者请走他路"。横批为"慈善者来"。像我和华新民会长这样的人都退休了组织上让你来当会长，到慈善总会来干什么？来了就是要做事。挂个名，一个星期来转一转，想逍遥自在者，别到这里来。我当会长就这个观点，我现在如果只是比原来累、比原来忙，别人说我犯傻。是的，只能犯傻的人做这种事，不犯傻做不了这个事的。大家都会讲，慈善是一项崇高的事业，慈善是一项光明的事业，崇高的事业是需要崇高的人来做的。虽然我不是崇高的人，但是我向往崇高，力争成为比较崇高的人。一个与崇高不沾边的人，一天到晚想着发财、想着赚钱、想着当官，做得了慈善吗？怕坐冷板凳，怕听风凉话，做得了慈善吗？是做不了的。所以，我讲升官发财者别来、逍遥自在者别来，来了就是要向往崇高，阳光事业要有阳光心态，激情事业需要有激情的人去做。自己都没激情，无精打采，好像谁欠你钱一样，你怎么去动员别人？怎么去温暖别人？提升自我首先要提升自己的精神境界。因为我们的境界还不够高，需要不断提升，向爱心企业家学习，向无私奉献的人学习，这样才能去做慈善。二是要适应慈善新的情况，要有新的素质能力。现在慈善不是那么好做的，乌镇在开互联网大会，现在已经进入了互联网时代，传统的募集方法也还需要，更多的要向"互联网+"方向发展。像我们这个年龄段的人操作互联网非常吃力，需要有专业知识的年轻人。县（区）慈善总会要以做项目为主，做项目和做工程一样没那么好做。项目从立项开始，立什么项要经过调查研究，立项后怎么实施，有没有经费保障，过后的评估和审计，一整套的东西，跟造一幢大楼差不多，无非这是个软工程，那是个硬工程。我们在慈善组织工作需要不断地学习、不断地充电，这样在"互联网+"的时代才能跟上。三是要提升社会公信力，这是最重要的一条。慈善组织做得好不好，关键是社会是不是认可。我们做1亿元的项目也好，做100元的项目也好，钱怎么来的，花到哪里去了，一定要阳光透明，这是我们的生命线，是我们组织生存发展的根基。譬如一个人，当人家信不过你了，你这个人就完了，有再大的本事，朋友都会离你而去；反之，尽管你很穷，但由于讲信用，大家都信得过你，说你人很好，你有个什么困难，大家都愿意帮你。一个组织也是如此，公信力非常重要，所以我们一定要提高组织的社会公信力。

后天就是2016年了，在这里给大家拜个早年，祝各位在新的一年里，想什么成什么，干什么成什么，家家都幸福，人人都美满！

谢谢大家！

对慈善事业首先是鼓励支持*

　　昨天，第一部《中华人民共和国慈善法》审议通过，前两年国务院和省政府分别出台了推动慈善事业发展的文件，在这样一个时间节点上，市政府咨询委牵头将慈善事业发展作为今年的重要课题开展调研，恰逢其时。这也说明沙铁勇主任领衔的市政府咨询委站位高、看得准，对我们从事慈善工作的同志是一种激励和支持。慈善法的出台对我们开展课题研究很有帮助。慈善法第九章"促进措施"主要是对政府讲的，要求各级政府做十个方面的促进工作。按照慈善法的要求，看看湖州的情况，哪些方面需要加强，哪些方面需要改进。我建议，课题的重点方向，就是围绕政府应该做什么、现在做得怎么样，可能有的已经做得很好，别人没有的我们有了，但是可能很多方面我们还没关注到，或者说做得还不到位，我们这样提出咨询建议，政府出台政策性的措施就更有针对性。

　　中国的慈善事业就像中国处于中国特色社会主义初级阶段一样，尽管有悠久的历史传统，但是现代慈善中国远远落后于世界发展水平。就像市场经济一样，开始不要给它定框子，在发展的基础上慢慢规范，发展为先，规范跟进，应该是这么一个关系，两者不矛盾。慈善法的立法宗旨就是发展慈善事业，弘扬慈善文化，之后才是规范慈善活动，保护慈善组织、捐赠人。对湖州来讲，不是一般的发展，应该说要提升发展。浙江省出台的文件是加快推进慈善事业发展，国务院的文件是推进慈善事业健康发展，我们不能低于全省的

---

　　* 在慈善事业提升发展课题调研会上的发言摘要，2016年3月17日。

要求。而且就慈善总会系统而言，我们确实走在了全省前列。2015年的最新数字刚出来，在全省11个设区市的慈善总会中，过去的两年，湖州不管是捐款总量，还是人均捐款水平，特别是市本级，都处在前三位。透明度建设湖州在全国应该处于第一方阵。所以说，湖州起码是要提升发展，不是规范发展、一般的发展，是深度的加快发展，这是有现实依据的。

调研要形成两个成果，一个是制定五年行动纲领，就是全市"十三五"时期慈善事业发展纲要；另一个是为今年即将出台的市政府的政策性文件提供参考。

敬法如山　依法行善[*]

讲三个问题：

第一，慈善法给我们传递了哪些重要信息。慈善法一共 12 章 112 条，大家手上都有。我相信在座的同志都看了，我和大家一样，始终在跟进学习。2015 年全国人大常委会两次审议，只要能搜集到的信息，我都在看，加在一起看了多少遍已经记不清楚了，起码是七八遍，但这还是非常初步的，因为 2016 年 3 月 16 日通过之前还在修改。这部法律传递的重要信息我归纳了几条：

一是从立法过程来看，时间之长，修改之多，程序之严，在我国立法史上罕见，可见这部法律立法之艰难、地位之重要。在提交全国人大十二届四次会议审议时，一共有 1231 人次发言，提出了近 4000 条修改意见，最终对草案做了 110 处的修改，实质性的修改有 38 处。所以说这个法立得非常艰难，因为地位重要，举国关注。慈善与人人都有关，这可以带给我们很多思考。程序之严，立法史上罕见，说明这部法律重要，所以经过了那么多的程序，经过了那么多次的讨论修改。

二是从慈善法调整的范围看，既突出了扶贫济困救灾等慈善事业的重点，又提出了促进教科文卫体事业发展、保护环境等领域的公益活动，充分彰显了大慈善的理念。

三是从慈善法对慈善组织的定义及其设立程序看，突出了直接依法申请登记，放低了门槛，简便易行。既倡导了人人可慈善的精神，又给现有的慈善组织提出了挑战。

＊ 在湖州市县区慈善总会会长联席会议上的讲话摘要，2016 年 3 月 24 日。

四是从慈善法规定的慈善活动的运行方式看，慈善事业既是有中华民族传统美德的古老事业，又是与时俱进不断创新的现代事业。

第二，慈善法传递的重要信息给我们的启示：

启示一：要充分肯定市、县（区）慈善总会设立以来的组织架构、活动运行、内部管理等是有章可循、中规中矩的。对此我们要充分肯定，要充满自信。同时也要看到慈善法对慈善组织的建设提出了许多新要求，作出了许多新规定，我们要抓紧修订与慈善法不相适应的部分，使我们的组织始终在法律轨道上运行。

启示二：要看到这些年来我们的工作确实取得了很大成绩，但更要清醒地看到慈善法对于大慈善的定义和关于现代慈善的要求。慈善法为慈善活动开辟了更大的空间，激发了更大的潜力。我们要进一步增强责任感和使命感，为慈善总会系统的工作继续走在前列，再谱新篇，再创佳绩。

启示三：要充分相信党委、政府会比以往任何时候都更加重视支持慈善事业发展，要借势登高；同时也要充分认识慈善组织去行政化是必然趋势，要以自身的实力和公信力，赢得区域慈善组织长盛不衰的生命力。

启示四：要坚持依法治善。依法行善是根本方向，我们要敬法如山，同时又要在法律的框架内，坚持创新发展不停步，不断累积和放大具有本地特色的慈善工作的新亮点、新品牌，使亮点和品牌成为推动慈善组织持续前进的强大动力。

第三，关于这次会议的收获：一是通过学习，对慈善法的地位作用等重大问题有了清醒而明确的认识；二是对慈善法颁布以后面临的挑战初步进行了分析，增强了忧患意识；三是对面临的机遇进行了认真的研究，增强了做好慈善工作的信心和勇气。

慈善义工工作之我见*

这次会议专题研究慈善义工工作，并不只讲义工队伍建设，而是义工工作，这两者是有很大区别的。

这次会议既是学习研讨会，又是经验交流会，也是工作部署会。在大家交流的基础上，我再强调三句话：第一句话要摆进去，第二句话要抓起来，第三句话要逐步亮起来。

摆进去，就是要把义工工作作为慈善工作的题中应有之义，把它作为慈善事业的有机构成部分，把它作为慈善工作的重要内容，摆到慈善工作的总盘子里去。慈善工作募集和救助、进来和出去都少不了义工，都需要义工。还有一条，义工活动本身就是慈善工作，本身就是慈善项目。慈善不只是给钱给物，还有社会服务、精神慰藉、知识传授等。这些本身就是慈善工作。所以要把义工工作摆进去，在年度工作总体部署中统筹安排，把它作为慈善工作总盘子里很重要的一块。

抓起来，就是要把它抓在手上，实实在在做起来。昨天，市慈善总会义工部兼职部长柳晓川同志给大家介绍了我国慈善义工发展的历程，虽然我们国家起步很晚，但它是与慈善事业发展同步的。现代慈善事业发展到哪一步，现代慈善义工的工作就跟进到哪一步。原来印象中就是志愿者，志愿者是共青团系统的，妇联系统叫巾帼志愿者，它是有组织有系统地在抓。中国的全民参与是通过奥运会，通过汶川大地震以后，慈善义工开始活跃起来，队伍开始壮大起来，影响开始广泛起来。所以要抓起来，只摆进去还不够。

---

* 在湖州市县区慈善总会会长联席会议上的讲话，2017 年 3 月 28 日。

亮起来，就是旗帜非常鲜明，标志非常鲜明。慈善义工要有自己的标识，有自己的品牌。

检验这三句话，要做到"六个有"：

一是有定位。两个角度，从性质上定位，是慈善义工而不是其他的义工；从目标上定位，我们的慈善义工是慈善总会牵头抓的义工，当仁不让要成为本区域的龙头示范。一定要有明确的目标定位，因为你做得最好最规范，大家愿意加入你的行列，自觉地认同你是领头人、是龙头。我们组织了两次慈善嘉年华，第一次有 36 支公益团队参加，2016 年就有 48 支队伍参加，这就发挥了示范引领作用。

二是有机构。慈善义工要有相应的机构来保证义工队伍平稳发展，暂时没机构的也要有人抓、有人管，这是物质要件。

三是有队伍。作为市区县慈善总会，起码要有一支紧密型的队伍，当然越多越好。

四是有活动。要经常组织具有自身特点、群众能受益，又有社会良好影响的以各类义工队伍为主体的活动。

五是有保障。要有人办事，还要有钱办事，各总会对直属的义工分会每年都要提供一定的活动经费。

六是有品牌。有品牌才能实现定位，没有品牌实现不了定位。你定位定得很准定得很高，活动做了那么多，结果因为没有个性、没有特色，也没有品牌，一个也立不起来。

关于慈善指尖化建设

（一）*

"慈爱湖州"网开通运营刚满月，基本评价是四句话：开局可喜，喜中有忧，忧可化喜，前景可期。

网站开通是湖州市慈善总会系统发展进程中的一件具有里程碑意义的事。第一，为湖州市慈善总会系统的工作平台扩容。第二，为不具备公募资格而又有募捐需求的公益组织和其他组织架桥。第三，为合作的媒体增效。湖州报业集团尽管很强大，但是有了这样一个平台，它的媒体功能就更丰富多彩，更具社会知名度，更有社会公益性，我们的合作是双赢的。第四，落脚点是为需要帮助的、有需求的百姓谋利。

关于下一步工作：

举系统之力，集各方之智，把大好事办成大实事。我非常感谢县（区）的5位会长，他们思想高度统一、认识高度一致、建议趋近，我都赞同都接受，回去都落实，"1+1+5"，即市慈善总会+湖州日报社+各县（区）慈善总会，大家一起来做这件事。

怎么办成大实事呢？一是把所有可开发的功能开发出来；二是把所有能包装的项目都包装进来；三是把所有有需求的团队都吸引进来；四是把所有入驻团队的潜能都挖掘出来；五是把所有可编辑的信息刊载出来；六是把所有可运用的舆论工具调动起来；七是把所有能提供的服务贡献出来。

---

* 在湖州市县区慈善总会会长联席会议上的讲话摘要，2017年6月27日。

把理想化为现实需要一步一个脚印。首先抓好统一思想工作，把慈善总会系统的资源集中到平台上来；其次把有需求的公益团队可以运用的募捐项目介绍推荐到平台上来；最后要抓好完善提高工作，把最佳的服务惠及平台上来。

（二）*

2019 年的工作，成绩可喜、经验可贵、问题可鉴、前景可期，希望大家鉴短知长，鉴问题知努力方向。因为可喜、可贵、可鉴，"慈爱湖州"网前景可期。

关于"慈爱湖州"网的未来发展，特别是 2020 年具体工作，刚才两位领导讲的我都同意。从原则方面，我再讲四句话：

一是顺应趋势，坚定前行。 现在各个行业都在搞"互联网+"、大数据、信息化，从中央领导到普通百姓都在关注、在运作。几年以前，我就说慈善工作在"互联网+"上不能落伍，更不能当局外人。"慈爱湖州"网正是顺应趋势之作。现在趋势还在向这个方向发展，如果不紧跟形势，就将被时代所淘汰，这绝对不是危言耸听。尤其是当领导的、做慈善的，现在还不关注这件事，还没有具体的平台，别人搭建了平台还不参与，不被淘汰是不可能的。为什么要坚定前行？说明这件事我们抓对了。当年市慈善总会和报社一沟通，立马就达成了协议，有钱出钱，有力出力。互联网技术我是门外汉，但是我当会长，不能因为是门外汉，就和趋势背着来，和时代前进发展方向拧着干。这不是讲大道理，认识问题是第一位的问题。互联网、信息化、大数据，这些知识可以不懂具体方面，但是要积极地去推进、去倡导，根据自身担任的职务，根据组织的性质，能做什么做什么。

二是群策群力，共建共享。 这个平台是谁建的？我们一直讲

---

* 在"慈爱湖州"网提升工作座谈会上的讲话，2019 年 11 月 18 日。

"1+1+5+N"。"1+1"指的是湖州市慈善总会和湖州日报社主办；"5"指的是三县两区的5家慈善总会联办；"N"指的是若干家社会公益组织入驻。"1+1+5+N"是我们的工作机制。群策群力是共同搭建我们自己的平台；共建共享是要大家来共同享用这个平台。现在"慈爱湖州"网的功能很丰富了，能想到的都加进去了，但还是要不断地提升完善。因为新技术新手段不断地涌现，新需求不断地冒出，我们把新的需求和新的技术不断地对接，就能形成新的动能。刚才大家说要任务，我给共建的5个县（区）慈善总会提个要求——每家慈善总会都要上项目，保一争二不限三，多多益善。同时，在你们各自的区域里，有上平台愿望并且符合条件的社会组织，要做到一个不漏。对于社会公益组织不作具体要求，建议你们多上项目。因为对你们有好处，平台不但提供无偿服务，还有奖励，何乐而不为？

三是登高望远，创新图强。前面虽然讲了可喜、可贵、可鉴、可期，但我们头脑要清醒。目前，我们仍处在起步阶段，要给自己一个远的展望、一个高的要求，然后倒逼自己多用点心、多出把力。我们这些人迟早都要退的，把这件事做好了，也算是给后来人留一个更厚实的家底。如何创新图强？就是要把短板补起来，用创新的方式来弥补发展中的问题。具体的措施，大家讲了很多，我这里不再重复。

四是善于总结，锻造品牌。两年多走下来，有可喜、可贵之处，这些我们要总结。品牌要靠产品来支撑，要锻造大品牌，先要做好小产品。

我相信，只要我们一条心，黄土可以变成金，更何况是一个网络平台。希望大家能够继续齐心协力，把"慈爱湖州"网络平台办得更好。

（三）*

认真看了大家准备的文字材料，仔细听了各位的交流发言，我有一个深刻的印象，就是大家对这次会议十分重视，对会议议题进行了深入的研究探索。下面，我也讲几点想法。

第一，"互联网+"是大势所趋，我们必须顺势而为。现在从中央到地方都在进行数字化建设。刚过完春节，省委就召开了全省数字化改革大会，将其作为"十四五"开局的第一个大动作。现在全省各条战线都在深化数字化建设，这是大势所趋，我们如果不加入进去，不去做这件事情，就会落伍，就会被时代所淘汰。在大潮流中，在大趋势面前，我们的头脑一定要清醒，步伐一定要跟上去。

第二，尽管湖州市慈善总会系统"互联网+"已经起步，并取得了明显的成效，但必须清醒地认识到，与其他领域的数字化、指尖化进程相比，数字慈善的步幅还不大，步速还不快，路子还不宽，取得的成果也不是很令人满意，仍然是我们当前面临的主要短板。

第三，"互联网+"既要说，更要行，要立说立行。各区县慈善总会都提出了一些很好的思路和办法，我认为至少要从五个方面实实在在地去努力：

一要有重要位置。在总体工作布局中，在每年的工作计划、工作部署、工作要求中，都把它放在重要位置。

二要有专人负责。"互联网+"不比其他工作，操作的专业性很强，必须要有专门的人、专业的人来做这件事。开始可以不专业，但首先要有专人，有专业的人更好。"慈爱湖州"网刚建立时，市慈善总会也没有专业的人负责这项工作，邱树萍同志也是由于这个原因，才从湖州日报社来到了市慈善总会。各区县慈善总会也要把专门负责网络慈善的人配备起来，刚开始时可以不专业，慢慢进步，

* 在湖州市区县慈善总会会长联席会议上的讲话，2021 年 4 月 7 日。

逐渐专业起来。在网络慈善方面，即使我们的操作能力跟不上，但思想观念绝对不能落伍，一定要把专业的人才配备起来、培育起来。

三要有功能不断拓展的平台。"慈爱湖州"网，最初只有众筹功能，现在已经把信息公开、新闻发布、文化宣教等内容纳入进去。网站功能年年都在扩大，现在已经准备和南太湖号链接。各区县关于这方面的人力资源都很丰富，要充分把其调动起来，合力建好这个平台。最终目标是要成为民政部认可的慈善组织互联网公开募捐信息平台，现在全国也只有 20 家，我们要朝着这个方向去努力奋斗。以陕西省为例，每年他们依靠腾讯公益平台组织"99 公益日"活动，直接调动了全国的慈善资源，每年都有几亿元的慈善资金进账，正是因为有大平台优势，才有这样一个成绩。想要把自己的慈善事业做大，首先要建好这样一个功能不断拓展的平台。

四要有项目支持。首要就是众筹项目，慈善组织的募捐工作是第一要务，要借助网络创新募捐形式，开辟更加丰富的慈善资源。除了众筹，其他的宣传项目、文化普及教育项目也是多多益善。企业在线下捐款了，通过这个网络口子宣传宣传也可以；通过这个网站去传播慈善文化，为慈善事业发展营造良好的社会氛围也是好事。这方面现在做得最好的是长兴县，希望大家都能够向他们学习，每年至少要有一个慈善项目在"慈爱湖州"网上线。

五要有与时俱进的谋划。互联网的内容非常丰富，更新换代的速度又快，年年都有新的功能、新的技术出来，要紧盯大数据的前沿，能跟进就跟进，能快跟进就快跟进。我们当领导的一定要有这个意识，朝着这个方向去谋划。"互联网+"现在考虑的仅仅是众筹、宣传等内容，可真正意义上的"互联网+"不只这些内容，而且不断有新的东西衍生出来。与时俱进，就要求我们要始终关注这件事，研究这件事，跟进这件事。

以党的十九大精神为指引
努力实现湖州慈善事业新作为 *

一、关于学习党的十九大精神的主要体会

党的十九大精神，集中体现在习近平总书记代表十八届中央委员会作的报告和习近平总书记在与新当选常委同记者见面会上的讲话，也体现在党的十九大通过的各项文件当中，譬如修改党章的报告，中纪委的报告，关于党的十九大报告和各项决议案，但是最集中的体现，是这个报告和习近平总书记在见面会上的讲话。把报告学好了，把习近平总书记的讲话学好了，我认为党的十九大精神就基本掌握了。党的十九大报告共十三部分，从框架上讲可以分为四大板块。

第一板块是第一部分，讲5年的成就和历史性的转变。从过去5年的巨大成就转变到新时代，从过去的主要矛盾转变到新的主要矛盾。

第二板块是第二、三、四部分，这三个部分是总论。第二部分讲中国共产党的历史使命，是政治的总论；第三部分是思想理论的总论，讲习近平新时代中国特色社会主义思想；第四部分是目标总论，讲到21世纪中叶的总目标。

第三板块是第五到第十二部分，在前面总论的基础上分论。五、六、七、八、九，这五个部分是政治经济文化社会生态"五位一体"

---

* 在湖州市慈善总会学习会上的讲话，2017年11月1日。

的总体布局。十是讲国防，十一讲"一国两制"，十二讲外交。第三板块是"五加三"、内政外交。

第四板块是第十三部分，讲党的建设。

聆听学习党的十九大报告和习近平总书记在新常委见面会上的讲话，给我总的感受是四句话：大党风范、大道之行、大气磅礴、大业必成。市委书记陈伟俊概括了"十个新"，针对湖州如何贯彻党的十九大报告精神，用了"六个新高地"，即从政治、经济、文化、社会、生态、党建六个方面打造湖州"六个新高地"。

有这样一个党，有这样一些规划，我们复兴的目标，大业必成。我个人把党的十九大报告精神归纳为"十个大"。

第一，大视野。如果一鼓作气把习近平总书记的报告读下来，如果有一点理论的积淀，有一点经验的积淀，就会有这样的感受。报告的视野非常宽，纵横中华民族上下五千年、中国共产党近百年、中华人民共和国近七十年的历史。透视环球大势、世界潮流，可以感受到中国正在接近世界舞台的中心。

第二，大胸怀。习近平总书记的报告，立足于中国大地，立足于8900多万名党员，立足于13亿多人口，是大胸怀。年初习近平总书记给报告起草组提出要求，我们是一个大党，是一个大国，我们正在进行大的事业，因而必须要有大的胸怀、大的视野来起草报告。

第三，大逻辑。这个报告体现的是大逻辑，讲了那么多"新"。首先在第一部分讲我们进入了新时代，讲了三个"意味着"。新时代我们国内的主要矛盾已经转化为人民日益增长的美好生活需要和不平衡不充分的发展之间的矛盾。中国共产党开了19次代表大会，每一次大会都有它特定的历史贡献。这一次习近平总书记带着新任常委上午到上海，下午到嘉兴南湖。为什么？大会的主题是不忘初心，牢记使命，高举中国特色社会主义伟大旗帜，决胜全面建成小康社会，夺取新时代中国特色社会主义伟大胜利，为实现中华民族伟大复兴的中国梦不懈奋斗。初心来自哪里？来自中国共产党成立那一天，因为只有主要矛盾变了才能说时代变了。新中国成立前叫半殖民地半封建社会，新中国成立以后到 1956 年叫新民主主义革命向社会主义革命过渡阶段。1956 年"一化三改造"完成，社会主义制度建立。1956 年，党的八大报告指出："我们国内的主要矛盾，已经是人民对于建立先进的工业国的要求同落后的农业国的现实之间的矛盾，已经是人民对于经济文化迅速发展的需要同当前经济文化不能满足人民需要的状况之间的矛盾。"到了 1978 年，在新中国成立以来若干历史问题决议时，有了一些变化，但基本还是按照党的八大来的。现在人民对美好生活的需要，不只是物质文化，还有政治上的需求、公平正义的需求，多方面的需求同发展的不平衡、不充分之间的矛盾。因为这个变了，时代变了；因为时代变了，指导思想也要变，任务、方略也要变。这是一个大逻辑，这是理论逻辑、实践逻辑和历史逻辑的统一，三大逻辑相统一。所以党的十九大报告体现了一个大逻辑。

第四，大支柱。精神支柱。习近平新时代中国特色社会主义思想，作为与时俱进的党的指导思想，载入了党章，这是我们党的最新指导思想、精神支柱、思想武器、行动指南。毛主席讲过，领导我们事业的核心力量是中国共产党，指导我们思想的理论基础是马克思列宁主义。党的七大确立了毛泽东思想作为党的指导思想，马克思主义的中国化从毛泽东思想开始，一直到党的十五大正式提出邓小平理论。从 1945 年开始，这五六十年都是把毛泽东思想作为中国化的马克思主义。后来把"三个代表"重要思想写进去、党的十八大把"科学发展观"写进去。现在党的指导思想是：中国共产党是以马克思列宁主义、毛泽东思想、邓小平理论、"三个代表"重要思想、科学发展观、习近平新时代中国特色社会主义思想作为自己的行动指南。按我的理解，中国站起来的指导思想是毛泽东思想，富起来的指导思想是邓小平理论，新时代强起来的指导思想就是习近平新时代中国特色社会主义思想。

第五，大目标。报告规划了两个 100 年和后一个 100 年的后 30 年的目标。两个 100 年是什么，建党 100 年，实现小康；新中国成立 100 年，实现现代化。现在再过两年小康就要完成了，到 2050 年要实现社会主义现代化。后面分两个阶段，两个 15 年。到 2035 年，基本实现现代化，再奋斗 15 年，到 2050 年实现现代化。现代化强国，真正强起来，这是大目标，是新的目标。

第六，大谋略。习近平新时代中国特色社会主义思想，除了前面一段概括以外，后面提出了十四条基本方略。这十四条，没有理论功底理解不了，也消化不了。这十四条是习近平总书记新的思想的重要构成。过去叫"一个中心两个基本点"，现在是"一个核心十四条方略"。这是大谋略，不是小的方针。

第七，大作为。新时代要有新作为、新气象，中国共产党是一个大党，要有大作为。怎样体现大作为？指导思想是大作为，目标也是大作为。但在后面，第三板块里面，讲到"五位一体""四个全面"，这就是具体的大作为。"五位一体"：经济建设、政治建设、文化建设、社会建设、生态文明建设。四个全面：全面建成小康社会、全面深化改革、全面依法治国、全面从严治党。前 5 年就是这么做的，今后这几年还要这么做。这些都实现了就是大的作为。

第八，大幸福。报告里 200 多次提到人民，以人民为中心，为人民谋幸福。教育问题、住房问题、医疗问题、交通问题，报告里都有，如果都实现，就是谋了大幸福，享受到了大温暖。

第九，大贡献。这是中国共产党对全世界的贡献，对全人类的贡献。中国特色社会主义进入新时代讲了"三个意味着"。第三个意味着：意味着中国特色社会主义道路、理论、制度、文化不断发展，拓展了发展中国家走向现代化的途径，给世界上那些既希望加快发展又希望保持自身独立性的国家和民族提供了全新选择，为解决人类问题贡献了中国智慧和中国方案。报告里还有一句话：构建人类命运共同体。中国共产党首先解决党内部的问题，然后解决共产党执政国家的问题，同时还要关注其他国家，为其他国家发展提供中国智慧和中国方案。党的十九大传递了将为人类作出更大贡献的理念。

前面的这些"大"，汇成一个，体现了我们党大的担当，敢于担当，敢于给自己出任务，敢于给自己压担子，敢于给自己找难题。2021 年 7 月 1 日，习近平总书记在庆祝中国共产党成立 100 周年大会上指出："中国共产党立志于中华民族千秋伟业，百年恰是风华正茂！"这个比喻多好。

二、关于市慈善总会如何学习贯彻党的十九大精神

第一，原原本本、原汁原味、认认真真学，真正做到学懂弄通。习近平总书记在新的政治局第一次集体学习时的讲话中，对党的十九大精神的学习提了六字要求：学懂、弄通、做实。所以我们第一条要求就是学懂、弄通。怎么学懂弄通？要原原本本、原汁原味学，自己好好地读，读一遍不行读两遍。

第二，联系实际学，以党的十九大精神指导慈善工作，真正做到悟深、做实。联系我们的实际，联系慈善的实际，党的十九大很多方面与慈善有关系，主要有五个方面：

一要从新时代的历史方位中找到慈善工作的新站位，以更开阔的视野、更宽广的胸怀，研究慈善事业的新特点、新情况、新要求。我们也应该从社会主要矛盾的变化中去找慈善工作的新站位，也要朝着人民对美好生活的需要去研究慈善工作的新特点。视野一定要宽，胸怀一定要宽，看得远一点，包容心强一点，这样提出来的思路、做出来的项目、推出来的工作才有新时代的新特点。

二要从新指导思想的确立中学习新思想、进行新武装，推动工作实践提升新境界、开辟新局面。习近平新时代中国特色社会主义思想是全党的指导思想，也是我们具体工作的指导思想。要用新的

思想指导工作，就要学习这个思想，武装头脑、指导实践、推动工作。大家都要动脑筋思考，我们怎么用新思想来指导慈善工作的新实践，使我们的境界更高一点、局面更开阔一点。

三要从党的十九大对慈善事业的新定位中感悟慈善事业的重要作用，进一步增强做好慈善事业的光荣感、自豪感、责任感。在党的代表大会报告中，讲慈善事业不是第一次，党的十七大报告讲了，党的十八大报告也讲了，党的十九大报告又讲了。这充分体现了党的十九大对慈善事业寄予的厚望，也是对我们慈善工作者的关心、重视。我们要珍惜自己的事业，珍惜这个岗位，要增强责任感。

四要从"五位一体"总体布局和"四个全面"战略布局对慈善工作的新阐述中深刻认识慈善事业大有可为。慈善事业无处不在，要不断拓展慈善事业新领域，持续作出慈善工作新贡献。

五要从党的十九大对社会组织的新要求、新期待中深刻认识新时代社会组织的新使命。要认清市慈善总会是社会组织的一员，应该在社会组织建设中走在前列，做出实绩，自觉把市慈善总会建设好，使其真正成为本地区行业的龙头示范，为湖州"加快赶超、实现'两高'"作出积极贡献。

第三，带着问题学，在实践中不断深化对党的十九大精神的深刻理解，使之入脑入心，真正扎根，成为长期指导我们改造主客观世界，推动慈善事业发展的锐利思想武器。

写在前面的话[*]

　　《来自湖州慈善的报告》之二——《工作研究选编（2013 年 7 月至 2018 年 3 月）》就要付印了，关于这本报告，总觉得有些话要说一说。这是一本来自湖州本乡本土、原汁原味的报告，是全市慈善总会系统的同志自己实践、自己思考、自己动笔的报告，凝聚着参与其中的同志们的心血和智慧。并不是因为要印这本册子，才去收集文章，而是因为早就有了这些文章，才想起要汇编成册，册子的题目也是临时想的。

　　这本报告源自 5 年前的一次会议。2013 年 7 月，市慈善总会在南太湖边召集各县（区）慈善总会的会长，共同研究当年的"慈善一日捐"活动如何开展。与会的除了我，还有德清县柴志良会长、长兴县徐永方会长，后来是杨福成会长、安吉县兰林富会长、吴兴区蒋金法会长、南浔区顾进才会长，后来是华新民会长，以及市总会和湖州经济开发区分会、太湖度假区分会的有关同志。会上，除了研究交流了"慈善一日捐"工作，还就市县（区）总会之间如何协同开展工作进行了磋商。大家一致认为，一方面，市县（区）慈善总会是各具独立法人资格的民间组织，不具有党政机关那种领导与被领导的关系；另一方面，县（区）总会又是市总会的理事单位，又同在一个行政区域，情况需要沟通，工作需要协调，问题需要研究，经验需要交流，市县（区）总会之间需要建立一种定期会商的机制。就这个问题，大家从做好慈善事业的大局出发，敞开思想，各抒己见，集思广益，达成了共识：决定建立市县（区）慈善总会

---

[*] 摘自《来自湖州慈善的报告》之二，2018 年 4 月 1 日。

会长联席会议制度。联席会议的原则是"每季一会、每会一题、轮流承办、简朴务实"。从那次算起至去年年底，共召开了18次联席会。每年三、四季度的联席会议分别研究"慈善一日捐"活动和总结当年工作，交流明年工作思路；而一、二季度的联席会议则专题研究工作中遇到的问题，5年累计研究了10个专题。对每次会议的主题，各总会都十分重视，有的在会前专题进行调研，有的集体讨论会上要交流的材料。每次会议市县（区）总会的会长都进行发言，而且都提供了书面材料。虽然这些发言材料认识不见得全面，见解也谈不上深刻，但却都是来自一线的实践思考，反映的是真情实感，倾吐的是肺腑之言，开出的是有用之方。研究的主题从哪里来？一是来自上级精神。如学习贯彻党的十九大精神，学习落实慈善法和国务院以及省、市政府关于加快推进慈善事业发展的文件，等等。我们都在第一时间学习领会，研究落实。二是来自实践中的问题。如推进慈善项目化建设，实现慈善活动在上下左右之间的互联互动，在精准扶贫中慈善组织应如何作为，村级慈善基金怎样做大做强，以及如何加强义工工作，自身建设如何提高，等等。三是来自先进地区的经验。如"互联网+慈善"如何落地生根，发挥效益。吃透上级精神，学习先进经验，破解自身难题，推动面上工作，构成了工作研究的主题。实践证明，工作需要研究，研究倒逼学习，学习启迪思维，成果推动实践。我们所做的工作研究，更多的是急用先学、就事论事，实用性强但理论色彩不足。而由市政府咨询委主任沙铁勇同志牵头，市政府咨询委、市民政局和市慈善总会共同完成的《以学习贯彻慈善法为契机，创新我市慈善事业发展的研究》报告，是站在全局的高度，对湖州市慈善事业创新发展所进行的系统研究。因此，我们将它作为开篇统领之作收入了报告。

尽管这样做很苦很累，过程中有的同志也有不同议论甚或抱怨，但最终大家还是认为通过联席会机制，通过几年下来的工作研究，实实在在尝到了甜头。因此，累得其所，苦尽甜来。湖州的慈善事业正是在这种不断深化的研究中，一步步迈上了新高度。

新的 5 年已经启程。新的 5 年是新时代展开的 5 年，是前景更加广阔的 5 年。我们坚信，在习近平新时代中国特色社会主义思想伟大旗帜指引下，我国慈善事业必将迎来加快发展的重要历史机遇。只要我们坚持学习、研究、实践、总结，再学习、再研究、再实践、再总结，以此往复，以至无穷，5 年之后，就一定能呈上一本新的《来自湖州慈善的报告》。

这本报告仅作为内部资料收存和工作参考，为了使对此感兴趣的同志了解编辑者的初衷，才写了以上这些话。如有不当，敬请指正。

向善者说

深刻把握新时代特征　主动适应新时代要求
努力把湖州慈善事业推向新高度*

一、为什么要研究这个问题

新时代是一个崭新的命题，响亮的命题，伟大的命题。这个命题是习近平总书记在党的十九大报告里提出来的，是一个根本的、管长远、起码到"两个一百年"目标实现的命题。面对这样一个命题，任何一个有使命感的组织和个人都应该作出认真的回答。一方面，我们是慈善总会，是一个负责任、有担当的社会团体，当然也要研究和回答这个问题。另一方面，市慈善总会和多数县区的总会刚刚走过了5年一届的历程，未来5年怎么做？我们要统一思想，要先务虚，务虚悟透了，未来5年大的路数也就搞清楚了。务虚非常重要，务虚就是一个统一思想、厘清思路的过程，社会组织要想干好，也需要这么一个步骤、这么一个过程。

这次会议的题目，认清新时代特征，适应新时代要求。为了开好这次会，市总会4月28日开了一次务虚会，从会长、副会长、秘书长到普通工作人员都作了交流发言，我要讲的就是在大家研讨的基础上归纳整理的。

二、怎样把握新时代的特征

党的十九大以后，很多专家学者都在研究，都讲得有道理，但

＊ 在湖州市区县慈善总会会长联席会议上的讲话，2018年5月7日。

是我想还是要去原著里找答案。过去讲读马列的书要读原著，要读经典著作，习近平总书记所作的党的十九大报告就是经典著作。

习近平总书记讲得非常清楚，关于新时代的特征就体现在党的十九大报告所讲的"三个意味着"+"五个时代"里。习近平总书记指出："中国特色社会主义进入新时代，意味着近代以来久经磨难的中华民族迎来了从站起来、富起来到强起来的伟大飞跃，迎来了实现中华民族伟大复兴的光明前景；意味着科学社会主义在二十一世纪的中国焕发出强大生机活力，在世界上高高举起了中国特色社会主义伟大旗帜；意味着中国特色社会主义道路、理论、制度、文化不断发展，拓展了发展中国家走向现代化的途径，给世界上那些既希望加快发展又希望保持自身独立性的国家和民族提供了全新选择，为解决人类问题贡献了中国智慧和中国方案。"

重温党的十九大报告的这些话和慈善有什么关系？关系太大了。今天的慈善就是在这个社会大背景下展开的。不研究新时代特征，不了解社会大背景，站位就不会高，视野就不会宽，工作的格局自然就不会大。紧接着，习近平总书记又在党的十九大报告中讲了这个新时代是五个方面的新时代。

一是这个新时代，是承前启后、继往开来、在新的历史条件下继续夺取中国特色社会主义伟大胜利的时代。承前启后、继往开来，不是要否定以前，就好像我们的工作，有些好的做法、好的经验还是要坚持的。我们要创新，但不是把本来就是好的东西丢掉了。新时代是继往开来的，是承前启后的，是继续推进的，这是一个重要定义。

二是这是决胜全面建成小康社会，进而全面建设社会主义现代化强国的时代。这句话非常重要，它是一个转折点。在 2020 年之前要决胜小康，进而开启全面建设社会主义现代化强国的时代，是两段任务。决胜小康要先完成，这个和慈善也是有关的，也就是说在决胜小康阶段，扶贫济困还非常重要，脱贫攻坚非常重要，因为小康社会还没全面建成，所以说脱贫攻坚、精准扶贫是全面建成小康社会的历史任务，慈善组织当然要服从党和国家的总任务。

三是这是全国各族人民团结奋斗、不断创造美好生活、逐步实现全体人民共同富裕的时代。这句话非常重要，今天再学习，比我在党的十九大刚闭幕时的学习理解深刻多了，因为我是带着问题再学习。这个时代是全国各族人民团结奋斗、不断创造美好生活、逐步实现全体人民共同富裕的时代，这就与解决社会新的主要矛盾、与发展科教文卫体事业联系上了。创造美好生活当然要实现公平正义，共同富裕当然要科教文卫体全面发展。

四是这是全体中华儿女勠力同心、奋力实现中华民族伟大复兴中国梦的时代。这是和未来"两个一百年"目标连在一起的，"第一个百年"实现全面小康，"第二个百年"实现伟大复兴的中国梦。

五是这是我国日益走近世界舞台中央、不断为人类作出更大贡献的时代。这个和"三个意味着"中的第三个"意味着"相呼应。新时代新在哪里？到习近平总书记重要讲话里去找，就是"3+5"——"三个意味着"＋"五个时代"。如果再延伸开来，就是习近平总书记紧接着讲的"一个转化"和"三个没有变"，即社会主要矛盾的转化和我国所处历史阶段的判断没有改变，我国的基本国情以及我国是世界最大发展中国家的国际地位没有变。所以，把握新时代的基本特征，还是到党的十九大报告中去找答案最准确。

三、如何适应新时代要求

慈善组织、慈善工作如何适应新时代的特征，如何作出新贡献，如何迈向新征程，如何开创新局面？我们必须要把握住新时代的特征，从新时代特征里面找慈善组织的定位，找慈善组织的目标和任务，找慈善组织需要转变的方式，找慈善组织需要创新的方面，找慈善组织可以取得新成就的突破口。具体说，要从以下七个方面努力。

一是在政治站位上，要确立思想第一、政治至上的观点，要高高举起习近平新时代中国特色社会主义思想伟大旗帜，把这个思想作为慈善工作的统领和指导思想。这个非常重要，我经常讲社会组织也要讲政治，在政治上不能犯糊涂，思想上要非常清醒，政治上要非常坚定。未来5年，以至在更长的时间里，我们在思想政治上要确立这样一些基本的思想。

二是在目标定位、理想追求上，一定要与国家从站起来到富起来、走向强起来的时代相适应。未来5年我们要达到什么目标？我们总会是2002年建立的，走过了15年的发展历程。大家都认为，包括2016年市政府咨询委牵头，与市民政局和市总会共同做的调研报告，对未来5年做什么，实际上有一个规划性、目标性的东西。湖州慈善经过这15年的发展，应当从建起来、做起来，逐步向强起来的方向发展，首先是把慈善组织建起来，然后是把慈善事业做起来，再往后就是高质量发展，把慈善事业做大做强。我们的目标定位、理想追求应该朝着这个方向去努力。否则国家都强大起来了，慈善组织还停留在非常弱小的阶段，跟不上时代前进的步伐。

三是在工作理念上，要在现代大慈善建设取得初步成果的基础上向全面推进现代大慈善迈进。5年以前我们提出了建设现代大慈善，这是一个方向、一种追求，也是一个理念、一个过程。经过5年努力，在三届理事会向四次会员大会的报告提到"我们开启了向现代大慈善迈进的新格局"。未来5年，我们要在传统慈善已经向现代大慈善迈进的基础上，向着全面推进现代大慈善加快发展。现代慈善就是要坚持现代的理念、创新的观念，做到不忘初心、使命优先、透明为本；就是要坚持传统慈善创新做，法律法规明确的大胆做，没有做过的探索着去做，决不轻言不能做。2017年我们推出的"慈爱储蓄罐"项目、"支付宝消费慈善"项目，就是在朝着这个方向努力的。

四是在工作布局上，要着眼党和国家"五位一体"总体布局、

"四个全面"战略布局,及时调整、完善慈善工作的总体布局。2020年以前,重点在脱贫攻坚、生态环保方面继续做实慈善,为党和政府的工作大局作贡献,并不断拓展慈善法规定的各项慈善活动的领域。后3年,应该向着慈善法规定的"6+18+N"方向全面拓展慈善工作。2020年决胜全面建成小康社会,我们不能超越这个阶段,前两年的重点仍然在那里。后两年国家的战略方向转了,我们的工作布局也要相应作出转变。

五是在工作手段(技术保障)上,坚持传统与现代并重,逐步过渡到以现代手段为主、传统手段为辅。核心是什么管用就用什么,什么有效就用什么。当务之急、重中之重是用好"互联网+慈善",使这个最管用、最便捷、最大众、最现代的工具成为推进现代大慈善建设的利器。

六是在运行机制上,朝着规范的社会组织目标迈进。规范的社会组织就要自觉地去行政化、去指令化。要按照社会组织、社会团体的要求去思考部署我们的组织建设和运行机制。因为你是独立法人,不能只靠政府发指令,总有一天,"慈善一日捐"活动党委、政府不会再发文,这是趋势。党的十九大报告里面用了很大的篇幅讲社会组织建设。我们也要抓住这个机遇,早一点使我们在社会组织当中、在行业系统当中真正地发挥地区龙头示范作用。龙头示范作用是做出来的,不是靠人家封的,也不是因为我们这些人当过领导,就可以当龙头。因为你为他提供了服务,做得比他人好、比他人规范,所以人家才信任你、认同你。如我们已办了三届"慈善嘉年华",一号召人家就来了;一建立"慈爱湖州"网就入驻了。假如你没信誉、没凝聚力,人家凭什么听你的号召?所以我们一定要意识到,慈善组织既然是民间的,必须要强化社会组织的属性,研究透社会团体建设的规律,然后按照社会团体运作的规律,把运行机制建立起来。不要老是看是不是事业编制,编制重要吗?把组织做大做强才是重要的。从长远看、从规律看、从国家的大政方针政策看，在党的领导下社会组织就是要按照社会组织的规则办，谁自觉这样做了，谁就占领了制高点，赢得了主动权。

七是在队伍建设上，要在专业化、职业化建设上迈出坚实步伐。原来说慈善救助要项目化，项目要专业化，实际上这个专业化更多的是指项目要做得很专业，项目的调研、论证、立项、运作、评估、验收都要做得非常专业。当然，专业化的工作要靠专业化的人来做。队伍建设最紧迫的是要职业化，这是针对我们队伍的现状说的。一个民间组织要立得住，能够健康地发展，不职业化就发展不下去。职业化建设重点是两方面，一方面要求工作人员要有职业化的素质。为什么建议慈善总会聘用的年轻同志都要去考证？没这些证怎么体现你是个有专业素质的职业化的人才？另一方面，保障要职业化。工作人员有职业化的素质，按照专业要求去做事，保障跟不上去也是不行的。只有以上两条都做到，才能使慈善工作成为一项令人羡慕的职业。

继续走在前列，续写现代大慈善新篇章*

　　这次会议选举我担任新一届理事会会长，这是一份信任，更是一份责任。面对信任，我向大家表示衷心感谢！面对责任，我将认真担当。总会第四次会员大会的工作报告对新一届理事会提出了继续走在前列、续写现代大慈善新篇章的重要建议。市委、市政府主要领导对慈善工作高度重视，寄予厚望。接下来，市委副书记陈浩还将对我们的工作作出指示，提出要求。对此，我们要谨记在心，落实到位。

　　续写新篇章，就要不背包袱，轻装上阵，靠清醒把握定力；续写新篇章，就要不忘来路，放眼前路，靠责任担当使命；续写新篇章，就要不唯成规，敢于突破，靠创新勇立潮头；续写新篇章，就要不搞封闭，开明开放，靠合力成就事业；续写新篇章，就要不务虚名，崇尚实干，靠奋斗赢得荣光；续写新篇章，就要不负光阴，只争朝夕，靠奉献创造辉煌。

　　同志们，雄关漫道真如铁，而今迈步从头越。让我们高举习近平新时代中国特色社会主义思想伟大旗帜，在市委、市政府坚强领导支持和市民政局的有效监督指导下，撸起袖子加油干，在建设现代大慈善的道路上继续奋斗，高歌猛进。

---

* 在湖州市慈善总会四届一次理事会上的讲话，2018 年 5 月 9 日。

湖州现代大慈善的实践与思考[*]

湖州是一座有着 2300 多年建城史的国家历史文化名城，也是环太湖地区唯一因湖得名的江南城市。全市辖吴兴、南浔两区和德清、长兴、安吉三县，面积 5820 平方千米，户籍人口 265 万，常住人口 298 万。近年来，湖州先后获得国家环保模范城市、国家卫生城市、国家园林城市、中国优秀旅游城市、中国魅力城市、全国城市综合实力百强市、国家森林城市、中国最幸福城市等荣誉称号，并成为全国首个地市级生态文明先行示范区。

湖州的现代慈善事业以 2002 年湖州市慈善总会的成立为标志，已走过了 16 年的发展历程。16 年来，先后经历了 2002—2007 年的龙头带动、舆论助推；2008—2012 年的社会参与、多元发展；2013 年以来的项目引领、稳定提高三个阶段，取得了显著成效。特别是 2013 年 4 月市慈善总会第三届理事会履职以后，确立了"一二三四五六"的慈善工作总体构想和基本格局。5 年来，在省慈善总会的带领下，在市委、市政府的高度重视、有力推动和市民政局的有效监督指导下，我们一以贯之抓落实，一张蓝图绘到底，经过全体会员的共同努力，创造了极不平凡的业绩。2013—2017 年，全市慈善总会系统累计募集资金 7.4 亿元，其中市本级 2.16 亿元，分别比前 5 年增长 103% 和 132.8%。其中 2017 年市慈善总会以募集资金 5857 万元跃居全省市级慈善总会第二，当年全市人均捐赠额首次突破 60 元，在全省领先优势扩大。5 年来，全市慈善总会系统累计救助和公益活动支出达到 5.3 亿元，其中市本级支出 1.5 亿元，分别比前 5

＊ 接受湖州市级新闻媒体访谈稿，2018 年 5 月 10 日。

年增长 155% 和 210%，围绕扶贫济困、恤病助残、公益事业、脱贫攻坚、"互联网+慈善"等领域实施慈善项目近 50 个，累计约 50 万人次受益。这 5 年是湖州各项慈善事业创新力度最大、受益群体最多、社会氛围最好、行业示范作用最明显的时期，整体水平走在了全省乃至全国前列，开启了向现代大慈善迈进的新格局。

实践充分证明，"一二三四五六"的总体构想和基本格局符合湖州的实际，符合未来的趋势，是在长期实践中提炼总结出的正确的工作方略。

1. **一个目标**。建设现代大慈善。现代大慈善是一个与时俱进的概念，概括讲就是用现代的理念和手段、现代的方法和路径，让慈善事业与百姓同心、与时代同行。建设现代大慈善是当前和今后一段时期湖州慈善工作的根本目标任务。

2. **两条原则**。一是不与政府争项目。我们始终认为，凡是党委、政府在做的，譬如常规的助困、助医等社会救助，政府已经形成制度安排，已经兜底，成为普惠政策的，慈善总会就要逐步退出，或者减少投入，不做锦上添花的事。慈善总会要做政府还未做或者想做但条件、时机尚不成熟的事。二是不与草根组织争资源。慈善总会的定位是区域慈善事业的龙头示范组织，在今天广大草根公益组织中间，我们应起到引领带动作用，我们要敞开胸怀引导和帮助草根公益组织发展，草根组织在做的事，已经运作的项目，我们不能争抢，也要退出。

3. **三大建设**。一是透明度建设。卓越的透明度是湖州慈善的社会品牌。这几年，市慈善总会坚持通过网站、内刊和新闻媒体等窗口及时公布捐赠救助、审计和内部治理信息，认真接受财政监督、审计监督、舆论监督和社会各界监督，在全国慈善透明指数评比中，市慈善总会连续 5 年荣获中国公益慈善组织透明度卓越（优秀）奖。二是项目建设。慈善项目化运作是传统慈善走向现代慈善的重要标志，是增强慈善公信力的必然选择。过去 5 年，我们从传统的"慈善关爱送万家"、"爱心助学"到"美欣达慈善超市"、"慈爱康复服务中心"和"造血型"扶贫等,共推出项目近50个。三是主体建设。我们深刻认识到会员、理事特别是副会长单位是总会的主体,是主心骨,我们连续3年开展最佳会员和最佳慈善工作者评选活动;组织企业副会长单位轮流举办会长全体会议;以生日祝福、健康问安等实际举措,让会员有获得感和归属感。

4. **四个意识**。一是开放慈善意识。慈善事业是开明开放的事业,要求我们不唯成规,勇于创新,敢于突破。这几年,我们带头落实《民政部关于加强和创新慈善超市建设的意见》精神,率先创建运营美欣达慈善超市,现已成为年营业额300万元、年救助支出近200万元的现代慈善超市。与红鹰集团联手推出"百年老字号丁莲芳周生记消费慈善"项目,在爱山广场建立30多家商户参与的"慈善一条街"。贯彻慈善法精神,推动慈善向教科文卫体等领域拓展。二是大众慈善意识。慈善大众化,大众做慈善,是慈善事业发展的根基、源泉和方向。近年来,我们联合湖州日报社创建全市首个网上公募平台——"慈爱湖州"网;推出"慈爱储蓄罐"进千家万户项目;开通支付宝、微信捐赠平台;连续4年举办由全市公益组织参加的"慈善嘉年华"大型公益惠民活动;与互联网公司合作推出有2000余家商户参与的"支付宝口碑消费慈善"项目。三是创意慈善意识。这几年,全市慈善总会系统善于学习,勇于创新,勤于总结,所推出的慈善项目、慈善活动无不体现了鲜明创意和浓浓本土味,如在谭建丞艺术馆设立慈善文化传播中心;率先开展"慈善文化进校园"(试点)活动,让慈善理念深入青少年;选聘湖州市慈善大使;等等。湖州慈善已初步形成了比较显著的区域特色。四是规范慈善意识。没有规矩不成方圆,规矩是做好工作的基本保障和行为规范。慈善工作是特别讲规范的工作,程序合规合法是最基本的要求。这几年我们通过强化制度建设,有了比较好的规矩,并且一直严格地遵循。

5. 五个并重。一是千家万户与龙头大户并重。5 年来，我们既依托"慈善一日捐""冠名慈善基金""村级慈善基金"等抓手抓住捐赠的龙头大户，又注重通过网上募捐、"慈爱储蓄罐"以及"消费慈善"等载体引导千家万户积极参与慈善。我们把重点放在搭平台、通路径、浓氛围上，让各种慈善资源充分涌流。二是基本基础与品质品牌并重。放眼过去 10 多年，"慈善一日捐"活动、"慈善关爱送万家"项目是我们的基础，近几年通过努力，传统项目展现了新活力，有了新提升，尤其是募集资金从每年 100 万元左右跃升至每年 800 万元的"慈善一日捐"活动，成为湖州地区党政推动、公众认可、形成惯例、富有成效的一张大名片、大品牌，带动了后期一系列品质品牌项目的推出。三是立足自我与联手联动并重。事业关键在我，充分发挥主观能动性是干事创业的前提，但事业仅靠单枪匹马做不大，个人能力再强终究做不长远。从发展的眼光看，联手联动是现代大慈善的必然选择。近年来，我们与市总工会联手推出"工会会员大病救助"项目，与市公安局建立"慈善爱警基金"，与市民政局建立"急难救助"项目，联手省和各县区共建"造血型扶贫基地"，组织全市慈善系统联手实施对口援疆活动，等等。四是传统手法与现代手段并重。即传统与现代工作方式方法相结合，线下线上平台载体相结合，我们的工作班子是有经验阅历的老同志与有学历懂技术的新同志相结合。五是定力实力与活力魅力并重。我们一方面努力做大资金总量，增强综合实力；另一方面加强内部治理，注重作风建设，做到内强定力，外塑形象，彰显魅力。

6. 六大体系。一是建立和完善充满活力的组织体系。慈善组织主体是会员、理事，只有激活主体慈善组织才能充满活力。我们创新建立公安、教育两家市级机关慈善分会，将市直属原开发区、度假区两区分会升格为总分会，管理体制更加协调顺畅；每季一会、每会一题的市县区慈善总会会长联席会议制度不断深化。这几年，全市慈善总会系统的同志以高度责任感、使命感和只争朝夕的精神，更加高昂斗志、团结实干，呈现了你追我赶、全域竞进的工作新局面。二是建立和完善多元并举的筹资增值体系。这几年，我们多元化、多样化推进筹资增值，做大"慈善一日捐"、做强"冠名慈善基金"、推进"村级慈善基金"全覆盖，精心打造以"慈爱湖州"网为主体的网上募捐生态圈。只有大力拓宽募集资金渠道，才能为慈善救助提供坚实的物质保障。三是建立项目引领的慈善救助体系。因地制宜地推出有品质有品牌的救助项目，是推动善款募集和实施有效救助的重要载体。我们围绕扶贫济困、恤病助残、公益事业、脱贫攻坚等领域，以实施项目为主体，从传统的"慈善关爱送万家""爱心助学"，到"工会会员大病救助""急难救助""慈善暖军心""慈善爱警"等，推出近 50 个项目。贯彻慈善法精神，推动慈善工作向教科文卫体等领域拓展；与市教育局实施教育英才奖助教项目；与久立集团设立久立匠心职业教育人才奖励项目；与市卫健局设立健康关爱项目。四是建立和完善立体有效的宣传教育体系。过去 5 年，我们联合湖州日报社创办《湖州慈善》季刊；联手红鹰集团、湖州电视台播出全市首档慈善电视专题《慈善星期六》；会同市记协开展"慈善好新闻"评选表彰活动；深入推进"慈善宣传月"活动；连续两年发布湖州市慈善排行榜；隆重举办首届慈善年会暨慈善排行榜发布会。中央广播电视总台、《中国社会报》《慈善公益报》《浙江日报》等媒体多次报道湖州市慈善工作，基本形成了声屏报网一体的综合、立体、互动宣传网络。五是建立和完善机制健全的义工服务体系。义工既是政府职能的补充，也是慈善事业发展的有力抓手。我们先后建立以爱飞扬义工分会、湖州中学义工团、湖州市慈善义工艺术团为代表的义工队伍，广泛开展扶老助残、无偿献血、环境保护、青少年思想道德教育等公益活动，并为义工组织在活动场地、经费等问题上给予支持。六是建立和完善严谨规范的制度保障体系。5 年来，我们坚持以制度建设为重点推进慈善规范化，先后建立完善了章程、款物募集、慈善项目管理办法、财务管理制度、村（社区）慈善基金管理办法、工作人员廉洁自律办法等一系列制度，使一切工作在制度的框架内规范运行。

2018年5月10日召开的湖州市慈善总会第四次会员大会，确立了今后5年的总体思路和目标任务：高举习近平新时代中国特色社会主义思想伟大旗帜，以党的十九大和十九届二中、三中全会精神为指引，以慈善法为依据，紧贴湖州经济社会发展实际，紧扣湖州百姓对慈善工作的需求，在"一二三四五六"的总体构想和基本格局的基础上，大力推进慈善时代化、特色化、大众化、指尖化、法治化、职业化建设，使全市慈善事业整体水平继续走在全省乃至全国前列，续写现代大慈善的新篇章，为湖州市加快赶超、实现"两高"贡献更多慈善力量。

关于慈善特色化*

把特色化纳入慈善当中，作为我的一个建议，被大家采纳了，达成我们的共识。我认为，注重特色、研究特色、运用特色、创造特色，这是马克思主义的发展之路，也是中国革命的成功之路，同样是新时代马克思主义中国化的前行之路，理所当然，也是我们续写现代大慈善新篇章的必由之路。

大家想一想，马克思主义在中国是怎么发展的？"马克思列宁主义同中国实际相结合有两次历史性飞跃，产生了两大理论成果。第一次飞跃的理论成果是被实践证明了的关于中国革命和建设的正确的理论原则和经验总结，它的主要创立者是毛泽东，我们党把它称为毛泽东思想。第二次飞跃的理论成果是建设有中国特色社会主义理论，它的主要创立者是邓小平，我们党把它称为邓小平理论。"（引自党的十五大报告）党的十八大以来，中国特色社会主义进入新时代。"以习近平同志为主要代表的中国共产党人，坚持把马克思主义基本原理同中国具体实际相结合、同中华优秀传统文化相结合，坚持毛泽东思想、邓小平理论、'三个代表'重要思想、科学发展观，深刻总结并充分运用党成立以来的历史经验，从新的实际出发，创立了习近平新时代中国特色社会主义思想"（引自《中共中央关于党的百年奋斗重大成就和历史经验的决议》，2021年11月11日），实现了马克思主义中国化新的飞跃。从中国的实际出发，运用普遍真理，产生自己的一套管用的理论原则。做慈善也应该这样，我们要把慈善的普遍原理、普遍规律，新时代慈善的发展规律研究

---

* 在湖州市区县慈善总会会长联席会议上的讲话摘要，2018年7月10日。

透，当然，现在系统的慈善规律，包括慈善文化，还没有正式地提出来，网上找也没有相应的内容，全中国现在还没有人系统研究过慈善文化，这是中国慈善发展的严重短板。但是有一条是大家达成的共识，就是要把慈善做好，做得有生命力，做得有影响力，就必须把慈善的普遍原理、普遍原则与当地的实际相结合。那些普遍性的东西到了我这个水土，看看哪些是水土服的，然后创造本土的特色。特色化是我去年去广东考察，一路思考今年怎么做、未来5年怎么做得来的。"一化"、"两化"（指时代化、特色化）出来了，"六化"（指时代化、特色化、大众化、指尖化、法治化、职业化）也就出来了。为什么讲特色化？这不是拔高，中国化的马克思主义都是马克思主义与中国实际相结合的产物，我们做慈善的，无非就是从大理念中、大视野中学一点思路。只有这样，慈善才能开启新路。

用好"慈善排行榜" 推动慈善大众化[*]

今天的会议开得非常好，尽管领头人都是退休同志，但通过会风，通过会议材料，通过会议研究问题的劲头，可以看出我们这些退休的同志党性没有褪，本色没有褪，社会责任感没有褪。你们的社会责任感、你们对于慈善的投入值得我学习。下面，我讲三点想法。

一、为什么研究这个课题

一是为了贯彻落实市委、市政府主要领导的批示精神。市委、市政府对我们的慈善排行榜活动和慈善年会高度重视、充分肯定、寄予厚望。今天会议的题目就是他们出的，市委、市政府主要领导批示要求把慈善排行榜做成品牌，要通过这个活动使更多的人参与慈善。去年换届总会定了未来 5 年要推进"六化"建设，这次会议就是研究慈善大众化。二是为了推进湖州慈善的新发展。排行榜可以成为推动湖州慈善新发展的一个助推器，排行榜是湖州慈善特色化的重要标志，也是推进湖州慈善大众化的重要平台，所以我们要很好地研究。

二、如何认识慈善排行榜

慈善排行榜这件事我们已经做了 3 年，需要进行一次系统总结。首先要对慈善排行榜有一个正确的认识。

第一，它是货真价实的排行榜。入围上榜的都是经过严格审核

＊ 在湖州市区县慈善总会会长联席会议上的讲话摘要，2019 年 3 月 20 日。

的。入围上榜的，从最初的 97 家企业、170 名个人到去年的 286 家企业、338 名个人，都是硬碰硬的。

第二，它是超越钱财的荣誉榜。货真价实指的是钱和财，但它又不仅仅是钱财，是超越了钱财的荣誉榜。入围上榜是一种荣誉，是一种社会责任感，超越了钱财，体现的是捐赠者的爱心。

第三，它是湖州慈善的展示榜。它展示了湖州慈善的发展历程、发展水平，2016 年什么水平，2017 年什么水平，2018 年什么水平。通过这个排行榜，向全社会展示湖州市慈善总会系统的发展历史，记录发展过程，展示发展成绩。

第四，它是引人向善的导向榜。排行榜有着引领社会好风尚、积累社会正能量的积极作用。慈善排行榜一公布，大家知道社会上还是好人多，行善的人多。去年的年会，电视台的主持人一定让我写两句话，我就写了"为善者高，行善者远，挣钱是本事，用钱是智慧"。

第五，它是公开透明的阳光榜。3 年下来，到目前为止，没有接到关于入围上榜者虚假信息的投诉。这么多人、这么多家企业入围上榜，我没有听说哪家企业的数字错了。这说明什么？一方面反映了我们规则的透明、程序的公正，上榜者必须要有湖州市慈善组织的捐赠发票；另一方面也反映了湖州市慈善总会系统认真的工作态度、负责的精神、严谨的作风。公开透明要靠大家来把关。县（区）慈善总会不把关，直接报到市里，两三百家企业，两三百个人，仅仅靠市慈善总会这几个人，再用心也没有用，时间来不及，人手也不够。所以说，阳光透明、公开透明要靠大家来做。

三、如何用慈善排行榜推动慈善大众化

既然慈善排行榜这么重要，既然排行榜目前得到较好的评价，我们就要维护排行榜、提升排行榜，把排行榜做成推进慈善大众化的大平台。

对慈善排行榜，用煽情的话来说，此榜一出，万众瞩目。欣喜庆贺者有之，悔恨惋惜者有之，摩拳擦掌、跃跃欲试者有之，默默沉思、暗自较劲者有之。这样一个排行榜，我们必须要厚爱之、深耕之，使它成为湖州慈善总会系统历久弥新的一张名片。排行榜与大众化的关系，就是我们常说的"龙头大户"与"千家万户"的关系。应该以"龙头大户"带动引领"千家万户"，以"千家万户"孕育催生更多的"龙头大户"。为此，应该在五个方面进一步发力：

一是大力宣传，向榜样致敬。要宣传排行榜的意义。什么是排行榜？为什么要做排行榜？要宣传入围上榜者的贡献和境界，在全社会形成向榜样致敬的氛围。实际上，市慈善总会包括县（区）慈善总会都在宣传。《湖州慈善》新一期的封面人物就是今年排行榜的榜首。我们也研究确定了今年《慈善星期六》的内容就是以上榜者为主，现在已经播了几期，这个工作大家都在做，氛围要一天一天营造。

二是大力培育，向本土发力。每个县（区）每年上榜的企业和个人你们比我清楚。要向本土发力，争取本土多出一点上榜入围者，榜首靠大家去争。到现在为止的三个榜首，企业榜：第一年是市本级的，第二年也是市区的，第三年是长兴县的；个人榜：第一年是南浔区的，第二年是德清县的，今年又是市本级的。为什么说向本土发力？因为要培育自己的"龙头大户"和"千家万户"，这样才能更好地推进慈善大众化。

三是大力拓展，向社会链接。如何从这个平台向外延伸，向社会链接，把大众化的渠道都链接起来。"慈爱储蓄罐"是链接吧？"慈爱湖州"网是链接吧？"慈善一日捐"是链接吧？村级慈善基金、冠名基金是链接吧？"支付宝消费慈善"是链接吧？实际上这都是向社会链接。链接的内容多了，社会面就广了。

四是大力提升，向品牌迈进。提升主要指组织者的水平、办会的水平、对外发布的水平、策划的水平，这些都需要大力提升。提升自身策划的能力、组织的能力，不提升就做不成品牌。

五是大力协同，向联动发展。湖州市县（区）6家慈善组织，要发挥优势。浙江省11个设区市都羡慕我们，这说明我们区县的会长给市总会面子。我们之间不存在领导与被领导的关系，但是一个大的事情需要大家联动，只有大力协同、相互协助、互相支持，才能向联动发展。大家都动起来了，资源就调动起来了，先进典型就涌现出来了，工作业绩也就展现出来了。

何谓慈善大使*

市慈善总会面向全社会聘任慈善大使已经两届了，每一届都希望能有个理想的结果。理想的结果表现在以下几个方面：一是要让慈善大使自身满意，使之能够从慈善大使这个身份中获得成就感、荣誉感。二是要让市慈善总会满意。因为慈善大使是市慈善总会聘任的，要承担起应有的义务和责任。三是要让社会面满意。要让社会上的人说慈善大使聘得好，确实为湖州的慈善工作作出了贡献。有了"三满意"，慈善大使才算得上是不负众望，不浪得虚名。

慈善大使是很高的一份荣誉，同时又是很重的一份责任，怎样当好慈善大使？我讲几点想法。

一是贡献慈善智慧。既然担任了慈善大使，就要代表一个组织，代表一个时段，代表一个地区的慈善水平。所以慈善大使要贡献智慧。刚才的交流发言，实际上就是在贡献智慧。如何把"慈爱湖州"网办得更好，如何更好地推广"慈爱储蓄罐"，这是小智慧；明年工作怎么做，未来慈善怎么发展，这是大智慧。你们多提建议、出点子，我这个会长才会当得更有水平。

二是传播慈善声音。有关慈善的声音，慈善大使要口口相传、事事相传，在不经意中相传，形式多样，关键是要用心。有人说我三句话不离慈善，不论参加会议甚至婚礼，还是遇到了老战友、老领导，言不离慈善。我们没有一句顶几句的本领，但几十句顶一句总可以吧。你说多了，杂音就会少一点，正能量就会多一点。我经常举一个例子：我刚到慈善总会，开展"慈善一日捐"活动时，有

---

* 在第二次慈善大使公益沙龙上的讲话，2019 年 4 月 29 日。

一位资历比我老、职务不比我低的同志，在公开场合说了对慈善不恭的话，被我很不客气地讲了一通。我直接问他，你了解慈善吗？我们刊登在报纸上、播放在电视上的东西你看过吗？我们的网站你点进去过吗？你对慈善作过多少贡献？你什么都不知道，你这样的身份怎么能说这种不负责任的话？3 年以后，还是这位领导跟我说，老魏你们做得真好，我们湖州的慈善做得真好。我举这个例子是想说明，一位好的慈善大使就应该传递慈善声音，不厌其烦地传递，四面八方地传递，各种场合、各种形式都可以。只要有心，都能做到。

三是拓展慈善资源。慈善资源无处不在，但目前市慈善总会很多方面做得不如长兴县慈善总会。长兴县慈善总会去年的募集款额在全市最高，进账 8000 万元，市慈善总会也达到了历史最高水平 6000 多万元，有的县（区）总会只有 2000 多万元。长兴的资源从哪里来的？就是把潜在的、能够发现的慈善资源都挖掘出来了。慈善大使要利用自身的人格魅力，利用自身的影响力，进一步拓展慈善资源。每一位慈善大使都有丰富的慈善资源。我们现在真正参与慈善捐款的就几种人。一种是体制内的，有见识地参加捐赠活动；另一种是真正热心做慈善的，不需要发动的，但这种人在社会面上不多。拓展慈善资源，慈善大使是一支重要力量，要借助你们的影响，去引导并带动成千上万的人参与慈善、发展慈善。

四是创造慈善品牌。在座的 12 位大使，有的已经是品牌了，有的还在成为品牌的路上。我期望 12 位慈善大使是 12 张名片。首先要从本职出发，在自己的行业，做成慈善的品牌。什么是品牌，就是大家都知道你是慈善的人，在做慈善的事。就像小张交通热线，最好也能做成慈善热线，不就是创造慈善品牌吗？大家都有条件成为慈善品牌，已经是品牌的要做得更好，不是的要争取尽快成为品牌。

五是展示慈善形象。你们都是慈善大使，代表着慈善的形象。要按照慈善大使的要求规范自己的言行，展示良好的形象。

慈善法给我们带来了什么*

从去年下半年就有这个想法，要组织一次学习培训，为什么叫再学习培训会，因为很多内容之前我们已经学习过了，并不是第一次学。我记得慈善法 2016 年 3 月 16 日第十二届全国人民代表大会第四次会议审议通过，3 月 19 日新华社对外发布，9 月 1 日正式实施。在座的几位县区会长都知道，2016 年 3 月 21 日，慈善法发布的第三天，我们就以全市县区慈善总会会长联席会议的形式，组织了集体学习。在全国慈善总会系统，就时间段来讲，我们很可能是第一家。那个时候大家就已经在研究，慈善法给我们带来了什么？给我们提出了什么？我们应该怎么办？

为什么要办再学习培训会？中国的慈善事业走到了 2019 这个年份，作为慈善工作者，到了应该对法律法规敬重敬畏、不断地学习研究的时间节点。到了这个时间节点，不来研究这件事，就与大势相悖，与发展的初衷相悖，与一些理想、一些谋划相悖。

我们不妨简单回顾一下中国现代慈善走过的历程。中国的慈善古来有之，但古时的慈善多是从宗教宗族中衍生出来的。慈善真正成为今天这样一个发展态势，应该是改革开放以后的事。中国第一家全国性的慈善基金会是 1981 年成立的中国儿童少年基金会。英国是工业革命以后就有了慈善法。美国建国才 200 多年，但建国不久就有了慈善的法律法规。我们慈善法什么时候出台的？2016 年。中华慈善总会什么时候成立的？1994 年 4 月。慈善法的出台是中国慈

---

* 在湖州市慈善总会系统法律法规再学习培训会开班式上的讲话，2019 年 6 月 11 日。

善事业发展史上的一个划时代的里程碑，这部法律的颁布，标志着中国慈善事业从此进入了法治轨道。

慈善法之后，国务院和各部委先后又出台了 20 多部配套的法律法规，我这里给大家读读标题，目的是要给大家一个强烈的信号——法律法规是一个系列，用 3 天学习远远不够。

2016 年 3 月，国家工商行政管理总局出台了《公益广告促进和管理暂行办法》；2016 年 4 月，民政部、海关总署出台了《民政部 海关总署关于社会团体和基金会办理进口慈善捐赠物资减免税手续有关问题的通知》；2016 年 4 月，财政部、国家税务总局出台了《关于公益股权捐赠企业所得税政策问题的通知》；2016 年 8 月，民政部连续出台了《慈善组织认定办法》《慈善组织公开募捐管理办法》《民政部 中国银行业监督管理委员会关于做好慈善信托备案有关工作的通知》《民政部等四部委关于印发公开募捐平台服务管理办法的通知》《民政部关于慈善组织登记等有关问题的通知》《关于改进社会组织管理制度促进社会组织健康有序发展的意见》6 个管理办法；2016 年 9 月，民政部出台了《民政部关于社会组织成立登记时同步开展党建工作有关问题的通知》；2016 年 10 月，出台了《民政部 财政部 国家税务总局关于印发关于慈善组织开展慈善活动年度支出和管理费用的规定的通知》；2016 年 12 月，出台了《财政部 民政部关于通过政府购买服务支持社会组织培育发展的指导意见》。慈善法颁布后，2016 年共计出台了 13 个国家部委与贯彻慈善法有关的配套的法律法规。2017 年 7 月，民政部出台了《民政部关于发布慈善组织互联网公开募捐信息平台基本技术规范等两项行业标准的公告》《慈善信托管理办法》；2017 年 8 月，民政部出台了《民政部关于印发中华慈善奖评选表彰办法的通知》《志愿服务条例》；2018 年 1 月，民政部办公厅出台了《民政部办公厅关于遴选第二批慈善组织互联网公开募捐信息平台的通知》；2018 年 2 月，财政部、国家税务总局出台了《关于非营利组织免税资格认定管理有关问题的通知》、《关于公益性捐赠支出企业所得税税前结转扣除有关政策的通知》和国家发展改革委等30部门联合印发的《关于对慈善捐赠领域相关主体实施守信联合激励和失信联合惩戒的合作备忘录》，2018年4月出台了《关于在社会组织章程增加党的建设和社会主义核心价值观有关内容的通知》；2018年9月，民政部出台了《慈善组织信息公开办法》；2018年12月，国务院办公厅出台了《关于深入开展消费扶贫助力打赢脱贫攻坚战的指导意见》；2019年1月，民政部出台了《慈善组织保值增值投资活动管理暂行办法》。慈善法颁布后，短短的3年时间，20多个配套的法律法规和意见出台，这还不包括省级层面。浙江省2018年11月出台了《浙江省实施〈中华人民共和国慈善法〉的办法》。

我反复讲一个观点，中国的慈善事业走到今天，已经进入了法治轨道。在座的各位都在从事着一份很重要的工作，不了解肯定不行。谁都不敢吹牛说自己已经学懂了。慈善法我学了那么多遍，昨天又看了一下，还是有新的收获。过去讲带着问题学，遇到问题再去翻，可能就有新感受。慈善法的颁布以及配套法律法规的出台，究竟给我们带来了什么变化？

一、慈善活动的定义变了。慈善法开宗明义就讲了什么是慈善活动。我归纳了一下，慈善活动是指"6＋18＋N"。"6"分成六大类，"18"是六大类里面的18项内容。"N"指的是后面的等。慈善法注明了本法所称的慈善活动，是指自然人、法人和其他组织以捐赠财产或者提供服务等方式，自愿开展的下列公益活动。后面具体分为六大类：第一类，扶贫、济困；第二类，扶老、救孤、恤病、助残、优抚；第三类，救助自然灾害、事故灾难和公共卫生事件等突发事件造成的损害；第四类，促进教育、科学、文化、卫生、体育等事业的发展；第五类，防治污染和其他公害，保护和改善生态环境；第六类，符合本法规定的其他公益活动。

二、慈善组织设立的条件变了。慈善组织原来有一条硬性规定，必须要有一个业务主管部门。很多公益组织、社会团体就因为找不到业务主管部门，影响了登记成立。有了慈善法以后，只要愿意做公益，在县级以上人民政府民政部门登记就可以了。设立的条件一变，整个局面就变了，带来的情况就多了。

三、**慈善从业人员的构成变了**。这一点很现实，看我们在座的就行。5年以前我到慈善总会，全市慈善总会系统30岁左右的年轻人不到10人，长兴有1人，德清有1人，市慈善总会有2~3人，其他的基本上就没有。慈善法颁布后，市县区6家慈善总会不管是数量，还是年龄构成，基本上都是以年轻人为主体了，我看到这个现象非常高兴。慈善法一出台，条件一变，慈善也可以是一份职业，而且从发展的眼光讲，很可能是一份受人尊敬的职业，会吸引更多的年轻同志进入慈善这个行业。

四、**慈善募捐的范围和方式变了**。原来募捐的方式很单一。现在募捐的方式有多少？范围有多广？只要有公开募集资格，只要网络平台得到批准，就可以向社会发起募捐。像市慈善总会目前在市区开展的"衣循环"项目，如果没有资格向全社会募捐，就不能摆这个箱子。

五、**慈善项目运作的形式变了**。慈善项目的内容不再仅仅局限于传统的扶贫济困、扶老救孤，只要符合"6+18+N"，都可以去做。慈善项目不再拘泥于传统认知，有了更加现代的运作方式。

六、**政府和慈善组织的关系变了**。现在政府和慈善总会是登记管理的关系。我们在政府合法登记、独立运作，它对我们监督指导，这是法律的定位。因此我们办这个活动不需要去请示报告，但是出于尊重，提前把这个活动向有关部门沟通，也邀请他们来参加，这是一种工作合作关系。有了慈善法，大家都依法办事。

七、**慈善信息披露的规定变了**。慈善法在信息披露上用了不少的条文，对于很多信息的公布都作了要求。关于信息披露，应该成立专门的部室，负责具体的工作。慈善组织的公信力降低，很重要的原因就是信息不对称，信息出了差错，导致失信于社会。慈善信息一要真实，二要及时。很多慈善组织就是在信息披露方面把关不好，出了问题。大家注意，慈善法明确了，如果信息披露不真实、不及时，是要承担法律责任的。

八、慈善事业在服务全局中的作用变了。慈善法颁布后，慈善活动的定义变了，党委、政府对慈善组织的要求也变了，慈善事业在党和国家工作全局中的作用更大、地位更高了。现在的慈善事业无处不在，所有公益活动都可以作为慈善事业，在经济主战场上都可以建功立业，在教育文化科技环保上都可以有所作为。

九、慈善从业者的社会地位变了。我们在座的各位都算是慈善从业者。为什么说变了？慈善法规定的慈善活动和年度管理费用比例是10%。后面民政部、财政部又出台了办法，像我们这样的组织可以占年度总支出的13%。我们所有的县区慈善总会，前几年最少的年度支出都超过1000万元。1000万元的13%是个什么概念？就意味着130万元可以用于管理成本。管理成本的大头是从业人员的工资、福利、保险。为什么说地位变了？除了理想信念之外，就是慈善从业者的福利待遇可以上去了，更多的人愿意加入慈善这个行业，慈善从业者的地位就提高了。

十、社会对慈善组织和慈善从业者的要求变了。前面变了，后面自然也变了。慈善法有要求，除了登记管理机关、政府部门、财政审计监督以外，新闻媒体也可以监督，社会各界都可以监督。现在整个社会对慈善组织的所有从业人员要求越来越高，从另一个角度看也是在帮助我们历练意志、提升水平。

这些变化当中最大的变化体现在四个方面：一是慈善活动的领域更宽了；二是设立慈善组织的门槛更低了；三是政府对慈善组织的监管更严了；四是慈善组织面临的挑战更现实了。

第四点我展开讲一下。慈善组织，特别是像慈善总会这样的组织，面临的挑战更现实了。慈善法出台了，对我们来说确实是机遇和挑战并存。机遇就是领域更宽、门槛更低,挑战就是管理更严。有的同志已经察觉到了,有的同志可能还没察觉到。我举几个例子,在慈善法颁布之前,因为成立慈善组织门槛比较高,在湖州地区,除了市区县总会,还有哪一家慈善组织可以和我们比?基本上找不出第七家。但是现在不一样了,在市慈善总会办公的"爱飞扬"就有两块牌子,一块是慈善总会的爱飞扬义工分会,另一块是独立法人的公益促进会。德清的清禾公益,去年一家企业一次性给它100万元,过去有这种情况吗?现在这种情况很多。如果我们在座的同志不转变观念,就会越来越被动。中国从中华慈善总会到90%以上的区域性慈善组织,都是这种情况。开始阶段都是政府支持,靠几个老同志成立起来。这样的好处是借助行政资源,就像"慈善一日捐"活动,可以请政府帮忙发个文件。这是我们的优势。但是这个优势现在就遇到挑战了,如果有人不捐给慈善总会,捐到其他有募捐资格的慈善组织,你一点办法都没有。

我讲挑战很现实就在这里。我们一定要淡化官方色彩,也一定要用好再用好官方资源。这两句话是不矛盾的,目前我们有这个资源,一定要充分利用,但心里的官位思想要淡化淡化再淡化。万一哪一天党委、政府不出面了,老同志不当会长了,慈善总会还能运作吗?还能像现在这么风光、这么红火吗?这两年我在内部经常讲这个观点,我们要创造这个条件,当老同志退下来的时候,慈善组织仍然能够运作得很好,继续发展壮大。

我再举一个例子,市慈善总会创办了"慈爱湖州"网,刚过两年,募捐超过了250万元。慈善总会发起的几个线上募捐项目,成果都不如预期。同时期,几家民间组织在上面发起的募捐,多数都完成了目标,而且时间非常快。你说你是老大,实力雄厚,发起一个5万元的项目,弄老半天弄不起来;人家几个小年轻,发起一个项目,一两天时间就完成了。说明什么?这些民间组织是真心做慈善的人组织起来的。我们官方背景的,想要做得好,一要看领导是否重视，二要看老同志是否想干事。两个因素都具备了，才会发展得好，两个条件缺一个都做不好。湖州慈善15年的历史就足以说明这一点。但是民间组织不一样，从成立那天起，他就是发自内心地要来做公益、做慈善，在他那个圈子里一呼百应。在我们慈善总会系统能做到一呼百应吗？每年的"慈善一日捐"请政府发了文件，有些单位是只听楼梯响，不见人下来。这说明什么问题？这些民间组织的凝聚力要比我们强得多，向心力要比我们大得多，动员速度也比我们要快得多，我们要承认这个现实。

慈善法来了，慈善组织的成立门槛低了，全国一夜之间冒出来几十万家慈善组织，仅我们湖州市就冒出了几千家组织。慈善资源就那么多，开始重新分配。原来都捐给慈善总会，现在可以捐到别的慈善组织，可以自己成立慈善组织，自己发起活动。

在这样的变化面前，在这样的严峻挑战面前，我们有什么武器呢？就两条，第一条是高举法律的旗帜，敬法如山。如果慈善是一条船，那么法律法规就是船上的舵，只有这个舵把稳了，在法律法规的框架内，在法律法规的轨道上，我们的慈善事业才能行稳致远，才能乘风破浪。如果法律法规不懂，在这上面偏差了，就要触礁甚至翻船。第二条是对慈善要饱含深情，付之于真情。真情是什么？是船上的发动机，是动力的源泉。法律再好，领导再重视，你自己没感情、没动力，不想做这件事，这个船也开不起来。

那我们怎么学？

一要有好态度。学习要用真心来学，像毛主席说的，恭恭敬敬地学，老老实实地学。要有一个好的眼光，在学习上不要当近视眼，也不要当远视眼，既要从长远看，认识到学习的重要性，又不能好高骛远，不重视现在、不联系实际。要有一个好的胸怀，虚怀若谷，好的东西、有益的东西都要学。

二要有好学风。好的学风就是理论联系实际，既要学书本上的，也要总结我们自己的经验，找出不足和差距，重点研究在法律的轨道上不断开拓新征程、推出新举措、研究新项目、谋求新成果。

三要有好纪律。既来之则安之。一共 3 天时间，好不容易把全国各地的知名专家学者请来了，希望大家珍惜这个机会，听课时，手机该关就关，该调到静音就调到静音，能少出去一次就少出去一次，不要迟到，不要早退。

四要有好保障。几位负责保障和服务的工作人员，这两天既当学员，也要当好服务员，为我们县区慈善总会、慈善分会的各位同志做好服务保障工作。

最后，祝大家学有所成！

以法治慈善之利器推动现代大慈善建设[*]

　　研究慈善法治化是去年定下来的题目，本届 5 年任期就是围绕"六化"（时代化、特色化、大众化、法治化、指尖化、职业化）做文章。首先要在理论上把它一化一化地化开，如果理论上搞不通，在实践中就更加没有办法把它化开。

　　各县（区）的材料都准备得很好，看得出来是经过深思熟虑的，听了很受启发。我感到慈善法治化落到基层，从操作的角度讲，就是四句话：

　　第一，念好慈善法治之经。要念好这本经，不是小和尚念经，有口无心，我们要有口有心地去念慈善法治这本经。要反复学、经常学，学深、吃透。各县（区）的交流里都包含了这个内容，像安吉讲的要每月一会，每会一题；南浔准备开展每周一答；市慈善总会这几年一直坚持的每月学习制度一样，都是这个道理。当然，我们学习的内容也不仅仅局限于慈善法，与慈善相关的知识都要学习，但肯定要以慈善法为重点，这是我们慈善领域的母法，一定要将其学深吃透。除此之外，还有二十几个与之相配套的法律法规，如慈善信托、慈善资金保值增值等与之相关的慈善知识。有些题目学上几天也不一定破得开，我为什么说要一化一化地把它化开，就是这个道理。为什么有了慈善法，国家还要出台这二十几个相配套的法规政策？说明它还比较原则、比较宏观，要把它化开。

　　第二，用好慈善法治之器。念好了慈善法治之经，在实际操作中，就要拿出相应的操作办法。比如慈善活动的范围已经那么宽了，

---

* 在湖州市区县慈善总会会长联席会议上的讲话，2019 年 7 月 2 日。

怎么拓宽慈善领域；慈善募捐有了那么多的新形式，你用了几种形式；界定慈善法律责任的规定那么多，你有没有触犯；等等。这个器，是武器的器。从大的方面讲，器是法规；从小的方面讲，器就是工具，要找出自己的工具来。

我们慈善总会的利器是什么？首先是《湖州市慈善总会章程》和相关规章制度。我有两个本子始终放在包里，这就是慈善法和总会章程，随时带着。章程是慈善组织贯彻法律法规的具体体现。用好法治慈善之器，就是要把我们的章程、内部管理的所有规章制度和新出台的法规政策相对照，看看哪些还没有，哪些已经过时了，哪些与之相冲突，及时进行修订完善，做到与慈善法规无缝对接。市慈善总会去年换届时，修改了很多章程内容，但随着实践的发展，又会有不适应的内容，还是要不断地修订完善。落到工作层面，就是要确保一切工作都在法律法规的框架内进行，像慈善资金保值增值这件事，一定要做到合法、安全、有效，不能出半点差错。根据法律规定，我们是区域性的慈善组织，尽管我们是民间的，但是有官方背景。慈善法颁布之后，市慈善总会拿到的就是湖州市第一本社会团体法人登记证书和慈善组织公开募捐资格证书。县（区）也是这样，各县（区）慈善总会就是行业的龙头，尽管社会组织很多，各个组织都有各个组织的高招，在慈善领域，招数最多的应该是我们市县（区）慈善总会，未来有可能被超越，但现阶段别人还很难超越我们。

第三，守好慈善法治之线。我们要视红线为底线，为底线画红线。最基本的一条是别去犯法，别和法律作对，就这么简单。这个观点我几年前就讲过了，刚才又讲了类似的例子，宁可不要1000万元，也不能有一分钱的闪失。宁可好事少做，但错事绝对不能做。好事有时条件不具备，可以暂时不做，但错事绝对不能做。我们天天在做好事，还有些心术不正之人在背后指指点点，一旦做错事还得了？所以说，必须守好慈善法治这条线。

第四，育好慈善法治之人。这一点我逢会必讲。要让所有的慈善工作者学法、知法、用法、守法，特别是要把培养年轻懂法的同志作为领导干部的基本责任，把事业交给有法治观念、有担当作为的年轻人是事业之基、事业之源、事业之望。这一点我们要向长兴的杨福成会长学习，向南浔的华新民会长学习，平时手把手地教，关键时候放手让他们去做。如果年轻的新同志都比我们这些老同志更懂法、更会用法，善于用法治来推进事业，我们湖州市慈善总会系统就大有希望。

以党的十九届四中全会精神为指导，在更高站位上开创新局面*

关于明年工作，市慈善总会专门开了务虚会，经过集体研究，形成了一个初步的材料。今天，我把个人的一些想法跟大家交流一下。

一、认真学习领会党的十九届四中全会精神，在更高站位上充分认识慈善事业的光荣伟大，慈善工作者的责任重大

党的十九届四中全会在基本经济制度、文化制度、民生保障制度和人民当家做主制度4个方面，对慈善事业提出了明确的要求，赋予了新的定位，具有开创性和里程碑的意义。我认为这是我们今后一个时期发展慈善事业的指导纲领和行动指南。一是关于第三次分配的理论，在党的文件当中第一次把慈善作为国民第三次分配纳入中国特色社会主义基本经济制度中。原来是把慈善当作资本主义的东西，改革开放以后，才把慈善引入党的文件，引入政府工作报告。最早是2005年的政府工作报告，正式地接触了慈善这个概念。党的十九届四中全会已经把它纳入中国特色社会主义基本经济制度的有机构成。二是党的十九届四中全会的决定里提出统筹完善社会救助、社会福利、慈善事业、优抚安置等制度。这是个什么概念？社会救助、社会福利、优抚安置都是民政的职能。现在把慈善事业放在优抚安置前面，四项并列，上升到了国家基本制度层面，应该

---

* 在湖州市区县慈善总会会长联席会议上的讲话，2019年12月20日。

说这是对慈善事业在新的历史时期新的定位。

党的十九届四中全会提出："在城乡社区治理、基层公共事务和公益事业中广泛实行群众自我管理、自我服务、自我教育、自我监督。"三个问题：第一个是城乡社区治理，第二个是基层公共事务，第三个是公益事业，慈善当然也是公益事业。后面讲广泛实行群众自我管理、自我服务、自我教育、自我监督。这四个"自我"20年以前就有了，那个时候社区居委会、村民委员会讲的就是这四个"自我"。慈善总会作为民间组织、非政府组织，现在也要求自我管理、自我服务、自我教育、自我监督，意味着党将慈善事业视为基层群众自治的重要载体之一，给予更高的要求和更多的期待。我们作为慈善工作者，应该感到做这件事非常光荣，这个事业非常伟大，事业的发展空间无限，这个事业值得去做，做了会乐在其中。

二、清醒把握慈善总会系统面临的新挑战，以新作为开拓新局面

进入21世纪，湖州市区县慈善总会经历了从无到有、从弱到强、一枝独秀的发展历程。以2016年慈善法颁布为临界点，面对雨后春笋般出现的各类慈善组织，我认为慈善总会系统正面临越来越多的考验、越来越大的挑战，一枝独秀的局面正接近拐点。对此，我们必须有清醒的认识，有危机感和忧患意识，行动起来化被动为主动，只有创造新作为，把自身做大做强，才能继续走在行业发展的前列，成为行业的示范者和领军者。市慈善总会确定了明年工作的基本思路，以"两个导向+15个字"为目标。两个导向：需求导向、发展导向。需求导向是针对当前，发展导向是着眼未来。工作重点是强骨干、精项目、重实体、创品牌、优队伍。

三、动真情，出实招，进一步加强市区县慈善总会系统队伍建设

队伍建设和人才培养是事业兴衰的关键，是组织发展的永恒课题。从目前我们6家慈善总会的现状看，有的对这个很重视，已经形成了一个良好的队伍建设发展思路；有的现在是短板。因此，建议下一步的队伍建设在四个方面作进一步努力：一是内设机构力求科学。总会内部究竟设几个部室，要好好研究一下，达到科学是很难的，但是要力求向科学靠拢。二是人员结构大体合理。人员结构起码要有老中青，要有内行、有在职，而且应该逐步以年轻人为主力军。前两年我也说过，老同志多把把关，重大事情出出面，具体的事情靠年轻的同志干。三是整体素质适应发展。队伍的整体素质要适应我们事业的发展，事业发展到哪一步，素质就要跟到哪一步。需要网络化，就要有懂网络的人才；需要培训，就要有讲课的人才。四是工资福利可以留人。留住人，队伍才能建设起来，才能发展起来。希望我们各位会长、各家慈善总会都向着这四个方面去努力。

为什么要成立慈善文化研究院*

大家的发言都非常精彩，我也讲几点想法。

首先，今天会议给我最深的印象是湖州市社科界拥有一支非常优秀的队伍。今天参会的人员，有的我很熟悉，有的只知道名字，有的见过面，没有深入接触，但都是社会科学领域知名的专家学者。从今天的参会阵容可以看出，湖州市社科界人才济济，群英荟萃。湖州的高校不多，有资格授予硕士、博士学位的院校更少。在社科领域里对慈善有兴趣、有研究、有贡献的专家学者估计今天都到了。尽管是双休日，不管家里遇到什么样的特殊情况，一位不少。老话说，得人者得天下。我们没有做过成王的梦，但是一直做着干事业的梦。到了现在这个年龄，还经常有冲动，想着多做好事，尽量少做错事，坚决不做坏事。我们不说得人者得天下，而是得人者得事业，得人者可梦圆。要想做慈善的梦，光靠自己不行。慈善是大众的事，是社会的事，追慈善梦的人多了，响应慈善梦的人多了，才能梦想成真。

其次，借这个机会，和大家说说关于研究院的构想。成立慈善文化研究院是我和沈振建同志（时任市委宣传部副部长，市社科联党组书记、主席），还有左军同志（时任市慈善总会副会长）、姚新兴同志（市政协原秘书长，谭建丞艺术馆馆长）一起商量的。如果说他们没有兴趣、没有热心、没有热情，我可能迟迟下不了决心。还是讲"得人"，大家志同道合，不光是夫妻之间，同事之间也是这

---

* 在湖州市大东吴慈善文化研究院特聘研究员座谈会上的讲话摘要，2020年6月6日。

样的，我感觉到了这个分儿上应该做这件事了。刚才李骅博士讲了，慈善是个大概念，文化更是个大概念，里面的水很深。自然界的水再深也可以测量出来，文化有多深？慈善有多大？花一辈子研究，也不一定能研究透，但我们还是下决心要在湖州成立慈善文化研究院。"在湖州看见美丽中国"是湖州城市的新标识，希望经过大家的努力，能够有底气地说"在湖州看见现代慈善"。我们要有这种愿望，要有这种雄心壮志。实事求是地讲，近几年湖州市慈善总会系统的发展水平，让我们有这个底气来说这句话。

中国的传统慈善就像中国的古代文明一样，不落后于任何一个国家。自从中国有了人类文明的记录，就有慈善的事情在发生。但真正意义上的现代慈善，中国只能算刚刚起步。今年全国两会期间，有记者提问中华慈善总会会长宫蒲光，请他讲讲对抗疫中慈善工作的评价，并请他谈谈在今年两会上有什么建议。宫会长是敢说话的，也都说在了点子上。他说，目前，我国慈善事业方兴未艾，呈现出多元化、组织化、规范化发展的良好态势。他还特别强调了要弘扬慈善文化。我非常认同这些观点。6月18日下午的学习研讨班，我主动报名讲一节课，要讲的也是类似的观点，真正的现代慈善刚刚起步。2016年3月16日，全国人大通过了《中华人民共和国慈善法》，当年9月1日正式实施。慈善法共有12章112条，对慈善的定义是"6+18+N"，六大类18个子项，再加一个"等"字。对此我不算有研究，但一直在学习。在这种刚起步的情况下，慈善要做到最好，就是要研究最高层次的文化。文化的最高层次是思想，马克思主义是思想，列宁主义是思想，毛泽东思想是思想，邓小平理论也是思想，习近平新时代中国特色社会主义思想也是思想。思想是文化的最高层次，对最高层面的东西不敢接触，只做具体的项目是不可能实现最大发展的。市慈善总会每年运行的慈善项目有50多个，最多的一个项目要支出900多万元，但是最终还是要研究发展慈善文化。如果把文化的基因、思想的种子撒到了人们心中，在心里生根发芽、开花结果，慈善就成了全社会的行为，没有慈善总会，慈善事业也会继续下去。市慈善总会和两所高校都有密切的联系，市慈善总会建立了师院义工团和职院义工团。"慈善一日捐"活动两所高校是年年参加，助学项目也年年在进行。

为什么要成立慈善文化研究院？成立慈善文化研究院，就是想在文化基础上推动湖州慈善事业高质量、可持续发展。毛泽东同志曾经说过："没有文化的军队是愚蠢的军队，而愚蠢的军队是不能战胜敌人的。"（出自《文化工作中的统一战线》，1944年10月30日，《毛泽东选集》第三卷，人民出版社1991年版，第1011页）我们也可以说，没有文化的慈善人是没有灵魂的慈善人，没有灵魂的慈善人是做不好慈善事业的。成立慈善文化研究院就是要赋予慈善灵魂，赋予它更强的生命力、更强的战斗力、更大的凝聚力，使它生生不息、牢牢扎根在湖州老百姓的心里。

既然成立慈善文化研究院，就不能出现"挂牌之日就是关门之时"的情况，一定要实打实运行。还是要回到"得人者得天下"这个话题，成立慈善文化研究院仅靠市慈善总会一家的力量是办不好的。市慈善总会目前一共13人，5人是退休的，7人是社会聘用的，1人是借用的驾驶员。内设机构有5部1室，募捐部、项目部、信息网络部、志愿服务部、财务资产部、办公室。一人兼数职，孙阿金副会长兼募捐部部长，左军副会长兼项目部部长，下面一个兵都没有，都是自己在干；朱群燕秘书长兼财务资产部部长还兼会计；沈秋萍副秘书长兼办公室主任还协助做项目，都是一个人在干几个人的活。要研究慈善文化，首先要有基础队伍，就是你们这些研究员。这次一共聘了26位研究员，其中24位是研究员，2位是高级研究员。高级研究员中有一位是大家都熟悉的老领导、市委原常委、宣传部部长，后来调到省社科联当党组书记的陈永昊同志。还有一位是省慈善联合总会的副会长、省民政厅的原副巡视员李刚同志。李刚同志做慈善工作20多年，对慈善理论非常有研究，也出过相关专著，在中国慈善总会系统非常有名气。除了在座的 11 位研究员，还有 13 位是文化的另一个分类——书画艺术类的研究员，包括市美协原主席刘祖鹏、市书协原主席朱元更、现任美协主席李志刚、现任书协主席范斌等。有了这样一支队伍，有了 26 位高级研究员、研究员，只要按照沈振建部长说的，能够建立起来、坚持下去、发挥作用，湖州的现代慈善事业一定会大踏步地向前发展。

关于研究定位，我们不去研究纯慈善理论，要冲着慈善实践中遇到的问题，冲着贯彻慈善法中遇到的问题去研究，以此来推进湖州慈善事业向前发展。这样就有了湖州特色，有了立足点。本月 18 日，西北大学慈善研究院 2 位副院长和 1 位办公室主任要到咱们这里来，他们都是博士。他们不仅参加活动，还要赠送我们 21 部专著，其中就有中国第一部《慈善学》。西北大学是名牌大学，他们是一个博导带着一帮博士在搞慈善研究。我们不能搞这种模式，我们的研究院要冲着现实中的问题去研究。

今天的会议是一个很好的开端。刚才大家提了一些很好的建议，我相信这些建议都可以落地。成立一支队伍肯定要有课题、要有活动、要有成果，这些成果你们拿去评奖也好，评职称也好，提拔也好，都是有用的。

坚定不移　久久为功
让在"湖州看见现代慈善"梦想成真[*]

尊敬的省慈善联合总会陈加元会长，各位副会长，尊敬的夏坚定副市长，尊敬的西北大学慈善研究院王元琪、王有红副院长，尊敬的全省各设区市慈善总会领导，尊敬的各位专家、学者、新闻界的朋友，尊敬的各位来宾、同志们：

大家下午好！

首先请允许我代表湖州市慈善总会、湖州市大东吴慈善文化研究院对各位专程来参加今天的活动表示诚挚的谢意和衷心的感谢！

文化是一个民族的根、一个国家的魂，慈善文化是慈善事业的根、慈善事业的魂。中华慈善源远流长，影响深远，但中华现代慈善尚处在起步阶段，任重而道远。正是基于这样的背景和思考，为了推进现代慈善的建设和发展，在省慈联的示范引领和具体指导下，在浙江大东吴集团的积极支持、倾心相助和西北大学慈善研究院的热情相帮、大力协作下，我们创立了具有独立法人资格的社会服务类慈善组织——湖州市大东吴慈善文化研究院。

研究院的宗旨是凝聚文化力量，发展现代慈善。使命和任务是充分发挥湖州"绿水青山就是金山银山"理念诞生地的优势，依托湖州近年来慈善事业赶超发展的新动能，联合各方力量，从事慈善文化理论研究、慈善文化交流咨询、慈善文化艺术活动、慈善文化人才培养和慈善文化产业发展等慈善领域的社会活动，为建设现代

---

[*] 在湖州市大东吴慈善文化研究院成立仪式上的致辞，2020 年 6 月 18 日。

慈善提供文化支撑和源源不断的动力。目前研究院设四部一室：理论部、传播部、发展部、书画文艺部（艺术分院）和办公室。

湖州市大东吴慈善文化研究院是一株刚刚破土而出的新芽，要想成长为根深叶茂的常青藤，非常期待和渴望得到大家和社会各界的呵护、关心、扶持和帮助。

"在湖州看见美丽中国"，是湖州这座城市新的名片。我们也热切期望在湖州看见现代慈善。我相信，只要我们心怀梦想又脚踏实地，坚定不移又久久为功，"在湖州看见现代慈善"的美好愿望就一定能实现。

再次感谢大家的光临！

预祝各位在湖州心情愉快、身体健康！

欢迎大家有机会再来湖州！

认真学习习近平疫情防控系列重要讲话精神准确把握慈善组织在重大突发事件中的定位与作为*

大家知道，今年是农历的庚子年，在中国近代史上，庚子年发生了若干重大历史事件：180 年前的庚子年，西方侵略者用坚船利炮打开了封闭落后的中国大门；120 年前的庚子年，八国联军践踏了中华大地，把中国进一步推上了灾难深渊；2020 年，我们又经历了新中国成立以来在我国发生的传播速度最快、感染范围最广、防控难度最大的新冠疫情。

最近，习近平总书记在讲全球疫情蔓延时，是这样来评述疫情的，他说："这次疫情蔓延范围之广、速度之快、影响之大，百年未有。"（引自《人民日报》2020 年 5 月 18 日文章《风雨无阻向前进——写在全国疫情防控阻击战取得重大战略成果之际》）所幸的是，在习近平总书记和党中央的坚强领导下，中国人民取得了全国疫情防控阻击战的重大战略成果。在这样一个时间节点上，今天，我们以湖州市大东吴慈善文化研究院成立为契机，举行"慈善组织与重大突发事件应对"学习研讨班，应该说是正当其时，非常必要。这个研讨班，是我们与市民政局共同组织的。之前我们之间进行了多次沟通商量，还邀请了省内外多位领导和专家学者来传经送道、释疑解惑。但这个题目是我自告奋勇，要求和大家共同探讨的。因为在此次抗疫之中，我发现慈善组织在国家重大突发公共事件中的法

---

* 在"慈善组织与重大突发事件应对"学习研讨班上的授课，2020 年 6 月 18 日。

律地位并不明确。而在疫情防控中，慈善组织在实际运作中也遇到了不少困难和问题，有时甚至受到舆论的质疑，所以很有必要探讨这个问题。如果探讨有所成就、有所心得，也算是对事业的一份贡献，对自己的一个交代。我讲三个方面的内容。

一、习近平疫情防控系列重要讲话，为慈善组织参与抗疫之战，指明了方向，提供了遵循

中国之所以用 1 个多月的时间，基本控制了疫情蔓延的势头，用 2 个月左右的时间，将本土新增病例控制在个位数，用 3 个月左右的时间取得了武汉保卫战、湖北保卫战的决定性成果，是因为有习近平同志为核心的党中央英明领导、果断决策、统筹布局，才有了举国同心、上下同欲，充分发挥中国特色社会主义制度的优越性，取得了令世人赞叹的抗疫成果。

最近，新华社为迎接全国两会的召开，写了一篇长篇政论文《风雨无阻向前进》。3 月 26 日，《人民日报》也写过一篇同样题目的政论文。在新华社的这篇文章中，有这样一组数据：从疫情发生以来，到 5 月 18 日为止，为了做好疫情防控工作，习近平总书记主持了 14 次中央政治局常委会会议、4 次中央政治局会议、1 次中央全面依法治国委员会会议、1 次中央网络安全和信息化委员会会议、2 次中央全面深化改革委员会会议、1 次中央外事工作委员会会议、1 次党外人士座谈会，6 次赴地方考察调研，51 次同外国领导人和国际组织负责人通话。

在准备讲课提纲之前，我让总会的同志帮我再次收集整理了习近平总书记在疫情期间的系列重要讲话、重要文章，在这之前，凡是我能接触到的、能收到的、能看到的、能听到的也都随时学了，有的还学了几次，但是通过这次再系统地学习一遍，我感到习近平总书记这些讲话，虽然是全面地部署疫情防控工作，但其中很多内容涉及慈善组织怎么参与疫情防控斗争，慈善组织在疫情防控中应该扮演什么样的角色，应该有什么作为。实际上，只要系统地学习习近平总书记的这些讲话，都可以深切地感受到，深刻地领悟到，从中提升自己的思想境界，提高自己的政治站位。这里我概要地给大家列举一些习近平总书记重要讲话当中直接和间接涉及的有关慈善组织应该怎么做的指示。1月21日，习近平总书记对疫情防控工作作出重要指示，其中有一句特别重要，习近平总书记要求各级党委和政府及有关部门"要把人民群众生命安全和身体健康放在第一位"（引自《人民日报》2020年3月26日文章《风雨无阻向前进——写在中国人民抗击新冠肺炎疫情之际》）。这是这次疫情防控当中一条非常重要的政治原则，一条非常重要的成功经验，就是人民至上、生命第一。

1月25日，在中央政治局关于疫情防控的第一次常委会会议上，习近平总书记对疫情防控工作作了全面动员、全面部署。这里有几个重要观点，也和慈善相关。譬如"疫情就是命令，防控就是责任"，要求"各级党委和政府必须按照党中央决策部署，全面动员、全面部署、全面加强工作"，提出了16字方针"坚定信心、同舟共济、科学防治、精准施策"，并指出只要按照16字方针来办，"就一定能打赢疫情防控阻击战"。这是党中央第一次正式提出疫情防控阻击战这样一个概念。对疫情防控工作，在前面讲了"三个全面"以后，后面又进一步讲，要"深刻认识新型冠状病毒感染的肺炎疫情防控的重要性和紧迫性，加强统一领导、统一指挥，坚定不移把党中央各项决策部署落到实处，贯彻落实情况要及时向党中央报告"（这段在报纸上标红部分讲话引自《人民日报》2020年1月26日头版头条文章《中共中央政治局常务委员会召开会议 研究新型冠状病毒感染的肺炎疫情防控工作 中共中央总书记习近平主持会议》）。我为什么要引用这些？因为这些和我们慈善工作都是"密切相关"的，前面讲"三个全面"，后面讲"两个加强"，在具体工作当中又讲了六个加强。

2月3日，在第二次中央政治局常委会会议上，习近平总书记第一次提出了要打响疫情防控的人民战争，第一次会议讲的是阻击战，到第二次会议，他是这样说的，前一阶段，经过党中央高度重视，始终把人民群众生命安全和身体健康放在第一位，中央政治局常委会两次召开会议进行专题研究，中央应对疫情工作领导小组多次开会研究部署疫情防控工作，中央指导组积极开展工作，国务院联防联控机制加强协调调度，及时协调解决防控工作中遇到的紧迫问题，有关部门各司其职，军队积极支援地方疫情防控，各地区成立了党政主要负责同志挂帅的领导小组。各党政军群机关和企事业单位等紧急行动，全力奋战，广大医务人员无私奉献、英勇奋战，广大人民群众众志成城、团结奋战，"打响了疫情防控的人民战争，打响了疫情防控的总体战"。增加了"两个打响"，从阻击战，到人民战争，再到总体战。在这次会议上，习近平总书记要求"尽快找差距，补短板，切实做好各项防控工作"，疫情防控才进行了不长时间，就提出要找差距，补短板，而且又进一步强调："疫情防控要坚持全国一盘棋。各级党委和政府必须坚决服从党中央统一指挥、统一协调、统一调度，做到令行禁止。"大家注意，在第一次会议上讲了"两个统一"，统一领导、统一指挥；第二次会议上在"统一指挥"后面，又增加了"统一协调、统一调度"，而且进一步讲"疫情防控不只是医疗卫生问题，而是全方位的工作"。在这次会议上，第一次提出了要"统筹抓好改革发展稳定的各项工作"。也就是一方面要抓疫情防控，一方面要抓面上正常的工作。在这次会议上，第一次提出了"这次疫情是对我国治理体系和能力的一次大考"，再次强调一定要"总结经验，吸取教训"（这段在报纸上标红部分讲话引自《人民日报》2020年2月4日头版头条文章《中共中央政治局常务委员会召开会议　研究加强新型冠状病毒感染的肺炎疫情防控工作　中共中央总书记习近平主持会议》）。

2月5日，在主持中央全面依法治国委员会第三次会议时，习近平总书记第一次直接讲了慈善的问题。他是这样说的："要依法规范捐赠、受赠行为，确保受赠财物全部及时用于疫情防控。"后面又进一步强调："坚持运用法治思维和法治方式开展疫情防控工作，在处置重大突发事件中推进法治政府建设。"这些都是和慈善组织有关的，都是和慈善工作有关的。

2月10日，习近平总书记在北京调研时，又讲了很多重要的观点，在这里他首次提出"打好武汉保卫战、湖北保卫战""武汉胜则湖北胜，湖北胜则全国胜"。他要求要加强舆论引导，"宣传一方有难，八方支援的大爱精神"。在和基层干部群众交谈时，他说全国各地坚持一方有难、八方支援，后面列举了很多具体的对象，最后说大家做了大量艰苦工作，付出了巨大努力，为疫情防控工作作出了重大贡献。这里面实际上也有对慈善组织、慈善工作的肯定。

2月12日，在中央政治局常委会会议上，习近平总书记再次讲，统筹做好疫情防控和经济社会发展，"既是一次大战，也是一次大考"。原来讲的是大考，这次讲既是大战，也是大考。

2月15日，习近平总书记在主持中央全面深化改革委员会第十二次会议时，专门强调，要"完善重大疫情防控体制机制，健全国家公共卫生应急管理体制"，同时"要健全重大疾病医疗保险和救助制度，完善应急医疗救助机制"，还要求"要健全统一的应急物资保障体系，按照集中管理、统一调拨、平时服务、灾时应急、采储结合、节约高效的原则，尽快健全相关工作机制和应急预案"。这些要求和论述，与我们慈善工作也是密切相关的。

2月20日，习近平总书记在给美国盖茨基金会联席主席比尔·盖茨回信时，对盖茨先生和夫人在中国抗击疫情的关键时期慷慨解囊，对中国人民的支持表示衷心的感谢。他表示，支持盖茨基金会同中方有关机构的合作。大家都知道，盖茨基金会是国际上一家著名的慈善机构，疫情发生以后，1月27日，盖茨基金会宣布提供500万美元紧急赠款，支持中国抗击新冠疫情。之后，又承诺投入最高 1 亿美元赠款，其中一部分用于直接帮助中国在药物、疫苗及诊断方法研发等方面的工作。

2 月 23 日，习近平总书记在统筹推进新冠疫情防控和经济社会发展工作部署会议上，多次讲到了与慈善有关的工作，而且对慈善工作提出了进一步的明确要求。这个讲话是面对全国 17 万县团级以上干部的讲话，在讲到前一段疫情防控工作时，习近平总书记肯定了广大志愿者的真诚奉献、不辞辛苦，为疫情防控作出了重大贡献。他说："社会各界和港澳台同胞、海外侨胞纷纷捐款捐物，展现了同舟共济的深厚情怀。"讲到加强新闻舆论工作要求时，习近平总书记再次要求要广泛宣传一线医务工作者、人民解放军指战员、公安干警、基层干部、志愿者等的感人事迹，在全社会激发正能量，弘扬真善美，推动社会主义精神文明建设。讲到下一步工作时，习近平总书记要求打赢疫情防控这场战争，必须紧紧依靠人民群众。他明确要求"慈善组织、红十字会要高效运转，增强透明度，主动接受监督，让每一份爱心善意都及时得到落实"。这是我所看到、听到习近平总书记在疫情防控中，对慈善组织应该怎么做最明确、最清晰、最具体的一次要求，就是高效运转、增强透明度、主动接受监督，落脚点是让每一份爱心善意都及时得到落实。

从习近平总书记的一系列重要讲话中，我们能领悟到以下几点：第一，习近平总书记在部署全局工作、当前最重要工作时，心里始终想着慈善组织，始终念着慈善人。对慈善组织作出的每一份贡献，对社会各界奉献的每一份爱心，他都看在眼里记在心里，给予了充分的肯定。第二，他对慈善组织、慈善人非常关心，对慈善组织应该怎么做指示得非常明确。作为党和国家最高领导人，对民间的慈善组织，有这样的明示，有这样清晰的要求，是不多见的。第三，习近平总书记对慈善组织和慈善工作者的关心和关爱，令我们慈善组织和从事慈善事业的人，感到了一份温暖，感到了一份信任，同时也感到了一份责任与压力。怎样把习近平总书记和党中央的要求化为我们的慈善实践的力量，这是一道新的考题。疫情防控是大战、大考，对慈善组织、慈善人来说，在疫情防控中如何做慈善，也是一次大考，也是一次大战。习近平总书记的系列重要讲话，为疫情防控中的慈善工作指明了方向，提供了遵循，我们必须学习好、领悟好。

二、湖州市慈善总会系统认真学习践行习近平重要讲话精神，在抗疫中定位准确、作为到位

湖州市慈善总会系统就是由我们在座的一大部分人组成的，大家都是参与者，都是实践者，都有发言权。前不久，我们开了一次县区会长的联席会议，专题交流了这一次疫情防控的情况。大家作了很好的总结，有的总结非常精确，有些感悟也有一定的深度。今天，我作为大家的代表讲讲心得。讲到这里，我再诠释一下我们这次学习研讨的主题，主题是讲慈善组织与重大突发事件的应对。慈善法规定，慈善组织在现阶段的中国有三类，一类就是我们慈善总会这样一种社会团体，一类是基金会，还有一类就是像我们美欣达慈善超市、大东吴慈善文化研究院这样的民办非企业机构（社会服务机构）。按照慈善法的界定，慈善组织目前就这三类。我讲的慈善组织主要是指社会团体类的慈善总会组织。

湖州市慈善总会系统自疫情发生以来，截至4月8日武汉解封之时，一共接受社会各界的捐赠款物1.249亿元，其中物资接近900万元。一共支援了3个省、76个市县区、97家单位的疫情防控工作。应该说，为这一次大战作出了贡献，在这次大考中交出了合格的答卷。市慈善总会系统为什么能做到这样，归根结底是我们认真学习、认真领会、认真贯彻、认真实践了习近平总书记关于疫情防控的一系列重要讲话精神，按照总书记对慈善组织提出的要求，在湖州市的行政区域内落地生根、开花结果。具体地说，我们做到了六个"动"，也就是说，在疫情防控中，全市慈善总会系统都动起来了，是真的在动，而且动得有成效，动得持续健康。

一是闻风而动。就是党有号令，我有行动。讲讲容易，但是真做起来也不简单。为什么？在大疫面前，慈善组织要不要动？什么时间动？动到什么程度？闻风而动考验你的政治站位，检验你的政治水平，也透视你的政治敏锐性。1月25日，习近平总书记主持召开第一次中央政治局常委会会议。这天是正月初一，都在过年。用习近平总书记自己的话来说，年三十那天，他是夜不成寐。第二天一早起来，召集政治局常委的其他6位同志到中南海怀仁堂，召开了这一次具有历史意义的中央政治局常委会会议，向全党全国发出了打赢疫情防控阻击战的号令。慈善组织是民间组织，我们是通过新闻获得了这个信息。大年初一的晚上，央视《新闻联播》插播了这条重要新闻。收听收看了这条重要新闻以后，尽管我是一名基层工作者，是一名退休同志，但是心情非常沉重。我也在思考，慈善组织怎么办？要不要马上启动筹募机制？怎么启动？可以说也是考虑了很长时间、很久，说不上彻夜难眠，但是这一夜的确没睡好。第二天，也就是大年初二的上午，我就和有关同志沟通商量，几乎在同一时间我们各区县的同志也在沟通商量。当天下午，市慈善总会分管的领导召集有关同志开会研究，然后在"慈爱湖州"网发起了"共抗疫情，刻不容缓"网上众筹项目，同一时间各县区也开展了相应的工作。应该说，在全国的慈善组织当中，我们是在第一时间响应了党中央的号召和省委、市委的部署。当然实事求是地讲，省委、市委的部署会没叫我们去参加。但我们想党委、政府肯定在开会，尽管没叫我们参加，肯定在部署。闻风而动，实际上检验的是你的觉悟。没有这种觉悟，没有这种政治敏锐性，慈善的事业心、责任感，就不可能闻风而动。如果没有闻风而动，就没有后来的这一连串的爱心涌动。

二是遵令而动。慈善组织的行为不能只代表慈善组织，在中国大地上，东西南北中，党政军民学，党是领导一切的。刚才我引用的习近平总书记的讲话中，第一次会议他特别讲了"三个全面""两个统一"，第二次会议上，他又加了"两个统一"，就是在这个重大突发的公共卫生事件面前，要在党中央集中统一领导、统一指挥下，全国一盘棋，统一协调、统一调度。党政机关是这样，工青妇群团组织是这样。像我们这样的慈善组织，当然也要在党的领导下行动，不能自行其是。你闻风而动以后，必须把自己纳入一盘棋中，你是一盘棋中的一个棋子，不管是大棋子小棋子，不管是白棋子黑棋子，不管是车马炮还是象士卒，都要在一盘棋中，服从统一领导、统一指挥、统一调度。慈善法第三十条也明确要求，"发生重大自然灾害、事故灾难和公共卫生事件等突发事件，需要迅速开展救助时，有关人民政府应当建立协调机制，提供需求信息，及时有序引导开展募捐和救助活动"。在这次疫情防控慈善捐赠和款物拨付中，我们始终遵循这条原则，服从党委、政府统一领导、统一指挥。各级党委、政府都成立了疫情防控领导小组及领导小组办公室，所以说在两三个月的时间，我们募集到的款物，应该怎么分配、怎么使用，都不是慈善总会自己在做主，都是按照"三个全面""四个统一"的原则进行安排，这体现了我们在大局下行动的意识。刚才我讲闻风而动是觉悟，遵令而动是什么？是规则、是原则、是纪律。不能说我是慈善组织，我是独立法人，我就可以自行其是，那是不讲原则、不守规矩。在这个问题上，我认为全市慈善总会系统做得非常好。

三是依法而动。现在做慈善工作有了慈善法，慈善法是我们做好慈善工作的基本依据、根本遵循。在这次疫情防控中，慈善总会的同志们，一方面是高高举起习近平新时代中国特色社会主义思想伟大旗帜，一方面是举起慈善法这面工作的旗帜。就是说慈善工作怎么做，一定要以慈善法为依据。如在疫情防控中，我认为有几条我们做得是到位的。一个是尊重捐赠人的愿望，捐赠人不管捐 1 万元、10 万元、100 万元，他想捐到湖北，我们就尊重他捐到湖北，他要捐到武汉就捐到武汉，他要捐到深圳就捐到深圳，他要捐到哪一个区县，哪一个部门去做疫情防控，都要尊重他们的愿望，这是法律的要求，这就叫依法行事。再如信息公开，慈善法有要求，重大的募捐活动多长时间公示一次。这次疫情防控，我们市慈善总会做得比法律的要求还要进一步，我们是天天公示。每天接受了多少捐赠，从1分钱（网上有捐1分钱的），到几百万元，都进行了公示。上下班有时间，但是公示，服从公示的需要，就打破了上下班的时间。当时是下午5点钟下班，我们好多同志5点钟下不了班，因为要把数据统计出来，当天进行公示。大家知道，现在在湖州最权威的新闻媒体是"湖州发布"，"湖州发布"在疫情防控期间，就市慈善总会的收支情况，从2月5日到4月10日，一共公示了11次。在"慈爱湖州"网上，则是天天公示。这些都是依法而行。再如，大额捐赠或者捐赠人有愿望的，要签订捐赠协议，这一次我们做得也比较好，几乎每一笔大额捐赠，只要对方有这个愿望，我们都签订了捐赠协议，把捐赠的意愿、捐赠款的去向，在协议里明确，白纸黑字写得清清楚楚。我仅仅是举例说明。尽管是重大突发公共卫生事件，尽管事情来得急、来得突然，尽管千头万绪，尽管废寝忘食，尽管早出晚归，但是依法行善的这种观念不能淡。如果说闻风而动是觉悟，遵令而动是规矩，那么依法而动就是红线。红线是不能踩的，更是不能突破的。

四是高效而动。这是习近平总书记对慈善组织明确要求的。高效最简单的体现就是要快，接受要快，拨付要快，结算要快，公示要快。首先是快，不快怎么能高效？大家知道，关于疫情捐赠的支出、物资的拨付，这次首先被曝光被处理的是湖北省红十字会，媒体上都进行了报道。当然处理它可能不只因为一个问题。但是，其中有一个问题大家都注意到了，就是运转太慢。在非常时期，全国各地捐赠了那么多物资，到了那里都存在仓库里，几天出不去，而出去的手续非常烦琐，一级一级地报告，一张一张地填表，一批一批的人来了，领不到物资回去，然后记者去登门采访，还在那左挡右挡，不让了解真实情况，那不出问题才怪。但在突发事件来临时，要做到高效运转，谈何容易？今年大家都经历了，大年三十晚上还在看春节文艺晚会，大年初一大家都想轻轻松松过年。中央一声令下，全国动员，我们慈善总会系统大年初二就全员上班，全天候紧张地工作。你说有没有预案？你说一点预案没有也不是，你说什么预案都做了那也不真实。在事先没完备预案的情况下，要做到高效运转，靠的是什么？靠的是能力，靠的是队伍，靠的是人才。光有事业心不行啊！当然，事业心是第一位的，责任感是第一位的，我始终这么认为，光红不专不行，毛泽东同志过去讲要又红又专，红讲的是思想层面，讲的是觉悟，专讲的是业务水平。所以要高效而动、高效运转，既要有觉悟，也要有能力。在 4 月 23 日市总会内部总结会上，我是这样评价我们团队的：面对大战，我们的团队就像一枚蓄势已久待命发射的火箭，每一个部件擦得很亮，每一颗螺钉拧得很紧，每一道程序抠得很细，各就各位，一丝不苟，一声令下，直指苍穹！前面讲第一是觉悟，第二是规矩，第三是红线，高效而动就是能力。我们市区县 6 家慈善组织应该说基本上做到了高效运转，但也不能评价过高。

五是透明而动。透明而动，也是习近平总书记的明确要求。在 2 月 23 日的工作部署会上，习近平总书记第一个讲的是高效运转，紧接着就讲增强透明度。透明是什么，透明是公信力，透明是慈善组织的生命力。原来有一些慈善组织，做得不好甚至被砸了牌子，不是接受的款物的多少，也不是实施的项目怎样，而是不透明，搞"暗箱操作"，失去了社会的信任，失去了公信力。在这次疫情防控中，我相信只要参与的人都会有这个体会，人们更多关心的不是接受了多少捐赠款、多少捐赠物资，而是这些捐赠款、这些捐赠物资是怎么使用的，给谁了，派了什么用场。所以，透明度对于我们慈善组织而言不能说是立命之本吧，真的可以说它是生命力，基本上離立命之本差不多了。一个人失去了信用，别人就不会和你交朋友，也不会尊重你，有事当然更不会找你了。一个组织失去了公信力，也是一样。这一次，我们接受了那么多的捐赠款，市本级接受了4600多万元。其中有一位捐赠者直接和我说，他当时还在杭州，没回到湖州。他说，我想来想去，这笔款还是捐给你们比较好，这样比较踏实。这当然是对我们的一份信任。但言外之意是什么呢？他为什么捐款还要想来想去啊？为什么说捐给我们比较踏实，说明捐给有的组织他心里可能就不踏实。还有很多人在疫情防控中碰到我，当然他是一种赞美的肯定的鼓励的话，他说，我看到你们天天在公示。我说确实是这样，我们的同志很辛苦，都在默默无闻地工作，那些数据都是他们一个一个统计出来的啊，过了下班时间还在统计，公示完了才能回家。所以说，我们以透明度赢得了公信力，以公信力赢得了凝聚力，以凝聚力提升了战斗力。闻风而动是觉悟，遵令而动是规矩，依法而动是红线，高效而动是能力，透明而动是什么，透明而动就是责任。你有责任去透明，你要对这个组织负责，对这份事业负责，所以透明而动是责任。

　　六是监督而动。要学会在被监督下生活、在被监督中工作、被监督着并快乐着。这听起来好像说大话，实际上是心里话。有人监督多好啊，没人监督，可能有些事就走偏了，有人监督给你提个醒，有什么坏处？没有坏处！习近平总书记在讲话中明确讲慈善组织要自觉接受监督，让每份爱心善意都落到实处。我们接受的监督，当然是多方面的。政府层面的监督，有财政的监督，有民政的监督，有审计的监督。但是更多的、最有力的监督还是社会的监督、舆论的监督。在疫情防控当中，你忙得不可开交，实际上处在一种风暴的旋涡中。在风暴的旋涡中，你能够展翅高飞，说明你是真强大。在风暴的旋涡中，你被卷进去了，被吞没了，说明你很弱小。疫情防控还没结束，3月初，各级政府部门的审计就来了。我们抱着欢迎的态度，欢迎他们来帮我们把关，欢迎他们来帮助我们改进工作。

到目前为止，据我了解，市区县慈善总会系统，原则性的大的问题没有，但是小的问题，如有的表格填得不够及时，有的签名不够到位，有的审批有点滞后等问题，还是有一些。发现问题有利于我们改正提高，今后再遇到重大突发事件，能够把情况想得更复杂一点，把方案做得更细致一点，出的问题就会更小一点，得到的好评就会更多一点。所以说，监督而动非常必要。怕监督，说明你不自信；不怕监督，说明你有底气。所以说，监督而动是什么？我认为监督而动是自信。

以上这些主要是提纲挈领地拎一下，总结一下市慈善总会系统在疫情防控中是怎样贯彻落实习近平总书记系列重要讲话精神的，是怎样在没有经验的情况下探索前行的。讲了六个"动"：闻风而动，这是觉悟；遵令而动，这是规矩；依法而动，这是红线；高效而动，这是能力；透明而动，这是责任；监督而动，这是自信。我相信，这几条在我们今后遇到重大突发事件时，仍然管用。

三、经历抗疫之战，慈善组织应对重大突发事件，必将更加完善、更加成熟

经过这次大疫情的考验，我们从中都学到了很多，感悟到了很多。当然，最重要的感悟是对生命的敬畏，是对我们党和国家的感恩。就慈善组织而言，经历这场大考，参与了这次大战，我们从中受到的锻炼，是前所未有的。为什么我们这次学习研讨的题目，用的是"慈善组织与重大突发事件应对"，而把"公共卫生"这四个字去掉？我个人的想法，就是我们要从这次应对重大突发公共卫生事件中，提炼出一些带有共性的规律性的东西，今后即使遇到的不是公共卫生事件，遇到其他重大突发事件，也是管用的。所以，我们这个研讨题目是用了一个更高层面的抽象、更高层次的概括，叫"重大突发事件"。但是，我们的经验是从这次重大公共卫生事件中总结出来的、提炼出来的、感悟出来的，今后再遇到类似情况，相

信我们在座的各位，我们各家组织，一定会更加完善、更加成熟。大家应该有这个自信，也有这个能力。那么，要使它更加完善更加成熟，我觉得在应对重大突发事件时，我们要把握好、处理好以下几种关系。

一是款与物的关系。以往，人们比较看重慈善捐赠款物多少，我个人也往往更看重捐了多少钱，进账多少钱，真金白银啊，1000万元还是2000万元，还是多少啊！而对物这一块，关注不够、研究不够。经过这一次重大公共卫生事件，一个新的考验、新的问题，摆在了我们面前。不要说公共卫生事件，就是遇到地震，遇到海啸，第一时间需要的是钱吗？往往不是。有的同志说物是靠钱买来的，这使我想到了一个故事，我相信我们在座的绝大多数人都听过，一个民间故事吧。在一场特大洪水来了以后，整个平原都淹掉了，在一个村里，有一个老财主，还有一个老农民，家里都被淹了，他们同时出来逃难，他们分别爬到了两棵树上。老财主把家里的金银财宝背了一大袋子，爬到了树上。老农民把家里能吃的东西，像窝窝头啊，馒头啊，地瓜干啊，大概是这个意思吧，把吃的东西装了一袋子，背到了树上。老财主就笑这个农民，你那些东西值几个钱啊，家里没再值钱的啦？老农民笑而不答。洪水漫过平原，漫过屋顶，仅仅保留了相距不远的这两棵大树。一天过去了，两人相安无事。两天过去了，洪水还没有消退。老财主发话了，老张啊，我给你一个元宝，买你一个窝窝头。老农民笑笑，挥挥手，谢绝了。老财主说，傻瓜，一个元宝买你一个窝窝头都不给，真不会算账。三天过去了，洪水还没有退，老财主又发话了，老张啊，我用两个元宝换你一个窝窝头，老张还是笑而不答，默默地从口袋里拿出一个窝窝头津津有味地吃了起来。五天过去了，老财主奄奄一息，再次向老张发出讨价还价的声音，他说，老张啊！我一袋子元宝都给你，你给我一个窝窝头，老张还是笑而不答，吃着仅剩不多的窝窝头。七天过去了，洪水退去了，结局可想而知，老财主树下徒留一口袋金元宝，人没了。老农民从树上下来，捡起老财主的一袋元宝，背起来回家了。这个故事和现在抗疫有什么关系呢？大家只要想一想，疫情之初，人们最需要什么？一罩难求，一个口罩都买不到，一瓶消毒液难买，一盒认为可以治病的药难买……人们这时最急需的是物资。想想我们当时，七天不到，全市慈善总会系统接受了3000多万元捐款，想买口罩到哪里买啊，找谁去买啊，不知道这个钱应该给谁？应该派什么用场？那时还没有说可以发慰问金，慰问社区工作者。到了后来，都不让出门买东西。你给他钱有用吗？当然，最终钱是有用的，但这是最终，钱是可以买东西的。但是在大灾面前，在一些特殊灾情面前，对物资的接受，我们思想准备不足，工作准备也不足。今年，幸亏我们有一个物资捐赠接受管理中心和美欣达慈善超市，两块牌子一套班子，已经运行了6年，在社会上赢得了好口碑。他们接受了价值五六百万元的物资。最典型的，在第一时间还是2月的时候，衢州一家企业通过联系仙居商会，要捐赠一吨高浓度的消毒液，这个高浓度到什么程度？是按照1∶100的浓度，1千克可以稀释到100千克。这个企业要捐赠1吨，那时在我们湖州消毒液是稀缺的，全国都是稀缺的。有这么一家企业捐赠，实在太宝贵了。我们负责这项工作的沈晓林同志，马上到市里和省里申请了特别通行证，和驾驶员开着一辆只能拉两三吨东西的小货车，可以说是星夜兼程，几百千米赶到衢州。两个人进不了城，住不了店，吃不了饭，最后只能在那个小货车里苦苦熬了一夜。第二天早上，由捐赠方联系了有关单位把1吨消毒液送出来，把他们送上高速。消毒液拉回来了，捐给了有关医院。这1吨消毒液，价值可能只有几十万元。但我相信，在当时，胜过了百万甚至几百万元现金。这就给我们一个启示：在应对重大突发事件时，我们的眼睛不能只盯着钱，还要盯着物，平时就要有所准备。对于捐赠物资，我们区县的总会现在有的能接受，有的还没这个能力接受。实事求是地讲，接受捐赠物资比接受捐赠款要累得多，处理起来麻烦得多。譬如说，有的公司捐了几十箱甚至几百箱牛奶，牛奶是有保质期的，要抓紧拨付出去，拨付给谁？我和我们的同志一起到长兴二界岭，慰问在卡点执勤的爱飞扬义工分会的义工和其他志愿者、公安干警，还有机关干部，慰问时就带去了一些捐赠物品，一个卡点几十人，一天三班倒四班倒，你去了，不能只慰问爱飞扬的几个人吧，还有三十几个人也站在那个地方，我们是慈善组织，不能只想到自己的分会，也要慰问他们。但是过后很可能有一箱牛奶，或者是一瓶牛奶，没有及时分发或者没来得及签字。但审计时，这就是问题啊！我举这个例子并不是说审计做得不对，而是说接受捐赠物资要比接受钱款难度大。

二是进与出的关系。进是什么呢？搞慈善的人都懂，进就是人家捐进来的款物，进来款物是硬道理啊。出是什么呢？就是这个钱怎么花，这个物怎么分配。原来，实事求是地讲我们更看重的是进，出也看重，但是较进而言，往往摆在第二位。但是经过这一次抗疫之战，给我们进一步提醒，进与出倒过来说出与进，同等重要，而且在非常时期，出比进更重要。为什么这么说，比如你接受了100万元，另一个慈善组织接受了200万元。看来你进得比他少。但是在出的环节，这100万元你花得有理有据有情怀，有社会公信力。那个200万元，190万元花得很好，但有10万元花得经不起评说。最后得出的结论，他善款用得不当，或者叫不规范。不要讲更严重的问题了，你说这两家慈善组织哪一家做得好？道理显而易见。所以这提醒和教育我们，在重大突发事件面前，包括在平时的慈善工作中，既要重视募集能力的提高，更要重视支出水平的提高。前几年，我说过一句话，能进来钱、能挣钱是能力，能把钱花好是智慧、是艺术。现在想想这个话，还是很有道理的。你可能募集得不多，可能你能力弱一点，但是你进来的每一笔钱花得都明明白白、清清楚楚，你就比别人更有智慧、更有水平。很多慈善组织被人家打了负分，有的人甚至给慈善组织抹了黑，可以说多数问题都在出这个环节，很少在进这个环节，所以进和出的关系一定要把握好。今年我们市慈善总会的工作安排，其中有一项叫精项目，精项目是指出，就是花钱做的每一个项目都要立得住，都要经得起评、经得起说、经得起检验、经得起审计。

三是做与说的关系。慈善当然要做，做是硬道理，多做好事，少做错事，不做坏事，做是第一位的。但是要不要说呢？我认为既要做也要说。做要放开手脚去做，创新思路去做；说要把握节奏去说，有分寸地去说，分时段、分对象地去说。说得好产生正能量，说得不好则是负能量。在这次疫情防控中，我们做的方面应该是不错的，说的方面也是好的。整个疫情防控期间，市慈善总会对外的新闻和信息宣传一共50多条，数量不算少了，但是我们都集中在前期，就是疫情刚发生时，也就是第一个月。怎么说的呢？主要是说社会爱心、先进典型。从一开始就没有把镜头对准自己，说我怎么做的、我怎么组织的、我怎么发动的。所以社会面的反映是好的。还有，关于说的渠道和时间节点都得把握。我们通过专报信息对领导说，要让领导了解慈善组织动了没有，动得怎么样，听听他们有什么要求。在春节延长假期的最后一天，也就是2月2日，我们报了一个专报信息给市委、市政府。2月3日一上班，湖州市王纲市长和分管慈善工作的夏坚定副市长就对这个信息作出了批示，给予了肯定和鼓励。到了集中捐赠基本告一段落，中央提出"两手抓、两战都要赢"这个节点上，我们在内部就明确，一般不再去说，特别是不再用新闻宣传的方式去说。从社会反响看，我们说的节点、节奏、分寸、尺度，把握是好的，这些对我们平时的工作也有指导作用。将来遇到重大突发事件时，做与说缺一不可，但是各自都要有度。过犹不及，不及也是过。这就很难把握，怎么把握好分寸啊，适度最好，但是适度最难。建议大家都在适度上，有自己的新篇章。

四是备与战的关系。军事上有几句话，叫有备无患，练兵千日，用兵一时。还有，养兵千日，用在一时。这一次疫情防控中的慈善工作，我们市区县慈善总会，之所以能得到较高的评价，我认为与我们平时的备战是密不可分的。备与战的关系是什么？就是平时与应急的关系。如果平时没有忧患意识，如果平时没有政治意识，如果平时不注重学习、不研究国家大事、不注重时事新闻，特别是大年初一晚上，假如你不看新闻、不听广播，你可能说我看手机，假如看手机不看这方面的内容，你就不会大年初二上班。正因为大年初一，我们是与党同步调、同频共振，知道党中央在关注什么，在决策什么，尽管没叫我们去开会，但因为有这种意识、有这种准备，所以才能跟得上。还有，如果对我们慈善队伍平时不严格要求，平常不给锻炼的机会，工作人员出了门，谁也不认识，重大活动也不让他们参加，独当一面也不放心，关键时刻能派什么用场？在这里，我可以自豪地说，市慈善总会面向社会招聘的 7 名同志，虽不能说个顶个吧，但绝大多数同志现在都可以独当一面。但他们平常是很苦的，也很累，我们的要求也是很严的。4 月 23 日的内部总结，他们都是站起来以演讲的形式来作自我总结，有的同志可能是"大姑娘上轿头一回"。有的人可能会说慈善组织是民间的，搞那么认真干什么。如果不认真，遇到重要事情、重大问题，找谁去干？会长一个人干？要靠大家一起来干的。上下同欲可以，但还要上下同力！他没有这个能力，怎么使上劲？像拔河一样，样子像在拔，两个手臂根本用不上劲，有什么用？就是有心又有什么用？所以说，备与战的关系特别重要。我们在座的很多是军人出身，宁可备而无战，不可战而无备，这就是中央经常讲的，要有底线思维，时刻准备有一天遇到特殊情况、突发事件，能拉得出、展得开、打得赢、收得拢。这一对关系，如果处理不好，遇到突发事件是应付不了的。如果没有平时人脉的积累，如果没有平时慈善资源的涵养，如果没有平时大家的相互信任，在这种时候，他会找到慈善总会吗？他会主动找你吗？你有什么？你能带给他什么？所以，这一切都要靠平时积累，靠平时努力。讲土一点，就是平时要注重感情联络，注重发现资源、涵养资源、培养资源、开拓资源，到了关键时刻，资源就会喷涌而出，向你而来。所以，这一对关系我是特别强调的，平时要想到应急，无事要想到有事。为什么每当遇到大灾大难，慈善类的公益类的组织总有落马的、总有被处理的？因为他平常不干事，遇事必出事。如果你天天在干事，遇事就不怕事，来事就能断事、会处理事，因为经常遇到、经常在操练。像一日三餐，无非吃的口味不一样，闭着眼都可以把饭吃到嘴里，就是这个道理。所以大家不要怕平时抓得那么紧、要求那么严，说到底对事业有好处，对本人没坏处，何乐而不为！不就多干一点吗？就那么一点事。

五是民与官的关系。这个词用得可能不太好听，但我想来想去，找不出更合适的词。民与官的关系，这里讲的官是指官方组织，特指行政的力量，不是说当官的。民与官的关系，就是民间组织和行政力量的关系。慈善组织是民间组织，就是民，其对应的一方是什么，那就是有官方背景的，或者直接就是官方的。我这里讲的不是党的机关，特指行政机关、政府机关。在重大突发事件面前，民间组织和行政力量缺一不可。但是，任何一个现代国家，任何一个治理体系，不管强或弱，只要国家机器是完备的，任何行政机关、任何行政力量都大于民间组织、大于民间的力量。当然，这个跟一切依靠群众、一切相信群众不矛盾。譬如说，这次我们和民政合办研讨班，市民政局发文要求县区民政谁来谁来，我相信没人敢不来。但是，市慈善总会发通知给区县总会，也叫发文件，可我们都是民间组织，都是独立法人，他们高兴来的可以来，不高兴来的完全可以不来。我举这个例子说明什么问题呢？就是当重大突发事件来临时，从闻风而动到监督而动，不管这样动、那样动，你动不过行政的力量，对此我们一定要有自知之明。我今天讲课为什么用了"准确把握慈善组织的定位与作为"呢？而第二部分的标题，我用的是"定位准确、作为到位"，我并没说我们作为突出、贡献巨大，我没用这个词，我只是说了我们到位但没有越位。到位是什么意思？首先，说我没有缺位，我到位了，但你到位，冲得太前了，你就越位了。你的力量能大过政府？随便举一个例子，市财政去年达到了500亿元。尽管湖州的慈善做得不错，去年捐了多少？2.6亿元，和500亿元怎么比啊？这一次疫情防控，各级财政拿出了多少？有一个数据说拿出了1400亿元，包括慈善总会系统、红十字会系统和全国社会各界捐赠多少啊？据国务院新闻办公室发布的《抗击新冠肺炎疫情的中国行动》白皮书发布的数据，截至5月31日是389.3亿元，物资约9.9亿件。我说这些不是否定或者贬低慈善组织，只是提醒慈善总会的同志，头脑一定要清醒，定位要准，把握要适度。不作为肯定不行，乱作为更不行，但尺度把握不好也是不应该的。我们是民间组织，对这一点一定要时刻牢记。我们要做好工作，必须借助行政的力量，行政力量是个大力量，行政平台是个大平台。所以，有一些重要活动，我们要请党委和政府领导出面，借助大力量来推动慈善组织的建设，推进慈善事业的发展。重大突发事件是这样，平常的工作也是这样。民间发挥民间的作用，政府发挥政府的作用，我们自觉接受党委和政府的领导、监督、指导，同时又独立运行，量力而行地发挥慈善的作用。

以上是我个人的一些观点，不当之处，敬请指教。

感谢大家的聆听！

对慈善文化的一些认识*

　　研究的题目博大精深，目前的研究探讨仅仅是初步的。市区县慈善总会会长联席会议制度已经坚持了 7 年。7 年时间里，我们研究了几十个课题，这些课题也属于慈善文化，但都是冲着实践的问题去的，真正专题研究慈善文化，这是第一次。6 份交流材料，各有长处，各有独特的见解，都具有很强的可操作性。

　　借这个机会，我也纲目性地讲一讲自己对慈善文化的一点认识，供大家参考。

一、慈善文化具有的特点

　　（一）慈善文化具有基础性。慈善文化是慈善事业的根、慈善事业的魂。没有慈善文化，慈善就立不住，这个根扎得越深，基础越牢固，慈善事业就发展得越好。刚才，大家引经据典地对文化进行了多层次的阐述，归根结底，文化的最高层面是思想和理论。现在豆腐有豆腐文化、杨梅有杨梅文化、毛竹有毛竹文化，任何事物走到最后都是在研究文化、发展文化。

　　（二）慈善文化具有时代性。今天的慈善文化与 100 年前的慈善文化、与 1000 年前的慈善文化肯定是不一样的，它是新时代的慈善环境孕育出来的。市慈善总会提出的"六化"建设第一化就是时代化。要推进慈善的时代化，首先要知道新时代最大的特征是社会主要矛盾变了，从人民日益增长的物质文化需要同落后的社会生产之间的矛盾，转变为人民日益增长的美好生活需要和发展不平衡不充

---

　　* 在湖州市区县慈善总会会长联席会议上的讲话摘要，2020 年 7 月 21 日。

分之间的矛盾。现代的慈善文化是在习近平新时代中国特色社会主义思想引领下的慈善文化，是在社会主义核心价值观统领下的慈善文化，这就是新时代慈善文化的最大特征。

（三）慈善文化具有实践性。 慈善文化的实践性特别强，特别鲜明。我们的慈善募捐、慈善项目、慈善年会、慈善年夜饭、慈善排行榜都是慈善文化。包括企业，企业发展到一定程度就要看它的社会责任感。在湖州地区，企业社会责任感的一个重要体现就是看它有没有进入慈善排行榜及在慈善排行榜上的排名。一个企业要想做大、做成品牌，就离不开慈善事业。慈善文化确实很深奥、很宽泛，很难研究透，但是只要把握住它的实践性特征，就没那么复杂了。

（四）慈善文化具有能动性。 学过哲学的人都知道，能动性就是物质和精神的关系。文化是什么？说到底就是一种意识形态，对现实具有反作用。慈善文化对慈善事业具有反作用。有些人一直说，慈善募捐是第一位的，救助是第二位的，慈善文化不重要。发展是硬道理，慈善资金确实重要，但文化是软实力，可以影响硬实力。软实力上去了，大家认可慈善了，捐赠的人就多了，接受的善款也多了，硬实力自然而然就上去了。我们要充分看到慈善文化的能动作用，慈善文化软实力会发展为慈善的硬实力。

（五）慈善文化具有包容性。 慈善文化比一般文化具有更大的包容性。有些文化具有排他性，但慈善文化不一样，不管是道家儒家也好，国内国外也好，古代现代也好，只要向善，只要利他，就是慈善。时代性是引领的，包容性是扩容的，有了包容性，慈善事业才可以海纳百川，吸收一切有利的东西为我所用。

二、如何让慈善文化软实力转变为硬实力

一是要重视它。我们不能说慈善文化一抓就灵，但慈善文化不抓肯定不灵。坚持抓下去，创新抓下去，开阔思路抓下去，结合本土特点抓下去，肯定灵。所以我们要重视它，给它一定的位置，提升到一定的高度，不一定没专人管，但起码要有人管。二是要研究它。三是要应用它。四是要传播它。市慈善总会原来有宣教部，现在转到慈善文化研究院改为传播部，原因就在于传播的概念内涵总比宣教要大得多。慈善文化的研究就是要传播，研究一点对外传播一点。

"绿水青山就是金山银山"理念是
推动新时代慈善事业发展的强大引擎

—— 以湖州市慈善实践探索为例*

今年 8 月 15 日是习近平总书记在安吉县余村提出"绿水青山就是金山银山"理念 15 周年。省委、省政府在安吉县举行理论研讨会。省委书记车俊在会上强调,要深入贯彻习近平生态文明思想和习近平总书记考察浙江重要讲话精神,以"三个地"和"重要窗口"的使命担当,坚定不移沿着"绿水青山就是金山银山"的路子走下去,真抓实干、久久为功,努力建设展示人与自然和谐共生、生态文明高度发达的重要窗口。在"绿水青山就是金山银山"理念提出 15 周年之际,学习研讨"绿水青山就是金山银山"理念与新时代慈善这一课题具有重大的现实意义和历史意义。作为湖州的慈善组织,必须在学习贯彻"绿水青山就是金山银山"理念,推动新时代慈善事业发展中有新的定位、新的举措,作出更好的回答,交出更优的答卷。

一、"绿水青山就是金山银山"理念与新时代慈善事业的辩证关系

"必须树立和践行绿水青山就是金山银山的理念""增强绿水青山就是金山银山的意识",分别写进党的十九大报告和《中国共产党章程》。这一科学理念突出强调了绿水青山与金山银山之间的辩证关

---

* 在首届南太湖慈善论坛上的演讲,2020 年 8 月 26 日。

106

系和绿色发展的鲜明导向，体现了人与自然和谐发展的哲学智慧、科学方法和问题导向，成为指引我国新时代经济社会高质量发展和生态文明建设的方向标和行动指南，为实现城乡二元文明共生、统筹城乡发展的中国模式提供了新的解决方案。

（一）"绿水青山就是金山银山"理念蕴含的绿色发展观是指引新时代慈善事业发展的思想武器

党的十八大将生态文明建设纳入"五位一体"总体布局，这标志着拉开了工业文明向生态文明转型的序幕。生态文明是人类社会进步的重要成果，是实现人与自然和谐共生的必然要求。作为我国社会领域的重要法律和慈善制度建设的基础性综合性法律——《中华人民共和国慈善法》，以基本法的高度，明确界定了慈善的定义。慈善不仅包括传统的扶贫济困救灾等重点，还包括促进"防治污染和其他公害，保护和改善生态环境"等公益活动（引自慈善法第三条），这为慈善事业在新时代的发展指明了新的方向，拓展了新的空间。

（二）"绿水青山就是金山银山"理念蕴含的民本情怀是推动新时代慈善事业发展的根本宗旨

习近平总书记强调"人民对美好生活的向往，就是我们的奋斗目标"〔引自《人民对美好生活的向往，就是我们的奋斗目标》，2012年11月15日，《十八大以来重要文献选编》（上）第70页〕。良好的生态环境是人民群众最基本的生存权和发展权，具有典型的公共产品属性。破解生态与发展的难题，满足人民对日益增长的美好生活需要的热切期盼，成为习近平生态文明思想的重要出发点和落脚点，也是"绿水青山就是金山银山"理念的重要价值内涵。党的十八大以来，党中央、国务院非常注重发挥慈善事业在防治污染、保护生态环境和脱贫攻坚中的重要作用。习近平总书记强调："……对因病致贫群众加大医疗救助、临时救助、慈善救助等帮扶力度，对无法依靠产业扶持和就业帮助脱贫的家庭实行政策性保障兜底，就完全有能力啃下这些硬骨头。"（2017 年 6 月 23 日在山西太原主持召开深度贫困地区脱贫攻坚座谈会时的讲话）"尊老敬老是中华民族的传统美德，爱老助老是全社会的共同责任。"（2013 年 12 月 28 日在北京看望一线职工和老年群众时的讲话）"残疾人是一个特殊困难的群体，需要格外关心、格外关注。"（2014 年 3 月 21 日《致中国残疾人福利基金会成立 30 周年的贺信》）"民生是最大的政治。要抓住人民最关心最直接最现实的利益问题，把人民群众的小事当作我们的大事……"（2018 年 4 月 28 日在听取湖北省委和省政府工作汇报时的讲话）这些重要讲话都诠释着"绿水青山就是金山银山"论断与新时代慈善的内在逻辑。

（三）"绿水青山就是金山银山"理念蕴含的生态系统观是新时代慈善事业参与社会治理现代化的方法论

"绿水青山就是金山银山"理念运用系统观点和融合发展思维，倡导人与自然环境之间的生态和谐与生命互动，打通了融合多赢的转化路径，为经济发展与环境保护提供了科学方法。生态系统观映射于慈善事业，就产生了慈善生态系统。慈善生态系统不仅仅是一种主观认识，也是一种客观存在。社会组织作为慈善生态系统微观层面的基础性实体，经过近二三十年的发展，已经相当丰富；伴随着慈善法的实施，慈善生态系统中具有代表性、引领性的慈善组织和项目不断涌现，对慈善事业的示范带动效应日益凸显，表明慈善事业在中观组织层面已经具备了相应的主观意愿和行动能力。新时代慈善事业要形成可持续、全链条、全开放的"以法兴善"闭环，"绿水青山就是金山银山"理念蕴含的生态系统观无疑是首选的方法论。

二、"绿水青山就是金山银山"理念指引下新时代湖州慈善的实践探索

加强和创新社会治理必须高度重视慈善事业的发展，并将其作为推进国家治理体系和治理能力现代化的制度安排加以建设和发展。慈善事业能否在国家现代化进程中承担起责任，取决于其自身能否步入现代化的发展轨道。近年来，湖州慈善以"绿水青山就是金山银山"理念为指引，通过冠名（定向）基金、慈善超市、村域慈善、志愿服务等途径，加快推进新时代慈善事业现代化进程。

（一）科学理念引领慈善思路创新

2013年，湖州市慈善总会系统深入学习领会"绿水青山就是金山银山"理念蕴含的生态系统观，提出了市域慈善生态系统"一二三四五六"总体构想和基本格局，即一个目标：建设现代大慈善；两条原则：不与政府争项目，不与草根组织争资源；三大建设：透明度建设，项目建设，主体建设；四个意识：开放慈善意识，大众慈善意识，创意慈善意识，规范慈善意识；五个并重：千家万户与龙头大户并重，基本基础与品质品牌并重，立足自我与联手联动并重，传统手法与现代手段并重，定力实力与活力魅力并重；六大体系：建立和完善充满活力的组织体系，建立和完善多元并举的筹资增值体系，建立和完善项目引领的慈善救助体系，建立和完善立体有效的宣传教育体系，建立和完善机制健全的义工服务体系，建立和完善严谨规范的制度保障体系。党的十九大报告明确了慈善事业在社会治理体系中的重要作用，指明了新目标，提出了新要求。为深入学习宣传贯彻落实党的十九大精神，2018年，湖州市慈善总会系统在"一二三四五六"总体构想和基本格局的基础上，又提出了新时代湖州慈善事业"六化"建设的目标，即时代化、特色化、法治化、指尖化、大众化、职业化。伴随着从"一二三四五六"到"六化"的理念深化，湖州慈善事业在社会治理中的作用也日趋凸显。面对突如其来的新冠疫情，湖州市慈善总会系统第一时间部署启动"抗击新冠疫情专项募捐行动"，累计接受捐赠款物1.249亿元，支援了3个省、71个市县区、96家单位的抗疫斗争。

（二）慈善冠名（定向）基金推动生态文明建设

2006年8月，时任浙江省委书记的习近平同志到南太湖考察调研，再次强调"绿水青山就是金山银山"，要求湖州努力把南太湖开发治理好。近年来，湖州市慈善总会系统全面落实习近平总书记的重要指示批示精神，采取冠名（定向）基金的方式，持续推动南太湖生态环境保护。2010年10月，中奥置业有限公司向湖州市慈善总会捐款50万元，设立"中奥美泉宫洁净太湖水公益专项基金"，分5年时间定期购买鱼苗投放南太湖。2014年和2015年，市慈善总会系统积极响应省委、市委"五水共治"的决策部署，连续两年组织开展"我为治水出把力""再为治水出把力"为主题的"慈善一日捐"活动，共筹集资金7654.78万元，有力支持了防治污染、保护环境的重大工作。为进一步拓宽生态环境保护的公益领域，2018年8月，湖州市慈善总会与湖州市检察院，吴兴区慈善总会与吴兴区检察院，分别签订了"公益诉讼专项基金"项目，用于支付因侵权人给生态环境造成损害进行应急处置、修复的费用，预支公益诉讼所需的调查取证、鉴定评估、专家咨询、环境监测等与办案工作相关的费用和生态修复完毕后退还侵权人相关保证金等。2019年，湖州市慈善总会与湖州日报社在"慈爱湖州"网启动了"蒹葭苍苍会有时——太湖芦苇公益认捐"众筹活动，以企业、市民认捐的款项作为每平方米22元的芦苇移栽费用。截至当年4月底，南太湖沿岸的首批1.27万平方米的芦苇补种工作全部完成。今年4月，国网湖州供电公司在市慈善总会设立了长三角生态能源碳汇基金，该基金面向长三角，开展以增汇减排为主要目标的植树造林活动，鼓励和帮助广大民众以出资"购买碳汇"的方式履行植树义务，实现"足不出户、低碳植树"，目前已筹款48.51万元。

（三）慈善超市实现慈善与环保并重

慈善超市，主要通过销售捐赠物资获得资金，支持慈善事业发展。2014年6月18日，浙江省首家具有独立法人资格的综合性慈善超市——湖州市慈善总会美欣达慈善超市（同时挂湖州市捐赠物资接受管理中心牌子）正式开业。美欣达慈善超市是由美欣达集团有限公司捐资、市慈善总会建立的为困难群众提供物资帮助的公益慈善机构，主要为低保家庭和其他原因造成生活困难的家庭提供实物救助，并向广大市民实行优惠销售。美欣达慈善超市开业6年多，累计营业额达1808.90万元，发放救助物资522批次，价值1416.70万元。美欣达慈善超市还创新实施了"衣循环、爱循环"项目，在政府未投入经费的条件下，先后向社区投放旧衣捐赠箱1000多只，共筹集各类服装109.8吨，不仅用于当地和西部地区的物资救助，还将废弃物出售给能源再生公司，收入积累资金80多万元，增强了超市的自我"造血"能力。央视4套《走遍中国》栏目组拍摄专题片宣传报道此事后在全国引起良好反响。2019年，该项目被省政府授予慈善项目奖。

（四）村域慈善助力美丽乡村建设

2018年9月，浙江省"千村示范、万村整治"工程获得联合国"地球卫士奖"。"千万工程"始于2003年，是习近平同志任浙江省委书记时亲自调研、亲自部署、亲自推动的重大环保惠民工程。多年来，湖州矢志不渝推进"千万工程"，在全国率先开展美丽乡村建设。湖州市慈善总会系统积极响应，主动助力。2012年启动村级慈善基金创建活动，截至2020年6月底，全市行政村的村级慈善基金和慈善工作站总体完成全覆盖，累计募集资金达到1.84亿元。资金用途既有扶贫济困、恤病助残等传统帮扶项目，又有以乡村修桥铺路、文体设施改造、环境整治美化等为重点的人人受惠的公益项目，为践行"绿水青山就是金山银山"理念，助力美丽乡村建设贡献了慈善力量，成为"绿水青山就是金山银山"理念与新时代慈善湖州实践最有代表性的案例。

（五）慈善志愿服务适应"生态建设"需求

15 年来，湖州的广大志愿者围绕湖州生态文明先行示范区建设的目标，开展"五水共治""垃圾分类""保护母亲河""植绿护绿""低碳接力""环保嘉年华"等一系列主题实践活动。其中，"河小青"助力劣V类水体剿灭行动成功招募治水志愿者 1.5 万人，培养治水志愿骨干 1200 人，扶持治水志愿团队 110 余支，开展水源地清污、水质监测、违法排污监控等活动 500 余次；依托"垃圾分类，青年先行""环境整治，青年聚力"等活动共举办主题教育实践活动 12 场、垃圾分类知识培训 40 场。湖州市慈善总会系统还联合各义工分会先后开展了"糖果换香烟""古道环保行""清明节低碳祭祀""世界地球日主题教育""手把手弯腰捡垃圾"等一系列生态环境保护类慈善志愿服务活动共计 300 余场，累计参与志愿服务 20000 余人次、服务时长超 3 万小时，为全社会践行"绿水青山就是金山银山"理念发挥了示范引领作用。

三、"绿水青山就是金山银山"理念指引下新时代湖州慈善事业高质量发展的若干思考

2020 年 3 月 29 日至 4 月 1 日，习近平总书记再次亲临浙江考察，赋予浙江"努力成为新时代全面展示中国特色社会主义制度优越性的重要窗口"的新目标新定位。湖州市委坚持把学习贯彻习近平总书记重要讲话精神作为首要政治任务，提出建设"重要窗口"示范样本的四方面考量。2021 年是我国全面实现脱贫、全面建成小康社会之后，开启全面建设社会主义现代化国家新征程的第一年，是中国共产党建党 100 周年，也是慈善法实施 5 周年。这是我们重整行装再出发的标志性节点。展望未来，湖州市慈善总会系统必须把建设"重要窗口"的示范样本作为做到"两个维护"的政治检验标准，以"'绿水青山就是金山银山'理念再深化、新时代慈善再出发"的情怀，以问题导向破解发展短板，持续擦亮"在湖州看见

美丽中国"金名片，努力打造"在湖州看见新时代慈善"的新高地。

（一）在"绿水青山就是金山银山"理念指引新时代慈善事业的认识上再深化、再出发

"绿水青山就是金山银山"理念体现的是发展观的变革。对应"绿水青山就是金山银山"理念的经济发展特征主要体现在：要素投入上强调对生态流量资源的挖掘，生产方式上强调对生态环境要素的非消耗性利用，要素性质上强调生态环境公共产品属性的回归，经济价值上强调生态环境非货币化价值的显性化。湖州市慈善总会系统要深化对"绿水青山就是金山银山"理念经济特征的再认识，推动"慈善经济"的再出发。一是要在"更多人参与"上探新路、出实招，努力扩大慈善的朋友圈。坚持开展每年一度的"慈善一日捐"活动。在现有基础上，更广泛地动员城乡居民、各类中小企业、社会组织踊跃捐赠，重点开拓体制外民营金融、教育、医疗机构等潜在资源。稳步提升村级慈善基金实力。落实激励政策，广泛宣传动员，持续提高村民参与率，保持村级慈善基金稳步增长。逐年增加慈善冠名基金体量。主动联合各类企业、团体，创建冠名基金，增强冠名基金实力。二是要在更多资源汇集上探新路、出实招，努力彰显慈善的时代性。要大胆探索和尝试知识产权、技术、股权、有价证券、慈善信托、慈善电子商务等新型慈善方式。积极与有关金融机构探索慈善信托和理财合作，开拓慈善资金增值新途径，实现效益最大化。

（二）在破除慈善事业发展普遍困境、提升治理能力上再深化、再出发

从全国范围来看，慈善法颁布4年有余，脱贫攻坚决胜之际，慈善捐赠总额和慈善组织数量却并未出现预期的爆发式增长。归根结底，慈善事业还面临普遍的发展困境。政府层面，面临着权责不匹配难以满足现实需要、转移公共服务的抓手单一的困境；捐赠人

层面，面临税收优惠的政策比例低、落实难的困境；慈善组织层面，面临着内部动力机制不足、治理机制乏力的困境；慈善行业层面，面临着行业生态链尚未形成、行业认可度亟待提升的困境等问题。慈善治理既是善治的有机组成部分，又是善治的基础和前提。只有提升慈善领域的治理能力，才有可能实现善治。湖州市慈善总会系统要深化对"绿水青山就是金山银山"理念的再认识，推动"慈善治理"的再出发。一是在政府治理层面争取更多政策支持。落实扶贫济困慈善活动的特殊优惠政策、备案慈善信托的税收优惠，以及房屋、有价证券、股权、知识产权等新型捐赠财产的税收优惠政策；对慈善财产的性质、资产的保值增值、慈善组织的投资运营制定更加清晰的制度，提升慈善行业的资产管理水平。二是在慈善组织治理层面增强服务能力。湖州市慈善总会系统要坚持"去行政化"导向，同时充分挖掘慈善组织提供专业服务的价值和承接政府职能方面的潜能，着力构建机制健全的职业队伍体系和志愿服务体系，促进慈善部门大发展，为福利善治贡献力量。三是在行业治理层面形成生态链。加强标准化建设，制定和实施符合中国特色、湖州特点、涵盖组织治理、财务透明、慈善服务、资格认证、慈善从业人员守则等标准，促进行业规范有序。

（三）在传承传统优秀慈善文化、创新新时代慈善文化上再深化、再出发

慈善文化是慈善事业持续运行、长期积淀的产物，是中华文化中社会文化的重要组成部分。以历史的观点来看，慈善事业的存在与发展，是与慈善文化的传承与创新紧密相连的。换言之，没有慈善文化的传承与创新，也就没有慈善事业的存在与发展。2020年6月18日，湖州市慈善总会与浙江大东吴集团合作创办的具有独立法人资格的湖州市大东吴慈善文化研究院暨省慈善联合总会慈善文化发展研究院湖州分院正式成立。一批学术界和文化界知名人士被聘为研究院高级研究员和研究员，并与国内最早的慈善学术研究机构——西北大学慈善研究院签署了战略合作框架协议。研究院挂牌伊始就举办了为期4天的"重大公共突发事件与慈善组织应对"学习研讨班，并与省慈联联袂举行了慈善书画笔会。湖州市慈善总会系统要深化对"绿水青山就是金山银山"理念的再认识，推动"慈善文化"的再出发。一是打造慈善文化研究的理论高地。慈善理论研究要坚持问题导向，既出思想成果，又出解题实招。要充分发挥大东吴慈善文化研究院的平台作用，借力省慈善联合总会慈善文化发展研究院、西北大学慈善研究院的资源，以课题立项、论坛研讨、社会调查等多种方式，形成优势互补、资源互享、平台互联、"1+1＞2"的慈善文化研究格局。二是优化立体联动的宣教格局。完善与本地媒体和上级媒体的合作联动机制，争取更多优质宣传资源。以深入挖掘慈善故事、创新报道慈善人物为主线，不断提升与《湖州日报》合办的《湖州慈善》季刊、与湖州电视台合办的《慈善星期六》栏目的品位。充分发挥慈善大使作用，扩大慈善事业的知名度和美誉度。继续深化"慈善文化进校园"活动，同时推进慈善文化进机关、进企业、进军营、进社区工作，努力创建一批慈善文化建设的实践创新示范基地。

（四）在树立品牌导向、打造新时代慈善湖州名片上再深化、再出发

打造品牌就是打造特色。湖州市慈善总会系统要深化对"绿水青山就是金山银山"理念的再认识，推动"慈善品牌"的再出发。一是放大美欣达慈善超市效益。进一步创新思路、创新理念、创新模式，努力在做强慈善超市综合实力上动脑筋、出实招。继续深入开展以"慈善超市下乡"为重点的扶贫济困和慈善宣传活动，进一步扩大超市的受益圈。二是加快升级"慈爱湖州"网络平台。市慈善总会自2017年5月与湖州日报社合作创办网站以来，截至2020年8月25日，在网上开展众筹项目（基金）86个，筹得资金902.50万元，4.3万余人（次）点击。下一步，我们将打造集网络募捐、新闻发布、信息公开、项目展示一站式慈善爱心网络平台，提升湖州慈善的指尖化水平。三是着力提升"慈善嘉年华"活动。湖州的"慈善嘉年华"是集慈善义展、义卖、义诊、义演等多项慈善内容于一体的、以社会公益组织参与为主、百姓喜闻乐见的大型广场活动。自 2015 年以来，我们连续举办了五届。今后不仅要坚持年年举办，还要着力创新形式、厚植内涵，扩大活动的社会影响力，将其打造成更多市民踊跃参与的慈善盛会。四是精心办好"慈善排行榜"和慈善年会。2016 年我们与新闻媒体联合开展了企业、个人、社会公益组织慈善捐赠排行榜活动，每年发布一次并同时举办慈善年会。这一活动极大激发了社会各界的慈善荣誉感、责任感。我们要继续精心筹划、全域协同，更高水平办好"慈善排行榜"评选发布和一年一度的慈善年会，以榜样引领慈善的大众化。五是大力推进让"慈爱储蓄罐"走进千家万户项目。这一项目以儿童为重点，以家庭为单元，以一年为周期，倡导"日捐一元，日行一善"的理念。2017 年实施以来，已被认领储蓄罐 6304 个。下一步，要重点向学校、街道、社会组织宣传推广，坚持线上线下同步推进，让"日行一善"的慈善理念走进寻常百姓家。六是将"慈善暖军心""慈善爱警""慈善关爱送万家""慈爱中心""倩宁书屋""久立匠心"等一批优质项目做实、做大、做长久，使之成为"在湖州看见新时代慈善"的代表作。

（五）在坚持以人为本、建设高素质慈善工作者队伍上再深化、再出发

事业成败关键在人。重视加强队伍建设，尤其是推动专职工作者队伍的全面发展，既是开展慈善工作的基本前提，也是迈向新时代大慈善的根本保证。湖州市慈善总会自 2002 年成立以来，在历届理事会的共同努力下，合力培育了一支有激情、敢担当、能成事的慈善工作者队伍。湖州市慈善总会现有工作人员 13 人，其中 45 周岁以下 7 人，占 53.9%；面向社会招聘的大学本科以上学历 6 人，占本会聘用人员的 85.7%。湖州市慈善总会系统要深化对"绿水青山就是金山银山"理念的再认识，推动慈善队伍的再出发。一是用真情凝聚队伍。要用真心、动真情做好人的文章，做到尊重人、关心人、培养人，持之以恒，久久为功。在真情实感中增强慈善工作者的归属感，提升慈善队伍的凝聚力。二是用事业激励队伍。全力搭建施展才华的事业平台、成长进步的发展平台、实现个人价值的人生舞台，将慈善总会打造成干事的大平台、成长的大熔炉、温馨的大家庭。三是用学习提升队伍。深化"每季一会，每会一题"的全市县区慈善总会会长联席会议制度，加强县区交流协作；落实完善总会内部学习制度，抓好理论武装、专业教育、能力培训和知识更新。同时虚心学习借鉴外地慈善组织的先进理念和创新做法。四是用保障稳定队伍。认真落实总会《聘用人员薪酬制度》和《工作人员绩效考核办法》，切实保障工作人员的薪资、福利待遇和休假、疗休养等基本权益，解决他们的后顾之忧，让慈善工作者成为社会尊重、更多人羡慕的崇高职业。

关于慈善职业化建设[*]

今天会议的主题是研究慈善职业化。慈善职业化是什么？我个人认为，慈善职业化可以分为三个方面：慈善工作者的职业化、慈善工作的职业化、慈善法规制度的职业化。由此引申开来，我讲三个方面的认识。

一、研究慈善职业化的必要性

慈善职业化的必要性由其重要性所决定，职业化是现代慈善的应有之义。必要性由其紧迫性所催生，湖州市慈善总会系统对职业化的认知和实践水平与建设现代大慈善的现实需要相比，仍有很大差距。有些同志从事慈善工作多年了，对慈善职业化都没有什么概念，也说不出个一二三来，这就是紧迫性的由来。必要性以其可行性为基础，研究的问题没有可行性，是空中楼阁，怎么也落不了地，这也是不行的。这些年我们已经有了职业化方面的探索实践，也积累了一些经验，必将为今后更高水平推进职业化建设提供更充足的动力和更有力的支撑。

二、慈善职业化如何定位

从市区县慈善总会这个层面来讲，我们研究慈善职业化的定位，就是搞清楚我们为什么要做这件事，想达到什么样的效果，怎么样取得这样的效果。慈善职业化是一个大问题，既是理论问题，也是实践问题；既是中国的问题，也是世界的问题。要定位明确，必须

---

* 在湖州市区县慈善总会会长联席会议上的讲话摘要，2021 年 6 月 29 日。

坚持三个原则。

一是立足自身。所谓立足自身，就是要立足湖州市慈善总会系统。我一直强调慈善总会系统这个概念，实际上就是指市区县六家慈善总会，再加上下属的慈善分会、慈善工作站等。我们不去研究党委、政府应该怎么做，也不去研究高等院校应该怎么做，就是要研究慈善总会系统如何推进慈善职业化建设。

二是着眼当下。研究慈善职业化，要着眼湖州慈善总会系统当下职业化进程中遇到的突出问题，眼前的问题都解决不好，更不用提长久的未来了。

三是有利长远。尽管我们研究的是现在的问题，但也要把目光放长远。慈善事业总是一届一届在干，一年一年在推进，我们现在研究这些问题既不能给后人发展设置障碍，也不能叫后人一上来就给推翻了。因此研究的目光一定要放长远，研究的成果一定要有利于长远的发展。如果后来人接手之后，发现我们的研究成果给他们提供了很好的借鉴，有利于事业的发展，这也是我们的贡献。

三、慈善职业化的研究重点

研究慈善职业化当前要重点解决五个问题。

一要解决慈善是不是一种职业的认识问题。认识问题不先解决，其他都无从谈起。一些不了解的人认为慈善总会是个休闲的地方，是个养老的地方，在他的意识里慈善就不是职业。在过去，慈善的定义是民政工作的拾遗补阙，但现在慈善已经成为第三次分配的重要组成部分，是中国特色社会主义制度的有机构成。慈善可以当作一份事业干，当作一种职业来追求。职业的概念，大家的材料都作了解释，总结起来就是可以此谋生，精于此，乐于此。通俗的说法就是进了慈善这个门我愿意干到老，也可以让我干一辈子，这就是一种职业。我们这些退休的老同志是特殊情况，在现阶段还需要我们把个关、出个面，但若干年后，事业还是要全部交到以此为业的人手中。如果有一天我们这些老同志都退了，他们还能把这个组织运作下去，并且运营得很好，那就说明我们的任务完成了，完成得非常出色。如果说这个单位离开你转不动了，那说明你在这个位置上就不称职。因此，我们这些当会长的一定要有职业化的胸怀、职业化的思维、职业化的意识，给自己提这个要求，用心用力推进职业化的发展。

二要解决慈善工作需不需要职业化队伍的问题。既然慈善是一种职业，需不需要职业化队伍的答案是明确的。这不是一个理论问题，而是一个实践问题。中国现代慈善起步较晚，到现在对慈善工作者也没有一个专门的考评体系，而是归纳在社会工作者中。职业化队伍的标志是什么，最低的标准是要有一本社会工作者职业证书。当前，高级社工师浙江省只有8人，湖州市一个也没有。市慈善总会系统现拥有社工职业资格证的一共是10人，市里5人，区县5人，占聘用人员的25%，其中市总会的朱群燕、沈秋萍、邱树萍，南浔的徐勇剑、费红芳，德清的周秀英具有中级职称。用什么体现慈善职业化，就是用这个证书。目前市慈善总会在这方面走在了各区县慈善总会的前面，市里一共有7人是社会招聘，其中5人持有证书，还有2人3门考过2门，今年要争取全部考过。我们当领导的也要重视起来，督促他们把证书考下来。衷心希望慈善总会系统的工作人员，每人都有一本社工证书。

三要解决能不能留住职业化人才的问题。实际上就是要解决待遇问题，没有待遇怎么留得住人才？人们常说，用事业留人、用感情留人、用适当的待遇留人。市慈善总会曾招聘过一名应届本科毕业生，结果干了3个月后不辞而别，就是因为待遇太低，留不住人。这是现实给我们的教训。人总是要吃饭的，要养家糊口的，要留住人才必须要给他们适当的待遇。当然这只是我的想法和建议，各个区县都有自己的实际情况，也要从自己的实际出发。

四要解决慈善工作要不要职业化运行的问题。职业化运行，简单地理解就是专业化操作，不管是募捐也好、做项目也好、做宣传也好，都要用专业的手段方法去操作。

五要解决慈善职业化要不要引起党委、政府重视和争取外部支持的问题，答案是肯定的。现在所有的工作都是党建引领、政府推动，慈善职业化也必须争取党委、政府的关心支持帮助。立足慈善总会系统自身和争取党委、政府的重视支持，从来没有矛盾，很多工作需要党委、政府重视和支持。我认为从党委、政府到民间基层，从官方媒体到大众舆论，无论工农商学兵，只要是对慈善职业化有利的，都应该尽力争取支持，合力助推慈善职业化向前迈进。

关于基层慈善组织网络和慈善文化建设[*]

说是讲课，其实就是和大家交流一下湖州市慈善总会系统在工作中的一些想法、一些做法。各地都有各地的风土人情，有些在湖州能够生根开花的做法，到了其他地区不一定有用，但希望能给你们带来借鉴和参考。

省慈联这次交给我的题目是两个，一个是基层组织网络建设，一个是慈善文化建设。这是两个既有联系又不相同的概念，从慈善事业的发展角度来讲，组织建设是横坐标，代表着经线；文化建设是纵坐标，代表着纬线。经线越长，慈善会系统的基础越牢固；纬线越长，慈善事业的发展前景越长远。这些都是关系到慈善事业根本性、基础性、长远性的问题。

一、关于基层组织网络建设

（一）基层组织网络建设的重要性

有一位中央领导在讲党的建设时曾经说过，基础不牢，地动山摇。"七一"之前，中共中央发布了《2021年"七一"建党百年中国共产党党内统计公报》。中国共产党走过了100年的历史，从最初的50多名党员发展到9514.8万名党员。现有基层组织486.4万个，其中有8492个城市街道、29693个乡镇、113268个社区（居委会）、491748个行政村建立了党组织，覆盖率均超过了99.9%。从上述数据可以看出，中国共产党的根基打得非常扎实。中国共产党从小到大、从弱到强，靠的是什么？靠的就是组织建设和宣传工作。从党

＊ 在浙江全省慈善会系统秘书长培训班上的讲课提纲，2021年7月29日。

的建设延伸到慈善事业，道理也是一样的。如果不了解大背景、大格局、大视野，就慈善谈慈善，也谈不出什么东西来。慈善会系统想要发展，组织永远是基础，基层组织永远是根基，没有这个基础，没有这个根基，慈善会系统就做不大也做不强。就像光杆司令一样，说话都没人听，从何谈发展。如果我们把慈善会系统的基层组织网络都建得非常全非常强，作用发挥得非常好，迸发的能量就会非常大。

（二）湖州市基层慈善组织建设现状

湖州面积不大，下辖两区三县和一个新区，共有 67 个乡镇（街道），目前已经全部建立了慈善分会。在 970 个行政村中，已经有 940 个村建立了慈善工作站，覆盖率为 97%，剩余的 30 个村将在 2021 年底实现全覆盖。在 280 个社区中，已有 232 个社区建立了慈善工作站，覆盖率为 82.9%。社区的情况比较特殊，年年都在新增，一个小区建好，一个新的社区就成立了，但是很可能里面还没有人住进去，要实现覆盖率的 100% 非常困难。

湖州慈善的基层组织网络建设，已经走过了 10 年的发展历程。从 2011 年向宁波学习建立村级慈善基金、设立村级慈善工作站开始，截至 2018 年，全市的覆盖率超过了 80%。这一阶段，可以称为起步到基本建成阶段。从 2019 年到 2021 年 4 月 26 日，进入了调整完善充实提高阶段。基层慈善组织开始向乡镇街道延伸、向社区拓展，乡镇街道的慈善分会实现了全覆盖，社区慈善工作站的覆盖率也越来越高。2021 年 4 月 6 日，在市慈善总会的建议下，以市政府的名义在德清县召开了全市深入推进基层慈善基金（机构）建设工作现场会。德清县慈善总会在这一方面起步最早、工作最扎实、取得的成绩最好，专门在这次会议上进行了经验交流。市民政部门、农业部门的领导也在会上作了表态发言。这次现场会标志着湖州市的基层慈善组织网络建设进入一个新的高质量发展阶段。

10 年走下来，从工作环节来讲，共走了 5 步，也可以说是经历了 5 个关节点。2016 年，市慈善总会召开了市本级村级慈善帮扶基金建设现场经验交流会，会上我提出了"5 个起来"，即建起来、用起来、强起来、管起来、亮起来。

建起来不用多说。用起来，是指要把机构和基金的作用发挥起来，既要把善款募集进来，也要把善款用出去。现在一些人是为了做事而做事，为了评价而做事，为了升官而做事，报纸一宣传一推广就束之高阁了，慈善不能这么做。截至 2021 年 7 月中旬，全市乡镇街道累计筹募善款 3.7 亿元，支出 2.5 亿元；村累计筹募善款近 3 亿元，支出 1.8 亿元；社区累计筹募善款 2464.8 万元，支出 1232.3 万元。大家可以想一想，这么多的资金可以在基层发挥多少作用。因此，2017 年我们提出了争取做到小额救助不出村（社区）、一般性救助不出乡镇（街道）的工作目标，市区县慈善总会主要是实施慈善项目。

强起来。既然慈善组织、慈善基金建起来了，开始发挥作用，百姓也从中得到实惠，下一步就要把它们做大做强。在 2020 年省慈联命名的第一批省级示范慈善分会、示范慈善工作站中，湖州的上榜数和嘉兴并列全省第二。然而情况还是不容乐观，经过 10 年的发展，全市的发展水平仍处在不均衡状态。全市 67 个乡镇（街道）慈善分会的平均募捐量是 477.15 万元；940 个村级慈善工作站的平均募捐额只有 30.5 万元，个别村的募集量已经超过了 1000 万元，但有的村连 10 万元的最低标准都没有达到。所谓强起来，就是要让这些弱的慢慢发展起来，如果这些不强起来，基层慈善组织（基金）建设势必走不远。

管起来。目前湖州基层慈善组织网络的管理模式叫一级法人三级管理，这是当年省慈善总会主持工作的李刚副会长提出来的。组织建立起来了，相应的规章管理制度等配套就要跟上，坚持用制度管人、用制度管事、用制度管钱。基层募集到的钱要放在市区县慈善总会统一管理。慈善无小事，慈善资金更是大事中的大事，一定要严格管好。

亮起来。所谓亮起来就是要把这一块的工作做成品牌、做成名片。目前我们已经实现了纵向到底，接下来要朝着横向到边的目标去发展，让每一个村和每一个社区都有自己的慈善工作站和慈善基金。同时要以此为渠道，在基层广泛传播慈善文化。慈善的组织在基层生了根，慈善的意识、慈善的理念、慈善的精神就会在基层开花结果。

（三）未来基层慈善组织的前景

对于基层慈善组织建设的前景，我个人充满信心，信心源自以下几个方面。

一是难得的发展机遇。我国慈善事业的发展黄金期即将到来。2021年4月28日，中共中央、国务院出台了《关于加强基层治理体系和治理能力现代化建设的意见》，意见指出："发展公益慈善事业。完善社会力量参与基层治理激励政策，创新社区与社会组织、社会工作者、社区志愿者、社会慈善资源的联动机制，支持建立乡镇（街道）购买社会工作服务机制和设立社区基金会等协作载体，吸纳社会力量参加基层应急救援。完善基层志愿服务制度，大力开展邻里互助服务和互动交流活动，更好满足群众需求。"这是第一个重大利好。2021年7月19日，浙江省委、省政府根据在浙江建设共同富裕示范区的使命任务，出台了《浙江高质量发展建设共同富裕示范区实施方案（2021—2025年）》，文件提到："全面打造'善行浙江'。建立健全回报社会的激励机制，实施'崇善行善、扶危济困'公益慈善先行计划，鼓励引导高收入群体和企业家向上向善、关爱社会，兴办社会公益实体，参与公益慈善事业，落实公益性捐赠税收优惠政策，完善慈善褒奖制度。"完善有利于慈善组织持续健康发展的体制机制，大力发展枢纽型、资助型、行业性公益慈善组织，提升公益慈善基地服务能力。大力发展慈善信托，争取国家支持探索公益慈善组织设立信托专户，对慈善信托给予政策支持。打造全省统一的慈善服务信息平台，建立"蜂巢式"浙商公益慈善机制，畅通社会各方面参与慈善公益和社会救助的渠道。发扬"人人慈善"的现代慈善理念，打造以"慈善公益一日捐"为代表的全民性慈善活动。推动互联网慈善，打造智慧慈善，规范网络募捐活动。完善慈善组织监管制度，借助区块链技术对慈善捐赠开展全流程智慧监管，打造"为民慈善、阳光慈善"。在过去，党委、政府在工作报告和类似文件中关于慈善的论述，往往只有一两句话，现在却用专门的章节大篇幅阐述慈善，让我倍感兴奋和激动。以上两个文件对于慈善的相关论述，均为我们建设基层慈善组织提供了重大利好，增添了更强劲的动力和更坚定的信心。

二是现实的发展路径。既然已经有了这么好的机遇，慈善的前行路径该怎么选择？方向非常清晰，就是要积极投身于建设共同富裕示范区之中。浙江全省都在全力建设共同富裕示范区，各个地市都有自己的实际行动和高招妙招，慈善如何参与、如何发力？就是要建立健全、做大做强基层慈善组织，要钱有钱，要人有人，这样会有充足的底气实力在建设共同富裕示范区中发挥慈善作用，贡献慈善力量。

三是光明的发展前景。难得的发展机遇，现实的发展路径，必定带来光明的发展前景，毋庸置疑。

关于基层组织网络建设，没有什么深奥的道理，想明白了就去做，决定了就用心做，只要坚持到底肯定会有效果，肯定会出成绩。

二、关于慈善文化建设

慈善文化建设是一个大题目，可以放大讲也可以缩小讲，可以务虚讲也可以务实讲。前段时间，湖州的市区县慈善总会召开了会长联席会议，专题研究慈善文化建设，从理论与实践等多个角度阐述了什么是慈善文化、如何建设慈善文化，各有各的独到见解。下面，我结合自己的想法，讲三个方面的意见。

（一）慈善文化建设如何定位

本人理解的慈善文化建设，应该是和慈善事业绑在一起、融为一体的。党的十八大以后，习近平总书记提出的治国方略中有一个著名的论断，也是习近平新时代中国特色社会主义思想的重要组成部分，就是四个全面、"五位一体"。借用习近平总书记的这个著名论断来定位慈善文化，也是一种思路。在最开始时，党和国家注重的是物质，要搞经济建设。后来要一手抓物质层面，一手抓精神层面，"两手都要抓，两手都要硬"（引自党的十四大报告）。这是当年邓小平同志的著名论断。精神层面实际上也包括了文化。之后的提法是经济、政治、文化，再后来是"四位一体"：经济、政治、文化、社会。发展到现在是"五位一体"：经济、政治、文化、社会、生态。我们可以清楚地看到，文化是其中的重要组成部分。从这样一个角度去理解去定位慈善文化，可以让我们的视野更开阔，把握得更到位。

（二）慈善文化建设如何展开

慈善文化建设实际上是一个发展过程，是一个由浅入深、由低到高、由近及远、由零化整的发展过程，是一个与时俱进、永无止境的发展过程。只要社会在发展，只要慈善事业在发展，慈善文化必定先行发展。

湖州市慈善总会系统在慈善文化建设方面的发展过程可以分为8个阶段，分别是常识普及、舆论引导、榜样激励、情感培育、体验感悟、理论引航、政策催生、法规固化。这8个阶段不是分割独立的，而是相互交融、相互促进、相辅相成、和谐共生的，但是它们又有各自明显的阶段性特征。

常识普及。开展慈善活动时拉横幅出黑板报、写标语喊口号都属于常识普及。湖州市慈善总会每年的"慈善一日捐"活动都要召开新闻通报会，多年以前我就提出了"慈善一日捐"的目标是"要让更多的人知晓、更多的人参与、更多的人捐赠、更多的人受益"。

让更多人知晓，就是一种慈善常识普及。

舆论引导。这些年，湖州市慈善总会和本地主流媒体建立了非常好的合作关系。同时我们也在积极创办自己的宣传窗口，2013年创办了《湖州慈善》季刊；2017年联合湖州日报社建立了"慈爱湖州"网；在湖州电视台开设了固定栏目《慈善星期六》，每个星期六晚上用3~5分钟的时间报道慈善，一年就是52期节目；新媒体发展起来以后，总会和湖州党政机关第一喉舌——南太湖号建立了合作关系，平常的慈善消息在上面发布，开展重大活动也在上面现场直播。

榜样激励。从2017年开始，湖州市慈善总会每年都会开展年度最佳会员和最佳慈善工作者、"慈善好新闻"评选工作。这些会员和工作者都在为慈善作贡献，我们没有什么能够给的，只能给他们一点社会荣誉，起到激励作用。2016年，总会推出了"慈善排行榜"，设有企业捐赠榜、个人捐赠榜、"慈爱湖州"网入驻组织贡献榜，在每年的慈善年会上进行公布表彰。榜单一经推出就得到社会各界的强烈反响。2016年全市入围企业97家，共捐赠了6420.3万元；2020年入围企业增至368家，累计捐款2.15亿元，入围企业数量增长了379%，捐赠款增长了348%。每年年底时，经常会有人打电话来问，2021年有没有入围上榜，排在第几，和前一名还差多少钱。2021年还要增设村镇慈善基金榜，所有的区县慈善总会都在为此摩拳擦掌。除此之外，榜样激励还有很多其他的方式载体，由于时间关系不再一一列举。

情感培育。情感培育的路径非常多。每年的元旦春节期间，总会都会向全体会员发送一条手机短信，向他们表示感谢并致以新春祝福。在企业副会长生日时，向他们送上一束鲜花和一份祝福，他们收到后都非常感动。他们都是企业家，会在乎这一束花吗？在乎的是市慈善总会对他们的关心关怀，此后做起慈善来就更有动力了。这些举动都是春风化雨、润物无声的，长期坚持下来就能看到效果所在。

体验感悟。体验这个词现在非常流行，旅游要搞体验，购物要搞体验，慈善也要搞体验。我举几个例子。湖州市慈善总会在2017年推出了一个"慈爱储蓄罐"项目，按照每年的生肖设计一个"慈爱储蓄罐"，以家庭为单位，以孩子为重点，一年为周期，倡导"日捐一元，日行一善"，一年以后，把里面的365元捐出来做慈善，罐子留下作纪念。几年下来，已经有8000多个"慈爱储蓄罐"被认领了，这是一种很好的慈善体验。还有慈善嘉年华活动，由市慈善总会搭台，邀请全市的社会公益组织来唱戏，参加的都是民间公益组织，规模从最开始的36家团队扩展到现在的90多家。2021年湖州推出了"百千"慈善文化实践（示范）基地创建活动，力争用3~5年的时间在全市创建1000处慈善文化实践基地、100处慈善文化实践示范基地。4月6日在长兴县召开了现场会，省慈联的蔡国华副会长到会并讲话。这个灵感来自省委、省政府办公厅出台的《关于加快慈善事业高质量发展的实施意见》中的慈善文化"六进"活动——慈善文化进机关、进企业、进学校、进社区、进农村、进家庭。

理论引航。慈善事业发展到一定的地步，必须有慈善理论去引领去导航。慈善理论是慈善事业最深层次的内容，突破难度最大。现在很多人都在讲，中国的慈善事业缺少理论引领，缺少体系建设。2013年，总会建立了市区县慈善总会会长联席会议制度，坚持"每季一会、每会一题、轮流承办、简朴务实"原则，到现在已经研究了近30个慈善课题。从慈善项目化到如何提升"慈善一日捐"活动成效，从慈善法颁布带来机遇与挑战到慈善"六化"（时代化、特色化、大众化、法治化、指尖化、职业化）建设，都是指导现实发展的有益课题。近两三年，我们开始有系统有计划地开展慈善学习研讨培训活动。2017年7月举办了面向全市的"互联网+慈善"学习培训班；2019年6月举办了湖州市慈善总会系统法律法规再学习培训班；2020年6月举办了"重大突发事件与慈善组织应对"学习研讨班；2020年8月在省慈联的指导下，面向长三角慈善会系统举办了"绿水青山就是金山银山理念与新时代慈善"首届南太湖慈善论坛；2020年11月在省慈联和陕西省慈善协会联合指导下，与西北大学慈善研究院在西安联合举办了"社区治理与现代慈善"首届陕浙慈善论坛；2021年6月，在省慈联的指导下，总会联合湖州市民政局、嘉兴市慈善总会、台州市慈善总会共同举办了面向长三角城市群慈善界的"社会治理与现代慈善"学习研讨班；2021年7月，"社会治理与慈善志愿服务"第二届浙陕慈善论坛在湖州南浔召开；目前，我们正策划在8月26日举办"在湖州看见美丽中国"湖州市纪念慈善法实施5周年书画展览。这都是实实在在的慈善理论研究。

政策催生。任何研究成果只有进入政策层面，才能真正发挥最大作用。就像"慈善一日捐"活动和"百千创建"活动都被写进湖州市委的相关文件，转化为推动事业发展的政策。

法规固化。这是更高层面的内容，基层的探索和研究也代表基层的声音和需求。

（三）慈善文化建设如何持久

我个人认为，慈善文化建设要长久地坚持下去，至少要有"三个专"：一要有专门机构。2020年1月，总会正式登记注册了全省地市级第一家具有独立法人资格的慈善文化机构——湖州市大东吴慈善文化研究院，与西北大学慈善研究院建立了战略合作关系，并成为浙江慈善文化研究院湖州分院。与清华大学、浙江大学、上海交通大学、中国人民大学、江南大学等知名高等学府建立了教学协作关系。二要有专业人才。大东吴慈善文化研究院目前聘任了37位研究员，其中有3位高级研究员，1位是省慈联的李刚副会长，1位是清华大学当代中国研究中心副主任彭建梅，还有1位是省社科联原党组书记陈永昊，都是慈善领域赫赫有名的专家大咖。还聘任了11位来自社科界的研究员，23位来自书画界的研究员。三要专注始终。既然要建设慈善文化，就一定要全神贯注，始终抓紧，毫不懈怠，只有这样，事业的发展才能够长久。

学党史听党话跟党走 *

市委党校刘艳云副教授用了两个小时的时间，深入浅出地把党的十九届六中全会精神给我们作了宣讲。她讲的重点是九个字：学党史、听党话、跟党走。市慈善总会如何贯彻党的十九届六中全会精神，怎样学党史、听党话、跟党走，我谈几点想法。

一、要充分认识党的十九届六中全会的重大意义

为什么说十九届六中全会是具有里程碑意义的一次会议？正如刘教授所讲，这是在中国共产党百年历史的时间节点上召开的会议，是一次总结百年奋斗历程、提炼百年成功经验的重要会议，无论怎样评价它都不过分。"中国共产党立志于中华民族千秋伟业，百年恰是风华正茂。"（引自《中共中央关于党的百年奋斗重大成就和历史经验的决议》，2021 年 11 月 11 日党的十九届六中全会通过）千秋伟业走过了第一个百年的路程，即将开始下一个百年奋斗征程，继续朝着中华民族伟大复兴的目标进军，这次会议也正好处在两个百年目标的交汇点，我国实现了全面小康，开启全面建设社会主义现代化国家新征程。站在这个重要的时间节点上，必须要弄清楚、想明白，过去为什么行，将来怎样才能继续行。

十九届六中全会通过了《中国共产党关于党的百年奋斗重大成就和历史经验的决议》，这是我党历史上以党中央名义作出的第三个重要决议。决议的篇幅 3.6 万余字，有 1.7 万余字讲的是新时代。这些数据对于我们学习贯彻党的十九届六中全会精神都具有重要作

---

* 在学习党的十九届六中全会精神报告会上的讲话，2021 年 11 月 22 日。

用，在座的几名年轻同志还没有成为党员，但也在党的领导下，也要学会从这个角度去分析思考。党中央的第一个历史决议确立了毛泽东思想的指导地位，第二个历史决议正确地评价了毛泽东同志。而这次决议，用了一半的篇幅论述党的十八大以后，新时代以来党的成就，是为了2022年党的二十大顺利召开做准备。按照省委的提法，是在做政治上的准备、思想上的准备、理论上的准备、工作上的准备。因此，我们一定要很好地认识这次全会的特殊重大意义。

二、要深刻领会决议的核心要义和丰富内涵

党的十九届六中全会精神集中体现在决议上。学习贯彻党的十九届六中全会精神，就必须深刻领会决议的核心要义和丰富内涵。决议全篇3万多字，我们既要全面学习把握，更要抓住重点核心。一方面要全面学、系统学、原原本本学、认认真真学，另一方面要在学习中抓住重点——新时代。重点就是从第四部分开创中国特色社会主义新时代开始，党的十八大以后五个新时代的特征，习近平新时代中国特色社会主义思想十个明确、十三个方面的成就。我个人认为，这1万多字的核心要义就是"两个确立"。六中全会最大的亮点、最突出的历史贡献就是进一步强化了"两个确立"，确立习近平同志党中央的核心、全党的核心地位，确立习近平新时代中国特色社会主义思想的指导地位。

三、紧密结合实际，把全会精神落到实处

如何学党史、听党话，现在要研究怎样跟党走，即如何把党的十九届六中全会精神落到实处。省委在贯彻六中全会精神时提出了"六讲六做"：讲好党的百年奋斗历程，做红色根脉的坚定守护者；讲好新时代的辉煌成就，特别是"两个确立"对新时代党和国家事业发展、对推进中华民族伟大复兴历史进程的决定性意义，做"两个维护"的示范引领者；讲好百年奋斗的宝贵经验，做新时代"重

要窗口"的优秀建设者;讲好习近平总书记深厚的为民情怀,做人民至上的不懈奋斗者;讲好习近平总书记在浙江的故事,做"八八战略"的忠实践行者;讲好习近平总书记赋予浙江的重大历史使命,做高质量发展促进共同富裕的先行探路者。要百名书记带头讲、百名厅长条线讲、千名专家深入讲、千名记者互动讲、万名干部入户讲、万名青年流动讲。

根据省委提出的"六讲六做"要求,结合慈善总会实际,慈善工作者也要"六做":一要做"两个确立"的忠诚拥护者。不管是党员还是非党员,都应该做"两个确立"的忠诚拥护者,要发自内心地坚定拥护习近平同志党中央的核心、全党的核心地位,拥护习近平新时代中国特色社会主义思想的指导地位。二要做"两个维护"的坚定捍卫者。坚定维护习近平同志党中央的核心、全党的核心地位,坚定维护党中央权威和集中统一领导。三要做红色根脉的自觉传承者。作为慈善工作者,必须要有自觉传承红色根脉红色文化,传承中国共产党人精神谱系的伟大精神,从老一辈那里接过接力棒,传给你的朋友,传给你的下一代,既要传播又要承载。四要做向上向善的模范践行者。学习贯彻六中全会精神,必须要将其落实到慈善实践中去,用慈善弘扬社会主义核心价值观,用慈善传递社会温暖,助推社会和谐发展。五要做促进共同富裕的示范引领者。市慈善总会是社会组织中的行业龙头,要给其他社会组织、慈善组织作出示范,在这个区域发挥引领作用,带动社会各界以更强力量助力共同富裕建设。六要做新时代慈善的不懈追求者。对新时代慈善的不懈追求是永无止境的,我们要一直追求,就像追求完美一样。新时代慈善是动态的发展过程,我们要坚持不懈追求,永远在路上,这样才会不断有新的创意、新的贡献、新的作为、新的成就。

总结来说还是九个字:学党史、听党话、跟党走。不要只口头上喊听党话,要真听,通过跟党走体现听党话,验证学党史的成效。

关于枢纽型、服务型、行业性
慈善组织建设*

今天研究这个问题，正当其时。慈善工作做到今天，应该朝着这个方向迈进。

首先，概念要清晰。通过这次学习研讨交流，一定要先把枢纽型、服务型、行业性的概念搞清楚，这个很重要。大家对枢纽型和行业性没有什么异议，对服务型的概念还是存在不同的看法。关于"服务型"，慈善法里讲得非常清楚。服务型主要是指行业服务，不是为困难群体和慈善对象服务，而是为慈善这个行业服务。既然成了一个行业性组织，自然而然要为这个行业的组织服务，反映行业诉求、化调行业矛盾、引导行业自律、提升行业威信等，都属于行业服务。其中很重要的一点，就是要反映行业诉求、维护行业权益，要代表行业发声，向党委、政府提出建议。同时，宣扬行业先进，树立行业标杆，正面地宣传行业，为行业发展营造良好的社会环境。

其次，要有使命感和紧迫感。省市两级党委、政府的文件明确的时间段是 2021—2025 年，推动市级慈善总会和有条件的县级慈善总会转型成为枢纽型、服务型、行业性慈善组织，履行慈善行业组织职能。党委、政府既然已经明确了要在这个时间段完成这件事，我们就要有使命感，重视这件事情，当作一项重要任务来看待。我认为，假如有一天要成立这个组织，挂这块牌子，我们湖州市区县 6 家慈善总会都具备了相应的条件，也希望联合会的这块牌子挂在我

---

* 在湖州市区县慈善总会会长联席会议上的讲话，2022 年 6 月 20 日。

们这里。但实事求是地讲，真正按照枢纽型、服务型、行业性的定义来衡量，目前还存在短板和差距，有的方面差距还比较大。从这个角度讲要有紧迫感。如果有一天，党委、政府让我们年内一定要完成这个任务，我们就需要提前做好准备，关键时刻扛得起旗、担得起责。几年前，市民政局的领导也和我商量过成立联合会的事情，当时考虑到湖州慈善组织的发展还没有到非要成立联合会来加强行业管理的程度，就暂时没有启动。但到了现在，这个条件已经慢慢成熟了。按照发展趋势来说，浙江正在建设共同富裕示范区，明确提出要打造"善行浙江"，这项工作迟早要做起来。

关于这项工作，我们必须要弄清楚三个问题：什么是枢纽型、服务型、行业性慈善组织？慈善总会为什么要成为这样的组织？怎样才能成为这样的组织？我的理解是，要顺应趋势，把握好时间节点，既不能落后，也不能条件还没成熟、短板还不少就直接去干。

慈善总会想要成为枢纽型、服务型、行业性慈善组织，要具备以下几个条件：一是有实力。实力就是慈善资金。在一个地区，假如慈善总会的募集量能够占到该地总募集量的百分之七八十，就可以称为龙头组织，就有实力去做这件事。2022 年 6 家慈善组织募捐了 4.28 亿元，在全市的慈善组织中，按募集量来算，绝对是龙头老大。二是有组织力。要有纵向到底、横向到边的组织网络，这方面，我们已经做到了，各类慈善分会、慈善工作站都建起来了。三是有服务力。不能关起门来自己管自己，要得到大家的认可，首先要给大家提供服务。就像市里的"慈善嘉年华"活动，就是市慈善总会搭台，公益组织唱戏。第一年 36 家公益组织参加，现在增加到了 90 多家，因为场地摆不下，才没有继续扩大。这就是为公益组织无偿提供服务，费用我们出、场地我们出、责任我们担，让他们来展示风采。这样做了，大家自然而然就向你靠拢，不是老大也是老大了。四是有凝聚力。总会有号召，公益组织有响应，工作跟着我们转，凝聚力就体现出来了。现在，总会凝聚力最大的一张品牌就是"慈善一日捐",这个品牌是党委、政府给我们的,通过这个品牌把大家很好地凝聚起来。五是有影响力。如果一个组织实力不行,服务也不行,队伍建设也不行,人家感觉不好,影响能好吗?人人都是慈善形象,人人都是组织品牌,就是这个道理。如果人家觉得跟我们打交道挺舒服的,挺愿意的,善款捐到我们这里很放心,就有了公信力和向心力,影响力自然而然也就有了。

抓住机遇　实干争先　在推进共富先行的伟大事业中唱响慈善之歌

——湖州市慈善总会系统"共富路上善先行"十大行动的实践探索*

尊敬的宫会长、王省长、陈加元会长，各位领导，各位来宾：

大家上午好！

首先，请允许我代表湖州市慈善总会、湖州市大东吴慈善文化研究院，对大家来参加这个慈善盛会再次表示热烈欢迎和诚挚感谢！中华慈善总会和省慈善联合总会能将这样一个活动让我们承办，是对我们的莫大信任和极大鞭策，我们十分荣幸又倍感责任重大。

认真聆听了各位领导的致辞和演讲，他们的视野、胸怀、见解，使我大有登高望远、豁然开朗之感。因为是东道主，我才有机会站在这里发言。共同富裕是社会主义的本质要求，是人民群众的共同期盼，是一项需要长期奋斗的伟大工程。我认为，作为地市一级的慈善总会，对于慈善助力共同富裕这一时代命题，政治上要非常敏锐，行动上要非常迅速，举措上要非常务实，要紧紧抓住机遇，在实干中体现担当，在争先中展现作为。从党的十九届四中全会首次提出"第三次分配"到党的十九届五中全会将"第三次分配"定位为我国基本经济制度特别是收入分配制度的重要组成部分，再到2021年8月党中央第十次财经会议提出"在高质量发展中促进共同富裕""构建初次分配、再分配、三次分配协调配套的基础性制度安

---

* 在第四届中华慈善论坛上的发言，2022年9月5日。

排"等有关慈善事业的重要论述，我们都及时组织大家跟进学习，力求学深悟透。2021年6月，党中央、国务院赋予浙江建设共同富裕示范区的光荣使命，省市两级党委迅速作出部署，出台实施方案。党中央有号召，省市两级党委有要求，我们怎么办？市慈善总会第一时间组织大家学习讨论，研究思考，并召开市区县慈善总会会长联席会议，集思广益。经过几上几下、多次研究，8月11日，我们在全省慈善会系统率先出台《共富路上善先行——湖州市慈善总会助力建设共同富裕示范区先行市行动方案（2021—2025）》。行动方案提出了十大行动：一是固本强基行动，主要是构建更加充满活力的慈善组织体系；二是做大"蛋糕"行动，主要是提出慈善资金募集和保值增值的新的目标要求；三是重点帮扶行动，主要是推动慈善项目从普惠救助向重点帮扶转型；四是助力增收行动，主要是把帮扶低收入群体增收作为慈善工作新的重要着力点；五是"五社联动"行动，主要是完善慈善力量参与基层治理的机制和政策，促进基层社会治理；六是环境优美行动，主要是深入践行"绿水青山就是金山银山"理念，在全域环境美化、生态优美中贡献慈善作为；七是超市惠民行动，主要是充分发挥市慈善总会美欣达慈善超市的品牌效应，面向偏远地区和经济相对薄弱村常年组织开展慈善下乡活动；八是"百千创建"行动，在全市开展以慈善文化"六进"为主要内容的慈善文化实践（示范）基地创建活动；九是榜样激励行动，主要是坚持开展年度慈善排行榜［企业、个人、村（社区）镇（乡、街道）、"慈爱湖州"网入驻社会组织捐赠榜］等培育、宣传、褒奖慈善先进的各种活动；十是理论引领行动，主要是发挥大东吴慈善文化研究院的平台作用，弘扬慈善文化，营造向上向善之风。

十大行动方案得到了市委、市政府的充分肯定，分管慈善工作的市委副书记当天批示："看了慈善总会的这份方案，非常高兴，慈善总会中心大局意识强，主动作为，积极助力，十条措施十项行动条条干货。"并要求相关部门将行动方案上报省共富办并编发简报。

市政府分管副市长当天也作出批示："很好！要把'十大行动'落实落细，全力助推共同富裕示范区先行市建设。"根据领导批示精神，我们随后又出台了抓落实责任制意见，将十大行动分解为三十项具体任务，建立了会长负总责、会长办公会议成员分工抓落实的责任机制，制定了一月一汇报、一季一分析、半年一交流、年终总结评估的工作制度。各区县慈善总会积极响应，分别拿出了慈善助力共富先行的行动方案和具体措施。慈善助力共富先行的大幕在全市域拉开。

十大行动条条关乎助力共富，事事体现慈善作为，相互联系，相辅相成，需要有序推进、逐条落实。但三个方面的工作更是重中之重，必须重点推进。

一、"龙头大户"与"千家万户"并重，把慈善"蛋糕"做大

我们始终认为，资金实力是慈善事业长远发展的物质基础，没有真金白银的慈善是做不大也做不好的。所以，千方百计把慈善"蛋糕"做大，就成为慈善组织的第一要务。湖州市慈善总会成立于2002年底，2002年至2012年，全市慈善总会系统共募集资金5.09亿元（其中市本级1.4亿元），2013年至2022年6月，全市慈善总会系统募集资金21.67亿元（其中市本级5.4亿元），总计26.76亿元；资金增值收益3.29亿元。募集资金主要来自四个方面：一是从2003年开始的"慈善一日捐"活动，至2021年共募集资金5.58亿元，占20.8%；二是乡镇（街道）村（社区）慈善基金共募集资金8.47亿元，占31.7%；三是企业冠名（定向）基金共11.1亿元，占41.5%；四是社会小额捐赠1.61亿元，占6%。全市人均捐赠额多年处在全省慈善会系统第一方阵。2021年，吴兴区、南浔区慈善募捐额双双突破1亿元，全市人均捐赠额124元，列全省慈善会系统第一。

二、"一老一小""一高一低"统筹，把慈善"蛋糕"分好

筹钱是能力，花钱是智慧，这是基层慈善界的一句老话。面对新时代新使命新要求，如何把慈善资金使用好，考验着慈善人的政治站位和聪明智慧。在过去若干年里，当尚未脱贫和实现全面小康时，我们用钱的主要方向是扶贫济困、助医助学，扮演的是社会救助补充和政府功能拾遗补阙的角色。2013年至2022年6月，全市慈善总会系统慈善项目和公益活动支出16.89亿元（市本级支出4.6亿元）。我们认为，在共富先行的新征程中，慈善的角色也该相应变化，慈善项目也必须转型升级。近年来，我们把着力点放到了"一老一小""一高一低"上。2018年以来，全市慈善总会系统为助老项目支出2940万元（其中市本级支出750万元），为少年儿童项目支出6706万元（其中市本级支出4470万元）。

"一高"主要是指因病而产生的高支出。慈善组织要把困难群众因病而产生的高支出降下来，努力使他们的基本生活不受影响少受影响。2018年以来，全市慈善总会系统助医支出1.2亿元。2022年，市政府将建立因病致贫返贫防范长效机制，要求各级慈善总会与财政部门按1∶1的比例出资，建立医疗救助对象"慈善医疗救助兜底保障基金"，到2020年底，在全市实现"医疗救助对象医疗费用综合保障率达到80%以上，自费医疗费用控制在20%以内"的目标。

"一低"指的是低收入群体增收。继续保留"慈善关爱送万家""急难救助"等受益面广的济困项目，2018年以来全市慈善总会系统在这方面累计支出1.9亿元。从2021年开始，重点是推广南浔区和长兴县慈善总会以慈善产业基地帮助低收入群体增收的做法。在全市慈善总会系统已有7个产业基地的基础上，到2025年再建20个"造血型"增收基地。同时，积极引导市区县慈善总会会员企业与经济相对薄弱村和低收入农户结对，到2025年，全市慈善总会系

统达成"村（户）企携手奔共富"项目不少于100个。继续参与东西部对口帮扶、"山海协作"工程。

三、创新平台与创新载体互动，把慈善文化做实

没有资金的慈善是没有物质基础的慈善，而没有文化的慈善是没有灵魂的慈善。2021年第20期《求是》杂志发表的习近平总书记的重要文章《扎实推动共同富裕》中提到："我们说的共同富裕是全体人民共同富裕，是人民群众物质生活和精神生活都富裕，不是少数人的富裕，也不是整齐划一的平均主义。"省市两级党委也明确要求共同富裕既要富口袋也要富脑袋。我们认为，慈善组织在助力共富先行的事业中，虽然可以通过参与第三次分配在"富口袋"方面发挥一些作用，但限于资金量少，与政府和企业发挥的作用相比较微不足道。以湖州市为例，尽管这些年慈善募捐额有了较大幅度增长，但是2021年全市慈善总会系统接受的募捐额，仅占当年财政收入的0.62%（当年财政收入为683.8亿元），占当年GDP的0.11%（当年GDP为3644.9亿元）。而慈善在传播慈善文化，弘扬社会主义核心价值观，营造全社会向上向善良好风尚方面，领域宽广、纵深无限、作用巨大。近10年来，全市慈善总会系统始终重视慈善文化建设。2013年，建立了"每季一会，每会一题"的市区县慈善总会会长联席会议制度，截至2022年7月，已举行联席会议37次，研究了"如何搞好慈善一日捐""如何在脱贫攻坚中有所作为""如何市区县联手联动开展慈善项目"，以及每年工作思路等20多个现实中遇到的重点难点问题。在办好《湖州慈善》季刊、"慈爱湖州"网、"慈善排行榜"评选发布活动的同时，推出"慈爱储蓄罐"、选树慈善大使等项目，并与新闻媒体建立了长期合作关系。从2017年起，在湖州电视台开辟《慈善星期六》栏目，至今已播出270多期。

2020年，受省慈联成立慈善文化研究院的启发，学习借鉴省慈

联创办慈善文化研究院、陕西省慈善协会与西北大学联办慈善研究院的经验，与浙江大东吴集团合作创立了地市层面全省第一家具有独立法人资质的慈善文化研究院，聘任了49位省内外专家学者、书画家和资深慈善工作者为高级研究员、特约研究员、研究员。两年来，立足湖州，面向全省，联动长三角，先后举办了"慈善组织与重大突发事件应对""社会治理与现代慈善"学习研讨班；2020年8月，在习近平总书记"绿水青山就是金山银山"理念提出15周年之际，举办了以"'绿水青山就是金山银山'理念与新时代慈善"为主题的首届南太湖慈善论坛，发表了《湖州共识》；大东吴慈善文化研究院与西北大学慈善研究院建立了战略合作关系，两年来，双方根据"每年一次论坛，两地轮流承办"的合作共识，在两省慈善会的指导下，先后以"现代慈善与社会治理""社区治理与慈善志愿服务""东西部协作与现代慈善发展"为主题举办了三次论坛；2021年9月，为纪念慈善法颁布实施5周年，举办了"在湖州看见美丽中国"为主题的书画作品展等。这些活动得到了中华慈善总会和省慈联的大力支持和精心指导。

慈善文化进机关、进企业、进学校、进社区、进农村、进家庭，这是慈善工作者多年的期待。在推进共富先行的伟大事业中，省市两级党委将这一要求写进了正式文件。2021年4月，我们在全市慈善会系统开展了"百千创建"活动，用3~5年时间，在全市创建1000处慈善文化实践基地，其中100处示范基地，市委将这一活动写进了共富先行的实施方案。到2022年6月，全市已创建慈善文化实践基地94家、慈善文化实践示范基地44家。市区县慈善文化超市、慈善文化主题公园、慈善文化展览展示馆有的已建成开放，有的正在建设中。一个个慈善文化场所的落成，一场场慈善活动的开展，一次次慈善论坛研学的举办，让慈善文化迎面而来，走进千家万户。慈善让更多人知晓、更多人参与、更多人捐赠、更多人受惠正在变为现实。湖州慈善在向现代慈善迈进的征途上，也为湖州创建全国文明典范城市增添了更多慈善元素。

各位领导，各位来宾，湖州市慈善总会系统助力共富先行的十大行动还在推进的路上，取得的成绩也微不足道，但实践给我们的有益启示却值得总结出来。

一是紧紧依靠党政推动是慈善助力共富先行的关键之举。党政军民学，东西南北中，党是领导一切的。慈善事业的发展也必须坚持这一根本原则。湖州历届市委、市政府高度重视慈善工作，由于他们的重视支持，才有了慈善总会的诞生。2002 年以来，市委、市政府已 2 次召开慈善大会，4 次开展"湖州慈善奖"评选活动；2011 年，市委、市政府成立了慈善事业发展工作领导小组，市委分管副书记任组长，市政府分管副市长任副组长，建立了同心协力抓慈善的工作机制；2017 年，市政府出台了《关于加快推进慈善事业发展的实施意见》；2021 年，市委办、市政府办制定了《关于加快推进慈善事业高质量发展的实施意见》；市委关于建设共同富裕示范区先行市的实施方案也用专门章节对慈善工作提出明确要求；每年的"慈善一日捐"活动，市慈善事业发展工作领导小组都专门下发文件，市区县四套班子一把手带头捐款并举行捐赠仪式，为全市做表率；每年的慈善年会暨"慈善排行榜"发布会以及慈善总会举办的重要活动，市四套班子领导都到场。在湖州，党委领导、政府推动、民政监管、社会参与、慈善组织依法按章独立开展工作的良好环境已经形成。

二是牢牢抓住组织龙头是慈善助力共富先行的活力源泉。建立健全充满活力的组织体系，是我们 2013 年提出六大体系建设的首要任务。打铁还需自身硬。10 年来，我们紧紧抓住组织体系建设这个龙头不放。2021 年底，市区县 6 家慈善总会全部被认定为 3A 级以上社会组织，其中 5A 级 4 家，奠定了区域枢纽型、服务型、行业性慈善组织的地位。全市 67 个乡镇（街道、高新区）全部建有慈善分会，916 个行政村全部建有慈善工作站，304 个社区除少数新建社区外全部建有慈善工作站，市区县党政机关的综合性部门大多建有慈善分会，纵横到底到边的慈善体系已经建成。慈善组织的活力在人。这些年，市区县慈善总会以"让慈善工作者成为社会羡慕的职业"为目标，把慈善工作者队伍建设作为根本性长期性任务来抓。目前，全市慈善总会系统共有40名社会聘用人员，其中12人已考取社会工作者资格证书，5人获得中级职称。全市慈善总会系统形成了紧密协同、坦诚交流、比学赶超、全域竞进的良好局面。

以上发言如有不当之处，敬请批评指正。

谢谢！

以党的二十大精神为指导，担当起慈善事业的新使命*

为什么要组织这次集体学习活动？新闻大家都看到了，目前中央宣讲团正在各地宣讲，省、市也有宣讲团。党的二十大闭幕后，中共中央发布了《中共中央关于认真学习宣传贯彻党的二十大精神的决定》，明确指出学习宣传贯彻党的二十大精神，是当前和今后一个时期全党全国的首要政治任务。我们尽管是社会组织，是一个基层的慈善总会，但是在重大问题面前，在国家战略面前，特别是在政治任务面前不能落后，更不能缺席。工作上要争先，思想上更要争先。

昨天，党的二十大代表章春燕同志对党的二十大报告进行了解读；上午，市区县慈善总会的代表作了交流发言，讲得都非常好。借这个机会，我也讲一点学习体会。

第一，充分认识党的二十大的重大意义，切实把学习贯彻党的二十大精神作为当前和今后一个时期的首要政治任务

关于党的二十大的重大意义，市委陈浩书记在全市领导干部会议上讲了三个历史性，我认为概括得非常好。

一是处在历史性的时刻。历史性的时刻指的是处在两个百年交汇的历史节点上，要总结前 100 年，展望谋划未来 100 年，这是历史性的时刻。我们有幸处在这样一个历史性的时刻，见证这样一次历史性的会议，要从这样一个历史方位去认识这次会议的重大意义。

---

* 在湖州市慈善总会系统党的二十大精神学习会上的讲话，2022 年 11 月 17 日。

二是具有历史性的贡献。党的二十大收获了丰硕的政治成果、实践成果、理论成果、战略成果、制度成果。三是产生了历史性的影响。这个影响需要从多维度去理解。从中国共产党执政的维度来讲，回答了中国之问、世界之问、人民之问、时代之问。党的二十大对中国共产党执政的规律会产生什么影响？对人民对执政党的评价和期许会产生什么影响？对世界百年未遇的大变局会产生什么影响？对和中国国情差不多国家的执政党会产生什么影响？这些都需要我们在深入学习以后进一步总结，以此来深刻理解这次历史性会议的重大意义。党的二十大在历史性的时刻召开，具有历史性的贡献，产生了历史性的影响，必定会带来历史性的收获。展望未来5年，我们都可以看得到。

通过学习，我们要在思想上政治上解决三个问题，做到三个坚定：

一是坚定政治信仰。信仰什么？就是信仰马克思主义中国化时代化的最新成果——习近平新时代中国特色社会主义思想。这个思想是适合中国土壤的，是"两个结合"的产物。原来讲毛泽东思想、邓小平理论时都是一个结合，即马克思主义与中国实际相结合。现在是两个结合，马克思主义基本原理同中国具体实际相结合、同中华优秀传统文化相结合。人是要有信仰的，我们在中国共产党执政的国度里，从事与这个国家相适应的慈善事业，我们必须坚定信仰习近平新时代中国特色社会主义思想。

二是坚定政治纪律。政治纪律就是"两个确立""两个维护"。这一条在党的二十大之前就提出来了，党的二十大特别强调，最大的政治贡献就是"两个确立""两个维护"。我们要发自内心地来拥护，发自内心地去践行。必须记住这是一条政治纪律，通过真心的拥戴、真心的实践，把政治纪律转化为政治自觉。有政治觉悟地去遵守政治纪律，在政治纪律约束下逐步变为政治自觉。

三是坚定政治方向。政治方向就是党的二十大报告里面说的：

"从现在起，中国共产党的中心任务就是团结带领全国各族人民全面建成社会主义现代化强国、实现第二个百年奋斗目标，以中国式现代化全面推进中华民族伟大复兴。"党的十一届三中全会确立了全党的工作重心不再是以阶级斗争为纲，而是以经济建设为中心。到了现在，团结带领全国各族人民全面建成社会主义现代化强国，不是建设而是建成，不是国家而是强国，这就把未来的方向讲清楚了。中国式现代化是政治方向的根本途径，通过什么实现伟大复兴？通过中国式现代化全面推进中华民族伟大复兴。

第二，完整准确理解党的二十大关于慈善事业的新论述新要求，努力在新征程中做一名理论上清醒的慈善工作者

关于党的二十大报告对慈善事业的论述和提法，大家都学习了，上午交流中也充分体现了，我这里再给大家梳理一下。2004 年在国务院的政府工作报告中首次出现"慈善"两个字，2005 年出现在党的工作报告中，后来历届历次党的代表大会都有关于慈善的论述。党的二十大报告，是我接触过的党的文件当中论述最多最完备的一次，直接与慈善相关的有："构建初次分配、再分配、第三次分配协调配套的制度体系""引导、支持有意愿有能力的企业、社会组织和个人积极参与公益慈善事业""健全覆盖全民、统筹城乡、公平统一、安全规范、可持续的多层次社会保障体系""建设人人有责、人人尽责、人人享有的社会治理共同体""完善协商民主体系，统筹推进政党协商、人大协商、政府协商、政协协商、人民团体协商、基层协商以及社会组织协商，健全各种制度化协商平台，推进协商民主广泛多层制度化发展""完善志愿服务制度和工作体系"。间接相关的就更多了，党的二十大报告里面讲生态，讲"绿水青山就是金山银山"理念，就与慈善有关。两年前，首届南太湖慈善论坛的主题就是"'绿水青山就是金山银山'理念与新时代慈善"。另外，党的二十大报告里提到的科教文卫体、医疗兜底、重大突发事件的应对，都是间接与慈善工作有关的。

我们要从慈善的视角去读报告、学报告、悟报告、用报告。刚才我讲的这些，其中有慈善事业的定位，有慈善工作要把握的原则，有慈善事业发展的路径。一是定位。慈善已经成为分配制度的有机构成。分配制度是中国特色社会主义基本经济制度的重要组成部分，第三次分配又是以慈善为主的分配。党的十九届四中全会以前，慈善事业都是与社会救助、优抚安置等内容放在一起的，属于社会保障范畴。党的十九届四中全会开始将慈善列入分配制度，成为基本经济制度的一部分，定位跟原来完全不一样。二是原则。原则就是"引导、支持有意愿有能力的企业、社会组织和个人积极参与公益慈善事业"。过去不这样讲，2021年中央第十次财经会议上才有了类似的表述。2021年5月，党中央、国务院把建设共同富裕示范区的重任交给浙江，下发了《关于支持浙江高质量发展建设共同富裕示范区的意见》，省委、市委、县委都第一时间开会，研究并出台了相关文件。那个时间段，不少人到我办公室来表示要捐款，支持建设共同富裕示范区。为什么要把这句话作为原则，大家要好好悟一下。引导和支持就是告诉我们不能发号施令，不能搞摊派，尽管有能力捐赠，也要有意愿才行。2021年，两个区的募捐额都实现了破亿，但想要持续下去还是有难度的。怎么支持引导？首先我们要想尽办法给人家温暖、给人家荣誉、给人家方便、给人家笑脸。其次是让有能力的人参与，那些本身就很困难的人，我们尽量不动员。最后是路径。刚才讲的这些除了定位与原则，其他都是路径。参与社会保障也好，参与社会治理也好，参与三次分配也好，参与志愿服务也好，参与精神文明建设也好，参与环境治理也好，这些都是慈善发展的路径。

第三，学以致用，实干有为，以做好当下工作的实际行动展现学习成效

学习党的二十大精神要联系我们正在做的工作，这也是中央的要求。一是要趁势而上，把慈善"蛋糕"做得更大。这几年，我们的慈善"蛋糕"越做越大。2021年，两个区的募捐额分别突破了1

亿元。2022 年，如果正常发展将有两个县也要突破 1 亿元，全市加在一起总量有可能接近 5 亿元，人均捐赠额在全省肯定又是第一。慈善是要真金白银的，不管通过什么形式，钱进了慈善总会的账，按照党委、政府的中心工作安排，服务于社会，受惠于百姓，这是大好事。二是要把握重点，在助力共同富裕中作为更好。2021 年，我们推出了"共富路上善先行——十大行动方案"，要继续采取有力措施使之落实落地、多出成果。最近，市慈善总会转发了南浔区慈善总会关于产业扶贫的一个文件，这项工作是关于提低扩中工作的，很有操作性，建议大家可以参照南浔的做法，建上一两个看得见摸得着的助力共富的产业基地。三是要放大优势，在慈善文化建设上成果更多。我重点讲一讲"百千创建"活动，相关文件也发给大家了。每年的慈善年会上，市里都要公布新一批慈善文化实践示范基地的名单，慈善文化实践基地的命名权是在各区县慈善总会。大家平时先把实践基地建成建好，这样在年底时才有推荐实践示范基地的底子。有一位省领导对湖州慈善评价了三句话：湖州市慈善总会系统工作的整体水平走在全省第一方阵；湖州市慈善总会系统人均捐赠列全省第一；湖州市慈善总会的慈善文化建设走在全国前列。这些都是我们的独特优势，要用心用力把它们放大，使它们成为优质品牌。四是要着眼未来，把慈善工作队伍建得更强。这一点我是逢会必讲。党的二十大报告的最后就是对年轻人讲的，青年是希望是未来，慈善事业也是这样。从今天的会议来说，在座的 32 个人，老同志 17 人，年轻同志 15 人，与过去相比已经大有变化，但还是变得不够。如果能实现老同志占 1/3，年轻同志占 2/3，慈善事业的可持续性就会更强。年轻同志是未来，要在党的领导下，在老同志的传帮带下，尽早建成一支专业化很强、职业性很强、虎虎生威的队伍。五是要尽早谋划，把明年慈善工作的施工图设计得更美。要设计施工图，就要了解时代背景、发展大势，要坚持在党的二十大精神指引下去设计、安排 2023 年的慈善工作。

对市区县慈善总会会长联席会议机制的总结与感悟[*]

市区县慈善总会会长联席会议已经坚持了 10 年。10 年的交流材料不论思想性、专业性还是务实性都有很高的水准，反映了湖州慈善工作者的思想素质和业务素养，体现了湖州市慈善总会系统对慈善事业的研究深度和积累厚度。如果没有这 10 年的研究，没有这 10 年的积累，我们的慈善事业也不会有今天这样良好的成绩。

今天会议的主题是如何深入推进全市慈善总会系统联手联动，实现慈善助力共富的更大作为，实际上也是一个总结会议。对于过去的 10 年要回头看一看、理一理，对于那些有成效的、大家取得共识的要继续坚持；不够完善、不够理想的，要及时纠正。只要去总结，就会去思考，思考就是一个升华的过程。希望通过这次会议，凝聚新的共识，推出新的举措，开创新的局面，这是开会的根本目的。

第一，关于联手联动

市区县慈善总会会长联席会议机制在湖州市慈善总会系统坚持了 10 年，不断焕发新的生机活力，总有道理所在。部队里过去有个说法，一个司令一套作战方案，地方上也有个说法，就是换个领导换个思路，这样对于工作来说是不可持续的，慈善事业绝对不能这么干。我们要坚持做到习近平总书记要求的那样，一张蓝图绘到底，

---

　　* 在湖州市区县慈善总会会长联席会议上的讲话，2023 年 3 月 6 日。

一茬接着一茬干。市委陈浩书记经常讲，要有一年干成几件事的狠劲，也要有几年干成一件事的韧劲。

这个机制 10 年能够坚持下来并不断完善，靠的是什么？

一靠事业奠基。就像盖楼房一样，地基打得好，楼才能盖得高。2013 年 8 月，我和吴兴区的蒋金法会长、南浔区的顾进才会长、德清县的柴志良会长、长兴县的徐永方会长、安吉县的兰林富会长在一起商量，尽管市区（县）的慈善总会之间没有领导和被领导的关系，但相互之间需不需要定期碰个面、交流交流。大家一致认为很有必要，于是就确定了这个联席会议机制。这些老同志到慈善总会来当会长，有很强的事业心和使命感，都想干点事情。慈善事业为我们联手联动奠定了思想根基，大家认为这个机制对事业有帮助，才制定了这个联席会议机制。后面尽管有的总会换届来了新会长，但因为都对慈善怀有责任，这个机制就坚持了下来。

二靠解题开路。联席会议坚持每会一题，就是每次联席会都要研究一个问题。如果研究的题目太高大上，离慈善实践太远，落地不行；研究的题目太具体，太细碎也没研究的必要。这 10 年来，除了每年固定的"慈善一日捐"活动、年终工作总结和来年工作思路以外，我们研究的题目都是在慈善实际工作中遇到的难题新题，学习的也都是新的相关的法律法规和党委、政府的会议精神、政策文件。譬如 2014 年 12 月 18 日，国务院发布了《国务院关于促进慈善事业健康发展的指导意见》，这是第一次以国务院的名义发布的和慈善有关的指导意见，我们如获至宝，第一时间组织大家在联席会上集体学习领会，研究如何以此来推动慈善工作。2016 年《中华人民共和国慈善法》颁布实施后，我们又召开联席会议专题学习研究。党的十九大、党的二十大召开之后，我们也都是在第一时间组织学习领会会议精神，研究新一阶段的慈善事业发展方向与路径。关于慈善工作的项目化，这个议题我们也专门在联席会上研究过，明确了要以项目为引领来推进慈善救助和慈善活动。现在大家都在朝着枢纽型、服务型、行业性慈善组织转变，如何加快转变也在会议上研究过。我们的慈善事业之所以能够一步一步走到今天，很重要的一个原因就是我们借助联席会议在破题解题中找到了前进方向和正确路径。

三靠行动支撑。这个行动包括慈善项目和公益活动。10 年来，我们通过联手联动，开展了大量有特色有影响的行动，大家在交流材料里也都总结到了。通过这些行动，我们收获了许多看得见、摸得着、说得清、拿得出的成果成就，塑造了优质品牌，打造了金色名片，扩大了慈善事业的影响力。

四靠成果激励。联席会议机制坚持了 10 年，耗费了时间，耗费了精力，如果没有成果是坚持不下来的。10 年来，市区县慈善总会通过联席会议机制，互利多赢，共建共享，在联手联动中收获了胜利的果实。每一次开会，不仅是自己在研究、在思考，交流的同时也学到了别人的做法，学到了别人的经验，学到了别人的智慧。在组织队伍建设方面，现在我们 6 家慈善总会全部是 3A 级及以上，5 家达到了 5A 级，大部分都成了省里市里的品牌社会组织；慈善队伍的职业化水平越来越高，很多年轻人成长起来了，都取得了社工职业资格证，自身建设的整体水平迈上了一个新台阶。我认为这是我们最大的成果，把组织建强了，把人才培养出来了。有一个好的组织，有一批能干的人，就一定能干好事业。

五靠机制保障。这个机制就是在 2013 年时提出来的"每季一会、每会一题、轮流承办、简朴务实"16 字工作方针。要持久发展，必须要有机制和制度，没有机制和制度不可能长久。

第二，要表示感谢

要向大家表示感谢、感谢再感谢。这次会议是我当市慈善总会会长主持的最后一次联席会议。感谢 10 年来各区县慈善总会对市慈善总会的理解和支持。这 10 年，遇到了很多事情，不管是有什么活动、有什么项目，只要是市慈善总会提出来，没有一家打过回票。以论坛为例，大的有全国性的中华慈善论坛，中的有长三角地区的南太湖慈善论坛，小的有浙江陕西两省的慈善论坛。这些活动能够顺风顺水圆满成功地举办，大家都出了大力，包括人力物力财力。对此我感动不已。这10年，我有幸与各区县的15位会长共过事，吴兴区2位，南浔区3位，德清县3位，长兴县3位，安吉县4位，15位会长都是我事业上的好伙伴，个人相处的好朋友。首先，我代表市慈善总会和大东吴慈善文化研究院向各位表示感谢；其次，代表我个人向各位表示感谢，感谢你们对我的尊重、支持、理解和帮助。

最后，几个最新的数据向大家通报一下：

2012年，各区县慈善总会捐赠收入：德清县1652.83万元、长兴县1393万元、南浔区871.19万元、吴兴区757.05万元、安吉县670万元。

2022年，各区县慈善总会捐赠收入：安吉县11791.10万元、长兴县11665.50万元、南浔区10544.81万元、吴兴区6512.86万元、德清县2394.3万元。

2012—2022年，市区县慈善总会累计捐赠收入：市本级60339.68万元、长兴县55876.78万元、南浔区51792.67万元、吴兴区38922.90万元、安吉县27690.99万元、德清县26700.54万元。

正是因为有这样一个坚持了10年的机制在运行，大家你追我赶、突飞猛进，形成了定期研讨、坦诚交流、团结协作、互学共进、整体提升的良好发展格局。

慈善文化研究传播的湖州实践与思考

一、如何理解慈善文化

（一）从一般定义上理解

周秋光教授（湖南师范大学）："慈善文化就是围绕慈善这个主体内容所产生形成的一种文化。它的核心是利他主义价值观，是平等互助的理念。它同样包含着文化应有的三个层次。

"第一个是表层，就是物的层次，主要由两个内容组成。一个内容是财富和支配财富的人，即捐赠方的人和物。也可以理解为慈善家和做善事的人与可供捐献的财物与人力资源。另一个内容是被救助的特殊群体，包括所有被捐助的处在困境中的人以及遭到破坏要被救助改造的人的生存环境（土地、房屋、水源、粮食、交通设施）。

"第二层是里层，即心的层次。这主要是慈善思想、慈善理念、慈善价值观。它是慈善文化最核心的层次，是慈善的灵魂，是支配从事慈善的人的慈善行为的动力源，是决定慈善文化存在发展最重要的一个层次。

"第三个层次是中间层，是心物结合的层次。这主要是将慈善理念和行为相结合，用组织和制度的形式规定下来，确立一定的行为规范，供从事慈善的人去运作与遵守，如慈善组织、慈善章程、慈善法规等。"

陈国庆教授（西北大学）："慈代表慈心，善代表善举。慈心是

＊ 湖州市委党校 2023 年中青年干部培训班上的授课提纲，2023 年 5 月 26 日。

在伦理学或哲学领域彰显的慈悲，亲善或慈爱之心，善举是在社会实践倡导仁爱、公正或仁义之举，也就是为他人、为社会作贡献。

"作为慈善事业的基础，指导思想或者行动指南，伦理、信仰等意识形态领域的问题，也就是文化问题。

"慈善是人之所以为人的人性方面的规定性之一。慈善人性，择其要者有三，一曰慈善心理与意识，二曰慈善态度与言论，三曰慈善行为与效果。"

（二）从地位作用上理解

习近平总书记在担任浙江省委书记时曾说过："慈善是社会文明和谐的重要标志，是树立社会主义荣辱观的重要体现。慈善事业是一项全民的事业，要广泛普及慈善文化、弘扬慈善精神、宣传慈善典型，激发社会各界参与慈善事业的热情，在全社会形成人人心怀慈善、人人参与慈善的浓厚氛围，共同为构建社会主义和谐社会作出应有贡献。"（《在浙江慈善大会上的讲话》，2006年12月12日）

"树立慈善意识、参与慈善活动、发展慈善事业，是一种具有广泛群众性的道德实践。"（引自习近平《在慈善中积累道德》一文，《浙江日报》"之江新语"，2007年1月）

崔乃夫（民政部原部长，中华慈善总会第一任会长）："慈善并不都只是捐钱捐物，而是任何人、任何时空都可参与的一种行为，比如给人钱和物是慈善，给人精神上的帮助也是慈善。""培育公益慈善精神绝非一朝一夕的事情，至少需要通过几代人几十年甚至上百年的努力才能培育这样一种公益慈善基因和公益慈善理念。最重要的是从现在开始，从娃娃抓起。现在播下去的公益慈善的种子，将来收获的就是公益慈善事业的庞大后备军和热心支持者。"

宫蒲光（中华慈善总会会长）："慈善文化是慈善事业发展最基本、最深沉、最持久的精神力量。""慈善文化是慈善精神的外化，它不仅是五千年优秀传统文化的结晶，也是现代文明的硕果，是慈善事业发展的社会基础和人文原动力。"

（三）从存在形态上理解

经过这几年的实践，我将（慈善文化）总结为 10 个方面：基本常识、媒体舆论、先进典型、情感培育、体验感悟、社会规范、行为模式（礼俗、民俗、风俗）、思想理论、政策制度、法律法规。

二、湖州研究传播的一些做法

第一，传统手法起步。

内部宣传平台：从宣传简报到季刊《湖州慈善》（2013 年第三季度创刊）、"慈爱湖州"网网站（2017 年 5 月建立）。

外部宣传平台：《湖州日报》、湖州电视台《慈善星期六》、《慈善周末》（2017 年始已播 300 期左右），每年"慈善一日捐"的新闻通报会等。

社会平台：慈善嘉年华，从 2016 年至今已连续举办八届，从 36 家社会组织到最多时 90 多家社会组织参加。

第二，"每季一会、每会一题"的市区县研学机制，从 2013 年第三季度至今已十年，研究了近 30 个题目。

第三，每年一度的慈善年会暨"慈善排行榜"发布会，自 2017 年开始连续举办 7 年，已成为慈善文化研学传播的大平台。

第四，2020 年 6 月，湖州市大东吴慈善文化研究院（浙江省慈善文化研究院湖州分院）正式挂牌，到 2021 年 11 月，中华慈善总会慈善文化湖州研学基地落户湖州（2022 年 9 月授牌），标志着湖州研学传播活动进入提档升级新阶段。

开展的主要研学活动：

2020 年 6 月，"重大突发事件与慈善组织应对"学习研讨班。

2020 年 8 月，在省慈联指导下，举办首届南太湖慈善论坛，主题为"'绿水青山就是金山银山'理念与新时代慈善"，发表论坛宣言《湖州共识》。

2020 年 11 月，在省慈联和陕西省慈协指导下，与西北大学慈善研究院在西安联合举办"慈善与社会治理"——首届陕浙慈善论坛。

2021 年 6 月，在省慈联指导下，与市民政局、嘉兴市慈善总会、台州市慈善总会联合主办"社会治理与现代慈善"学习研讨班。

2021 年 7 月，举办第二届浙陕慈善论坛（举办地南浔区），主题"社会治理与慈善志愿服务"。

2021 年 10 月，举办"在湖州看见美丽中国——纪念慈善法实施五周年书画展"。

2022 年 7 月，在陕西榆林举办陕浙第三届慈善论坛："东西部协作与新时代慈善"。

2022 年 9 月，中华慈善论坛（2022）与全国慈善会系统高级人才研修班暨第二届南太湖论坛在湖州举行。

第五，2021 年 4 月开展的"百千创建"活动，使研学传播活动全面推向社会，用 3～5 年时间创建 1000 处慈善文化实践基地，其中 100 处示范基地，使慈善文化"六进"成为可触可见的亮丽风景。

"慈爱储蓄罐"走进千家万户，从 2017 年下半年开始已认领的储蓄罐超过 1 万只，使慈善的知晓面不断扩大。

第六，2022 年 6 月，"丁莲芳慈善文化超市"的创建，使慈善文化研学传播活动向常态化、经常化、系统化推进，现有五大板块：慈善讲堂、慈善学堂、论善堂、慈善直播间、慈善小使者。

研学传播的成效："四个更多"——慈善让更多的人知晓，更多的人参与，更多的人捐赠，更多的人受益。2022 年，全市慈善总会系统接受捐赠超 5 亿元，其中 3 个区（县）超 1 亿元。2021 年、2022 年连续两年人均捐赠列全省第一。

三、几点感悟

一是问题和回答决定研学传播的指导性。

陈国庆教授："慈善文化一定首先是对实践的研究，其次才是理论的总结和归纳。"

二是载体和抓手决定研学传播的社会性。

三是人才和队伍决定研学传播的权威性。

四是体制和机制决定研学传播的持久性。

实践探索篇

愿五月阳光永远温暖母亲*

大家上午好！很高兴参加这样的活动，我也是有感而发。听了市妇联臧主席的报告，听了受捐助母亲代表感人肺腑的发言，面对各位母亲，有三重敬意油然而生。

第一重敬意，来自伟大母亲。大家都知道，我们的生命是母亲给的，因为我们有了生命，才有了所有的希望和可能。我一生中，敬重的人非常多，但最敬重的还是我的母亲。我的母亲非常普通、非常平凡，但也非常了不起。我们在座的各位母亲都是这样，只要有了一颗做母亲的心，就是一片爱心，爱心无价。孕育了生命，教育了子女，支持了先生，奉献了社会。母亲，只有奉献，不求回报，是最伟大的。我向各位母亲，包括今天没到场的，致以最崇高的敬意！

第二重敬意，来自妇联组织。我们一走进这个会场，看到活动的主题——"五月阳光"关爱母亲。阳光是温暖的，每年四季12个月都有阳光，但我感到，妇联把这样一个活动命名为"五月阳光"是最温馨的。四月的阳光还不够灿烂，六月的阳光则接近酷暑，五月的阳光给人以温暖、给人以温馨。这说明妇联组织是有文化的组织、有情调的组织，是非常浪漫的组织，给女性以希望，给大家以希望。这些年，市妇联围绕关爱母亲、关爱儿童做了大量的好事实事。各位母亲，各位女性，有组织是幸福的。人是社会的人，不能成为孤立的人，有组织就有了依靠，有组织就有了交流，有组织就有了力量。尤其是有了能够把自己的群体建成温暖之家的妇联组织，

---

* 在第四届"五月阳光"关爱母亲慈善活动上的讲话，2013 年 5 月 10 日。

你们是幸福的。所以，我要向各级妇联组织表达深深的敬意！

第三重敬意，来自坐在我们身边的陈根花董事长和她的女儿陈丽红这样的慈善人士。社会需要慈善，湖州是富裕地区，富裕地区也有需要帮助的人。我们的慈善活动在市委、市政府的推动下，经过 10 年的发展，有了很大的进步。但是，我们所做的工作，我们劝募的资金，离社会救助的需要和各位母亲的期盼，还有很大的距离。我们需要阿祥集团这样的热心企业，像根花、丽红这样的热心人士，来关心慈善事业，来参与慈善事业。只有更多的人把慈善事业作为自己生活的一部分，作为自己的生活习惯，加入这个群体，我们社会上需要救助的人得到的温暖才会更多，得到的帮助才会更大，所以我要向所有的慈善人士致以崇高的敬意！

要用心研究慈善资源*

我们慈善总会之间都是平行的关系，行政上有垂直的上下关系，慈善总会是社会组织，市区县总会之间没有领导和被领导的关系。在老百姓眼里，我们是官方机构。在法律地位上，我们是民间机构，我们是在民政部门登记注册的，是典型的、标准的民间机构。而目前的运行机制，又是半官半民的。

关于工作，你们讲到的重点我非常赞同，你们把村级帮扶基金、村级工作站的建设作为重点，这是对的。为什么要做，讲通俗一点，这是一个建立根据地的问题。为什么这么说？这与我前面讲的慈善的定位、慈善组织的定位有关系。慈善组织不止我们慈善总会一家，在安吉县，人家都认可安吉县慈善总会是做慈善的。在一定的时间范围内，在一定的地域面积内，慈善资源是有限的，谁会做工作，慈善资源就向谁集中。我们慈善总会先去建这个基金，在人们的心目中，对慈善总会的印象就深，慈善资源就会向慈善总会集中。你想多做一点好事，就有了基层的保障。去年你们介绍三级管理的经验做法非常好，当然这是初步的，当我们的村级慈善基金基本普及时，当乡镇（街道）分会比较完备时，我们就要研究各级慈善组织如何科学分工、合理施救。

我的想法是县以上的慈善组织，主要是救助方面，应以项目为主，一对一的救助，原则上逐步减少，直至没有，除非极特殊的。真正做慈善是做项目，白血病也好、尿毒症也好，这种项目一个村没这个力量，但是一个县就有这个力量。

---

* 在安吉县慈善总会走访调研的讲话节选，2013 年 5 月 13 日。

只有做项目才有品牌，有了品牌才有了形象有了感召力，有了形象有了感召力，资源才会向你这里集中、涌流，所以说这一块是重点，它会带来连锁正能量、正效益。我们把村的、乡镇的慈善基金和机构都建起来，就可以在更高层次去做慈善，做更有影响力的慈善。

第二个问题是进一步理一理"慈善一日捐"的问题。市里已经做了 9 年，今年是第 10 年了，每年最高的接近 400 万元，2011 年为 390 多万元，最低的年份为 100 多万元。事实上这块潜力非常大，7—8 月时我们一起开个会长联席会，就这件事专题交流一次，商量商量。因为这是个品牌，一是党委、政府认可，二是老百姓包括机关干部都已经接受，现在就是怎么去拓展。基本的想法，原来局限在机关事业单位，现在应该向全社会拓展。"一日捐"嘛，顾名思义，个人捐出一天的收入，有收入的企业捐出一天的利润，机关和事业单位做到了，企业远远没有做到，全社会更没有做到。譬如说全县 40 多万人口，哪怕每人捐 1 块钱，那是个什么概念，而且只要捐不可能就捐 1 块钱，所以"慈善一日捐"大有文章可做。我们要研究募捐的资源，资源究竟有多少，我们用了多少，哪些资源还没开发，哪些资源还没发现……不能等人家上门，要去策划，任何事情都要策划。

今年的"慈善一日捐"就是要从个人向单位、从机关向社会拓展，还有消费慈善、微慈善，我们都还没涉及，潜力非常大。老百姓捐物资怎么弄？我最近找到一家热心企业，我们准备做个调研，这块必须要做。我感到一旦进入了慈善领域，天地非常广阔。慈善做的都是好事，但是这个好事要去用脑筋才能做好，要有实力才能做好。

从传统的救助向现代救助发展，从零散的救助向项目救助提升，文章非常多。你们是做文章的高手，我来是向你们学习的。我们共同努力，就能把慈善的文章在原来基础上做得更好。

村级基金要建用管并举

一 *

区县以上的慈善组织要以项目为主，个案救助向下延伸，这个观念一定要树立。为什么成立村镇慈善基金？因为困难群众往往就在村镇边，谁该救，救多少，村镇最有发言权。一层一层报到我们这里，其真实性、有效性、及时性都要打折扣，让村里、乡镇、街道做这些要比我们做得好。我们就是要以项目为主，要选准项目，选适合自己做的项目。这就是过去经常讲的群众所需、我之所能，救者所需、民众所望。政府也有要求，我也有这个能力。你们已经有了一些好的项目，尿毒症的、少儿先心病的，还有"慈善关爱送万家"等，这些都是实打实的，有些是市区联动的，先把这些做好，然后根据需要逐步拓展。

村级帮扶基金的建设，确实是件大事。这项工作做好了，别的不说，除了整个儿慈善的盘子可以做大，份额可以提高，救助面可以扩大，我们的组织网络也可以更全。慈善的力量在民间，慈善的力量在大众，慈善的根基扎得越深越好。村这一级，尽管不是官方组织，但它是最基层的有组织的群体。慈善率先把这个根扎下去，把这个旗竖起来，我们就做了一件实实在在建立慈善根据地的工作。革命成功要有根据地，把慈善做强也要有根据地。这是播种，向民间播种，向大众播种，在最基层播种。这是根基，有这个根基，慈善才有生命力、号召力，我们的基础才会稳固。把基础打牢了，队

---

* 在南浔区慈善总会走访调研的讲话节选，2013 年 5 月 14 日。

伍扩大了，网络健全了，我们想做的事就有了基础。原来没有乡镇和村的慈善基金，所有的事都要总会去做。区里慈善总会没成立时，所有的事都是市里在做。什么叫转型升级，这就叫升级，慈善工作的转型升级。这件事难度再大也要做。好在你们的工作思路非常清楚，争取了党委、政府的支持，而且党委、政府已经进行了研究，相信这件事你们一定能够做好。

二 *

这次会议时间很短，但开得非常好。

3 年以前，也就是 2013 年，在我们慈善总会会议室开过一个小型会议，也是研究村级基金建设。我认为，第一要把村级慈善基金建起来。第二要用起来。有很多人认为好不容易建起来才筹到 3 万元钱，不敢用。不用，要这个基金干什么，挂在墙上好看吗？你不去用，老百姓怎么知道你拿这个钱干什么，你筹到钱了一定要用，用了才能来新的钱，才能良性循环。建起来，更要用起来。

第三还要管起来。村级基金建设本来是件好事，本来就没有几个钱，如果管不好，就可能使做这方面工作的同志犯错误。有的同志担心，说村不能建村级基金，包括有的领导有的机关干部，他们说到村这个层面不行，县以上还可以，这个钱放在村里被拿去吃喝了怎么办？我对他们讲，这是慈善，只要他有点头脑，这都是高压线，就像救灾款一样，你敢花一分钱吗？你不要脑袋了！慈善款就是这种性质的款，就是救灾款、救命钱，把话讲清楚，相信我们村干部的素质，相信基层慈善人的素质。实践证明，这几年下来，到目前为止，我们没出任何问题。但我们还是要反复强调管起来，管起来对我们有好处，保护我们，保护我们慈善的美誉。

第四要使它亮起来、响起来。因为你建起来、用起来、管起来

了，大家受益了，品牌做起来了，大家都加入这个行列，成为你的一个品牌，成为你这个村新的名片。你这个村可能这个先进那个先进，有很多牌子。我们做慈善的不去发牌子，我们是要把这件事实实在在做起来。从去年就决定要开一个现场会。现场会是什么概念？现场会就是表明，大家对这个现场的认可，对现场所在地的认可，对龙溪街道的认可，总结他们的经验，学习他们的经验，推广他们的经验。刚才我讲了"四个起来"，三年过后还要加一个，就是使这项工作强起来。如果强起来了、响起来了，还可以再加一个——长起来，长此以往，长期做下去。手头没几把米，口袋里没几个钱，你这个村支书村主任说话底气就不强。强起来以后才能长起来，长起来以后才能真正地响起来、亮起来，老百姓才有获得感、实惠感。这3年村级基金总会一共募集了1400多万元，龙溪街道就占了800多万元，如果我们6个街道都达到800多万元，那就是4000多万元。受惠的群众现在如果是2000人，6个街道那就是1万多人，最终受益的是老百姓。你现在可能修了3条路，有了更多的钱就可能修6条路。钱来自哪里？来自你们的努力。下一步怎么把总会的部署去落实是关键。部署不是指标，是追求。我们是社会组织，不能下指标，下指标也不管用，因为帽子不在我们手里，工资也不是我给你发，所以对这个指标你完全可以不理。但讲清楚道理，作为一个精神追求是可以的，追求什么？一是要实现百分之百，即所有的村（社区）都要建起来。二是实现50%，即参与这项工作的面要达到50%，大家都动起来，慈善为大家，大家做慈善，慈善不是哪个慈善家的事，是大家的事。三是每个村要争取达到20万元以上。现在20万元以上的村只有18个，开发区、度假区有60个村，还有很大的空间。每个社区要争取达到5万元。

要想实现这几条，就要向先进学习。先进的经验有若干条，最管用的一条就是对这件事不来假的、动真的，是真想做这件事，真去做这件事，真做成了这件事。有的同志来开会时很重视，说回去就去落实，怎么落实的呢？从上次会议到现在3年了，有的村说建起来了，筹了多少钱呢？300元。今天这个村的同志可能来了，我很想与他交流一下，3年前可能不是你，我当时说了一句很不客气的话，如果我当街道党委书记，我先把这个村的书记撤职。我去了解了，为什么才300元？上面要求做，他们回去马上开会，班子6个成员每人50元，正好300元。我也管不到你，如果真管得到，要你这样的干部干什么？我讲得可能过分了点。这种情况说明什么？说明你根本不想做。3年下来，同样的村，潘店村，200多万元。芦山村，一个经济薄弱村，3年下来80多万元，是不是天壤之别。差距在哪里？就是真和假的事，一个是真想去做，一个是假模假样在做。要不要做这件事，该不该做这件事，我相信在座的没有哪个人说这件事不该做、不要做，你这样说你连善心都没有，你当什么干部，你起码要有点善心、怜悯之心吧？但是你真想做了吗？真想做，有典型在这里，向他们学。潘店村、芦山村的书记主任、小组长，挨家挨户上门动员。挨家挨户上门，谁不要面子？我2014年参加环渚街道金锁村的村级基金成立仪式，支部书记动员了，一次性捐款30多万元。有一个低保对象非要捐500元，他说政府这么照顾我，给我低保，现在成立这个基金我不捐对不起大家。人都愿做善事，你只要把话讲到，把心用到，老百姓是最善良的，90%以上都是通情达理的。但是你不要说一定要叫人家捐多少，我一直坚持这个观点，1元不嫌少，100万元不嫌多。1元和100万元，从精神价值层面是画等号的，他有心就好。所以，我希望通过这样一个现场经验交流会，做得好的要好上加好；做得不够好的，要争取好起来。一定要真想做，真去做，肯定真做成。你多做一点善事，多做一点好事，心里踏实得很。所以这次会议有没有成效，就看回去以后的动作如何，效果如何，年底我们账面上见，明年适当时候我们还可以采取这种形式再见，相信再见时我们都有一个好心情。

三 *

2013 年以来，关于村级慈善基金建设，市慈善总会开了三次会，分别在 2013 年、2016 年和今年这次，三次会议都安排我讲话，因为这件事非常重要。

开会要开解决问题的会，不开形式主义的会。既然安排了我讲话，就要讲心里话，讲自己的话。从昨天到今天专门请办公室的同志帮我查了几个数据，我想用数据来说话。记得在 2016 年那次会议我讲话时，讲村级慈善基金第一要建起来；第二要用起来；第三要管起来；第四要亮起来、响起来，把它作为工作的一个重要平台，作为为百姓服务的一个重要渠道，作为从政和工作的一个重要品牌、一张名片；第五是强起来；第六，让这件事做长起来，抓经常，经常抓。

现在又过了两年，开发区、度假区所属的 90 个村（社区）工作到底做得怎样。我给大家报一报成绩单，不表扬也不批评，就报成绩单。度假区、开发区一共 62 个村、28 个社区，我分了四个档次：10 万元以上的，5 万~10 万元的，1 万~5 万元的，1 万元以下的。（1）10 万元以上的村，开发区：凤凰街道 2 个，龙溪街道 10 个，杨家埠街道 2 个，康山街道 1 个，合计 15 个。度假区：滨湖街道 0，仁皇山街道 0，合计 0；10 万元以上的社区，度假区、开发区一共 3 个，康山街道 2 个，龙溪街道 1 个。（2）5 万~10 万元的村、开发区：龙溪街道 1 个，杨家埠街道 5 个，康山街道 2 个，合计 8 个；度假区：滨湖街道 0，仁皇山街道 1 个，是仁皇山街道的 3 社区。5 万~10 万元对社区来说，做到是非常不容易的。（3）1 万~5 万元的村和社区，凤凰街道社区 6 个，龙溪街道社区 1 个，杨家埠街道村 7 个，康山街道有 7 个村 4 个社区，滨湖街道村 8 个，仁皇山街道村 8

---

* 在市本级村级慈善基金推进工作经验交流会上的讲话摘要，2018 年 7 月 6 日。

个、社区 2 个。 （4） 1 万元以下的，凤凰街道有 1 个，机南村，9093 元，差一点；滨湖街道 1 万元以下的村 6 个，社区 1 个。

我分析了一下，62 个村、28 个社区，按照四个档次：10 万元以上、5 万~10 万元、1 万~5 万元、1 万元以下。10 万元以上的村和社区一共 20 个，占总数的 20%，其中 15 个村，龙溪街道占了 10 个；5 万~10 万元，村和社区加在一起 13 个，占总量的 10.4%；1 万~5 万元的一共 44 个村和社区，占 48.9%；1 万元以下的 15 个，占总量的 16.6%。看了这些数据既感到欣喜，因为出现了一批 10 万元以上的村和社区，已经有 1/5 了，也感到有希望，还有 10% 处在 5 万~10 万元这个层次。但是把两个加在一起，又感到我的工作不到位。吃喝 5 年了，5 万~10 万元加 10 万元以上，一共是 33 个，勉强 1/3。我反复强调，开会要开管用的会，干活要干有成效的活，要不天天开会有什么用？我们 1 万~5 万元和 1 万元以下的加在一起占多少？一个 48%，一个 16%，合起来占 70% 多。这就是我们面对的湖州市经济开发区、太湖度假区村、社区慈善基金到 2018 年 5 月 31 日为止的现状。

面对这么一个现实，我们有没有必要来商量这件事，有没有紧迫感来抓这件事？应该不应该动脑筋把这件事抓上去？从全市层面看，德清县早就全覆盖，而且 30% 的村在 40 万元以上。长兴县后来居上，南浔区也有 21 个村达到这个水平，为什么？他们的眼界开阔了，村级慈善基金修桥铺路也可以，建文化礼堂也可以。我们有一个共识，开发区、度假区是湖州加速发展的新引擎，是希望所在、潜力所在、亮色所在。度假区什么都亮了，开发区什么都红了，结果慈善没做上去，说得过去吗？最有文化的地方没有善心，说得过去吗？湖州是有文化、有底蕴的，我们是有爱心的，但是数据就在这里。同志们，白纸黑字在这里，我喜欢实话实说。面对这样一个现实，我有责任，说明我工作没做到位。下一步怎么办？按会上介绍的去做，按总会的部署去做，按两位总分会会长表态的去做。今天开了会，如果在短期内能有一个快的发展，这个会开得也就有价值、有意义了。

要把这件事做得更好，都像龙溪街道、凤凰街道一样，像幸福村、芦山村一样，我认为要进一步解决三个问题。

一要解决没必要做的问题。在场面上谁都不会说这件事没必要做，但在实际工作中，有人认为这件事没必要做，我就听到过。他怎么说？他说我们村现在已经拆迁了，一拆迁几套房子，几百万元进来了，谁还要救助，家里有困难自己都解决了。要不就是说下一步我们马上就拆迁了，去搞什么慈善？你以为你很富了，不需要搞慈善，这件事没必要做。我这里再给大家报几个数据，看看这件事究竟有没有必要做。还是度假区、开发区的数据，截至 6 月，开发区的低保对象有 385 户 578 人，低保边缘户有 85 户 270 人；度假区的低保对象有 248 户 342 人，低保边缘户有 34 户 115 人。这是今天上午我从民政局拿到的数据，就这么一个区域，还有这么多户、这么多人有困难。我再给大家报一个数据，2018 年 1—6 月，开发区和度假区在市慈善总会领取的急难救助金：凤凰街道 12 个人领取了 122000 元，杨家埠街道 10 个人领取了 132136 元，龙溪街道 12 个人领取了 125000 元，开发区的工作人员（主要是公安的）3 个人领取了 23616 元；度假区的仁皇山街道 7 个人领取了 100264 元，滨河街道 4 个人领取了 50464 元。一共 48 人，领取了 553480 元，人均 1 万元以上，由市慈善总会直接支出。我就奇怪了，让你去建一个慈善分会，建一个慈善工作站，成立一个村社区慈善基金，你说你那里都是富裕户了，还做这个干吗！低保对象那么多，低保边缘户那么多，都在你身边，你身边的人领取了这么多急难救助金，半年 55 万多元，一年是个什么概念，你多大个区域啊？讲大道理有什么用，我们用数据说话，你身边就有那么多需要救助的人。你说你那里富裕了，你那点钱够你花的？你敢吹牛你以后不生病？你不生病，你亲戚朋友不生病？天有不测风云，人有旦夕祸福。今天的幸福、今天的平安不等于明天还幸福、明天还平安，你平安不等于别人也平安，多准备一点有什么坏处？以上我仅仅从救助的角度讲，从更宽的慈善法的要求来讲，科教文卫体等公共事业，我们还有多少事没有做。你说我们文化礼堂建好了，路也修好了，就完了？需要建的东西多了，要做的事也太多了。你说就建一个村级慈善基金，就这点事你都干不好。两年以前，我批评了有的人，你一个村弄300元，到现在还是300元，你那个书记当得寒碜不寒碜，哪有这样做工作的，你还是共产党员吗？究竟有没有必要做，我就给大家报这一串数据，你说这件事要不要去做？

二要解决没时间做的问题。在座的各位比我忙，担子比我重，尤其是开发区、度假区，招商引资、征地拆迁、进村入户非常忙，这个我知道。只要你在干工作，想把活干好肯定是忙的。不瞒各位，请你们随时到市慈善总会来抽查我的工作，看我每天在干什么。有的人说，好多老同志也说，你傻瓜嘛，谁叫你那么干的，都退休了，你不上班也没人查你，你不干活也没人找你。但既然挂了这个牌子，有了这个职务，就要对得起它。你也一样，我也一样，谁不忙啊！忙怎么办，时间哪里来？鲁迅说："时间就像海绵里的水，只要愿意挤，总还是有的。"人家是大思想家、大文学家，也是革命家，他说得有道理吧。鲁迅是把别人喝咖啡的时间都用在写文章上，当然这个境界我们很难达到。当村支部书记也好，当省委书记也好，最管用的一个领导方法是什么，叫结合论。我们要学会结合，结合去做。今天这个会，两年才开这么一次，最多用一下午，更多的是结合中心工作去做，结合其他工作去做，把慈善工作纳入整体工作，统一部署、统一协调、统一考核、统一分解。只要心里有，心里想去做这件事，你总有时间去做。村支部书记哪个不忙，街道书记主任哪个不忙，为什么人家做好了你没做好？今天龙溪街道的主任亲临现场、亲自介绍，坐在这听我说话，就令我感动。几十年以前我在部队时，部队的首长说过，有人开会迟到了5分钟，一进来就说，对不起，我太忙了。主持会议者马上讲，你比我还忙吗？没话说了。区长叫镇长开会，他进来说对不起，太忙了，一句话把你堵死。那这句话有道理吗？有道理，谁不忙，无非这件事没放在你心上，是吧！

三要解决没动力去做的问题，这是最核心、最关键的问题。现在很多人讲功利，我也讲功利，我是每天看进来多少钱，我功利吧！半年时间，我给度假区、开发区签了 50 多万元出去，仅仅限于急难救助。我们不去跑，这钱怎么来？真的叫跑断腿磨破嘴，到处求人不丢人啊，又不是为我自己去求官求职，这是为百姓化缘，我丢什么人啊。没动力去做是个什么问题呢？现在干活都讲动力，都讲看得见摸得着的功利。没纳入考核，干多干少，干好干坏，与升官加爵没关系，街道主任不会因为你慈善干好了，升你当书记，是吧？很多人感到有动力，就是因为这个纳入考核了，年底考核扣一分，奖金少拿 5%，然后哪个领导不满意，要提拔他，不同意。你如果这样去想，你就根本不要做慈善。都讲慈善是爱心的事业，是崇高的事业，是伟大的事业。我一到慈善总会就说了一句话——崇高的事业需要崇高的人去做。后面我赶快补一句，我说我不是崇高的人，但是我向往崇高、追求崇高，慢慢争取崇高一点总可以了吧。一样的，不要太功利，升官那么重要吗？重要，但是多做点善事，你肯定官越当越大。真的，我老是讲人在做，天在看。你做了那么多好事，老百姓会记住你的，将来投票时会投你的。我就讲很多人觉得没动力，说我凭什么做，你又管不着我。我是管不着，但是良心管得着你，老百姓的口碑管得着你。这一点，从体制内来讲也应该解决。目前凤凰街道在做，相信龙溪街道也在做。凤凰街道介绍了，2018 年已经把慈善工作、村级慈善基金建设纳入乡镇街道干部和村"两委"成员的年度考核。把它纳入，哪怕 100 分里占个 0.5 分，最好占个 1 分 2 分。不在乎分多分少，把它纳入考核，这才叫统一部署、统一检查、统一奖惩。

　　如果这三个问题都解决了，没必要做，变成感到很富裕很发达也需要做；没时间做，只要挤点时间把它结合好；没动力做，领导给你动力，关键产生内动力，自己要有动力，知道这是件好事，做了良心不亏，百姓不亏，这多好！我想这三个问题解决了，又把六个经验学到了，再开会时，我们的单子会倒过来，不要求100%都10万元以上，哪怕两年以后有70%的村达到10万元以上，社区达到5万元以上，我们的成绩就非常大，我们为百姓做的好事会更多。

政府来不及做的慈善要主动介入*

从市慈善总会的角度来说，做这样一个项目，标志着湖州的慈善工作在向一个新的领域、新的台阶、新的方向迈进和发展。大家知道，传统的慈善，包括现阶段很多地区的慈善，还是以扶贫济困为主，这是中国的特色。我国现阶段的贫困人口还不少，目前统计是7000万人，中央已经把扶贫济困作为全面实现小康的国家战略，要在"十三五"时期实现脱贫。但是，发达国家慈善的主要领域不在扶贫，而是在社会公益领域。最著名的代表就是比尔·盖茨、巴菲特这些大亨、大款，他们拿出几百亿美元设立慈善基金，面向全世界做慈善项目。搞什么呢？研究抽水马桶怎么节水、怎么除臭、怎么舒适、怎么环保；或者为一个病种、一个疑难病设立专项基金。而在我们国家，更多的慈善是哪个地方过年过节过不去了，冬天穿不上棉衣了，去解决这些问题。这与我们的发展水平是相适应的。湖州的慈善，在各方面的关心关注下，这几年发展还是比较快的，人均捐赠额超出了全省的平均水平。在这样的基础上，我们就有条件、有能力向着现代慈善的方向去迈进。所以，2015年我们强调要以做项目为主，有些事情政府已经做了，慈善就退出来，像医保，覆盖面越来越广，救助水平越来越高，凡是政府已经做的慈善要退出，政府还来不及做或者做了还覆盖不了的，慈善要主动介入。

像助学，原来助学是大头，市区一年有几百人需要救助，现在有政府兜底，一些爱心企业也主动去做，慈善组织就退出来。2015年助学，我们直接救助的只有几十人。政府暂时关注不到的，像今

---

* 在见义勇为救助责任保险签约仪式上的讲话，2015年12月29日。

天这个项目，我们和人保的杨总酝酿了整整一年时间。这个项目也受到公安部门关注，市公安局的同志 2015 年到我这里来过几次，商量慈善总会支持见义勇为者的事情，我们三家想到一起去了，就是要褒扬正气，叫见义者、勇为者不至于生活过不下去，大家都助一臂之力给他们以温暖。保险公司那么多家，为什么想到和人保合作。一是人保在保险领域具有别的保险公司不可比拟的、暂时无法超越的优势。二是从慈善的角度来讲，人保的社会责任感非常强，对慈善工作很支持。我们有一个很朴素的观点，热心慈善支持慈善的人，当他有需要时，慈善也应该主动靠上去。2014 年我们和市委宣传部建立的"好人有好报"慈善基金也是同一个性质。湖州出了一位舍己救人的英雄李迎福，当时大家一股热情，踊跃捐款把他的治疗费全包了。那么未来几十年怎么办？宣传部牵头建立"好人有好报"慈善基金，让好人流血不流泪，眼前受苦，不能一辈子受穷。我相信，今天这个项目，只要我们三家很好沟通、很好合作，一定能做好，而且不会只做一时，要争取让这个项目走得远一些，受益的人多一些，起到的示范效应大一些。

如何把"慈善一日捐"活动组织好

一*

战争年代打仗都要讲整训，不整训不行，打完一仗总结一下，成功在哪里，不足在哪里，哪怕取得了很大的战绩，总有改进的地方。听了大家的发言，我很受触动，大家自我从严、自我从高、自我从细的精神，值得我们今后继续发扬。我也作一个总结，站在会长的角度，看看 2013 年的"一日捐"。

第一，基本估价。我想用一副对联来概括，上联：自我加压，指标一提再提；下联：天遂人愿，预期过而又过；横批：硕果累累。解释一下，自我加压，指标一提再提：因为二届六次理事会定的年度目标，"一日捐"是 200 万元，开始时我们提出来要自我加压，冲着 300 万元努力，但是活动展开以后，经过深入的沟通衔接，我讲 500 万元有谱，当时有的同志讲 500 万元怎么办？下联是天遂人愿，预期过而又过。现在超过预期达到 742.82 万元（含物资捐赠价值 60 万元）。指标本身就是自我加压的一个指标，在操作过程中，应该说天遂人愿，老天帮忙了，我们也努力了，"一日捐"靠的是人民大众的贡献。横批硕果累累，则是名副其实的。

第二，基本收获。一是对市本级"一日捐"的资源更趋清楚；二是对市本级"一日捐"的重点难点更趋明确；三是对组织开展"一日捐"的领导体制和工作机制更趋成形；四是对"一日捐"的认识更趋统一。

第三，基本体会。一是提前谋划布好局。提前调研，提前沟通，提前走访，提前制定各方面的方案。谋划的过程就是布局的过程，宣传工作怎么搞，动员工作怎么搞，组织工作怎么搞，内部分工怎么搞，重点在哪里，一切都要提前谋划布局。二是借助舆论造好势。兵马未动，舆论先行。2013 年我们推出了宣传月活动，赶在 8 月底之前一定要创刊《湖州慈善》，一定要与社会见面，压力很大。实践证明定在这个时间节点是对的，吃苦吃在点子上，用力用在关口处，流汗流得要值得。晚 10 天出来，效果就大不一样。关于怎么造势，舆论怎么先行，明年还可以再增加一些东西。三是要选准重点破好题。重点在集体捐，集体捐的重点在哪里，要选准突破口，破难题，破分量重的题，与高考一样，这道题是 60 分，先把这个分数拿到，一般的题目那么多，后面再做，盯住重点题目做，城建、交通、湖州银行、湖州监狱，都是大题目。新题目也要去做，驻湖部队、民主党派都是新题目。2013 年我们列出了一批单位，制定了工作分工单子，2014 年这块工作要做得更早更细更实。四是及时跟进盘好账。前面做了工作，但钱进不了账没用。所以要建立内部的运行机制，每天怎么样，每周怎么样，目的是查漏补缺，哪些该到位的还没到，哪些有疏忽的，要跟进落实才能真落实。在活动期间，我们一周一分析搞了五次，每次都是认认真真的。五是重视善终收好尾。这个非常重要，不要以为这个不产生效益就忽视。活动通报、媒体综述、感谢信、荣誉证书，这些工作一样不能少。六是关键在我用好心。这一条最重要，前面都是讲工作流程，从布好局到收好尾，怎么保证这五个方面都能落到实处，关键在我用好心。什么叫关键在我，大家看我们发的新闻稿、通报，都是表扬别人的，初稿好几次提到我都被我划掉了。实事求是地讲，工作做得好不好关键在自己。我说的关键在我指的是要把自己作为主体。领导重视靠我们去争取，部门带头靠我们去推动，群众参与靠我们去发动和组织，我们一定要树立主体意识、主人意识、主动意识。关键在我在什么，后面三个字很重要，用好心。一是用自信心以激励精神。精神状态决定工作状态，工作状态决定工作质量。百战百胜是一种状态，不落后就行也是一种状态；只争朝夕是一种状态，过两天再说也是一种状态；干就干好是一种状态，干了就算也是一种状态。二是用忍耐心以攻克难点。忍耐心就是不厌其烦，不言放弃，经得起折腾，受得起委屈。有意志力则有忍耐心，有忍耐心则有坚持精神，有坚持精神则可求得工作最大值。京剧《沙家浜》里的郭建光有一句名言："胜利在再坚持一下的努力之中。"耐心就是事业心，事业心不是空的，遇难关屡攻不成，一般的人坚持不了，到一定时候会打退堂鼓的。三是用进取心以求最佳业绩。什么叫进取心？不自满、不懈怠，做什么事好上加好，力争最优，能上一个台阶就上一个台阶，这叫进取心。这是我们大家共有的，就像那副对联，指标一提再提，预期过而又过，这就是进取心。有了这种进取心，就能为以往所不能、做别人所不及，就能无愧于心、无愧于职。平平稳稳、稀里糊涂可以干一年，轰轰烈烈、有声有色也可以干一年，那么为什么不轰轰烈烈呢？我一直持有这个观念，不管在什么岗位上，要干就要有进取心，朝着最好，不一定做到最好，尽了最大努力没有做到最好也不遗憾，但求无愧于心、无愧于职。

二 *

2015 年的"一日捐"，应该怎么做，市里已经发了文件，如何贯彻这个文件，我再强调几点：

一是要充满底气地去做。昨天已经有同志用了这个词，2015 年"一日捐"相比 2014 年有一个很大的变化，那就是底气更足了。2014 年有"五水共治"捐款，我们更多的是分析不利条件。2015 年，大家更多的是讲怎么去做，在要不要做的问题上没人动摇。尽

---

* 在湖州市县区慈善总会会长联席会议上的讲话，2015 年 8 月 14 日。

管我们退休了，但既然到这个岗位上来了，就要满怀信心充满激情，要不就别来。我还是那句话，到这个地方就是来吃苦的。实事求是地讲，我们是目标自己定、任务自己派，市委和市政府对我们没有考核，完全是凭我们内心的一种自觉。我们不敢说自己是优秀共产党员，起码在这件事上在座的党员都是合格的党员。这块压力是自己找的，目标是自己定的，各县（区）都已经设定目标了。各自都有自己的经验和做法，"一日捐"已经达成了社会共识。我们应该要有底气，做这件事非常光荣，我们要充满信心、充满底气地去做。如果自己没底气，直不起腰，畏首畏尾，就不能影响别人；自己有底气了，可以影响没底气的人。

二是要按照规矩去做。现在党内特别强调讲规矩，慈善工作者也要讲规矩。我在民政工作系统时经常讲，你没有创造性难道没有模仿性吗？能够创造性地贯彻落实是高水平，实在没有创造性，上面怎么说，我就怎么做，把别人成功的做法拿过来，也是一种做法。"一日捐"的规矩是什么？"一日捐"在全市已经开展了13年，各县（区）成立慈善总会有早有晚，但在湖州市行政区域范围内，只要是有慈善总会的，都组织过"慈善一日捐"。市里慈善工作领导小组的文件是发给党委、政府的，党委、政府有责任去贯彻落实。不做就叫不懂规矩、不守纪律。我们要做一个懂规矩、守规矩的人。

三是要发挥优势和盯住短板两手都要抓、都要硬。各县（区）情况不一样，过去电影里讲各村有各村的高招，但各村也有各村的短处。比如村级基金，目前全市处于比较理想状态的是德清。各县（区）都发展得很快，除了安吉县的覆盖率少了点，但做得很扎实，平均几十万元一个村，其他县（区）包括我们自己抓的度假区和开发区，超过10万元以上的不多，超过50万元的更少。最少的一个村，2014年我已经批评过了，搞了300元。2015年这一块要好好努力。另外，盯住短板，还有哪些角落没有关注到，回去后大家都要盘盘家底，把它盘细了、盘清了，每年有计划地去动一动，把强项强起来、弱项补起来，我们的盘子就会大起来。

四是要百折不挠地去做。所谓"一日捐"就是两句话：企业捐出一天的利润，有收入的个人捐出一天的收入，但前提是自愿。有的年份"一日捐"是有主题的，有时不需要主题，它就是"慈善一日捐"。党委、政府支持，社会认可，这是我们的品牌、我们的优势、我们的旗帜，用德清柴会长的话来讲，这是慈善的"双抢"。一天完不成这件事，所以我们用一个月、两个月甚至三个月的时间去做"一日捐"。虽然是"一日捐"，但是在做的过程中没有韧劲、没有百折不挠的精神，是做不好的。要主动上门做工作，不要怕丢人。

说了以上这些，是说给有责任心的人听的，既然进了慈善这个门，干了这件事，就要像模像样地干，百折不挠地干，当然也要体体面面地干。要动脑筋，把苦日子难日子过成好日子。

三 *

2016 年"一日捐"是慈善法颁布以后的第一次，党委、政府的重视程度会更高，全民的自觉意识会更强，我们要在往年积累的经验的基础上向高登攀。

第一，强化机遇意识，乘势而上，确保高站位展开。所谓高站位，就是一定要高举慈善法这个旗帜，把它传递给我们的正能量用足。

第二，强化主体意识，能谋善成，确保高水平运作。主体是谁？主体就是我们在座的这些同志，尽管是党委、政府的领导小组发的文件，但是真正的主体是市县（区）包括开发区、度假区的总会、分会。作为主体的我们要发挥好三个作用：一是在决策部署上发挥好参谋部的作用。给党委、政府当好参谋、出好点子，把你的想法变为领导的决策和工作部署。二是在组织实施上发挥好一线指挥部的作用。当决策部署定下来以后，我们要组织实施好，要靠前指挥、

＊ 在湖州市县区慈善总会会长联席会议上的讲话，2016 年 8 月 4 日。

亲力亲为。这几年市慈善总会就是这么做的，凡事责任到人，挂图作战，每周碰头分析，每天统计公示。一线指挥部，一定要把工作做得细而又细。三是在积极参与上当好排头兵、带头人。虽然在座的不少同志退休了，对退休人员是没有捐款要求的，但我们是年年捐，谁叫你当慈善总会会长呢。你去号召人家、动员人家，自己做不出样子就没有号召力。

第三，强化实效意识，自我加压，确保高质量收官。任何事情讲一千道一万，都要注重实效，没有效率、没有效果、没有实效的东西都是空的。所谓高质量，就是要把"一日捐"活动的正能量放到最大，负能量减到最小。正能量包括宣传的正能量、参与的正能量、收到捐赠的正能量。2015 年湖州在全省的排名是总量第五、人均第三，以前基本是第八、第九的位置。为什么给大家报报数字？什么叫进步，什么叫退步，你要有个参照系，参照系就是人均捐款额，当会长的对这些东西要有概念，要心中有数。

第四，强化创新意识，敢破敢立，确保高标准完善。要通过创新来完善，通过有破有立来完善，完善的内容主要是运行机制。"慈善一日捐"活动从启动到推进，从收官到总结通报，这一整套程序究竟怎么做才更科学更有效，要不断地完善，完善就要创新。2016年我们出台的这个方案，大创新没有，小创新还是不少的，包括网上捐赠、开通微信公众号等。以前没有的手段，现在多起来了。只要不断地创新，积小善为大善，积小成为大成。每个县（区）年年都有一点小创新，加在一起就是大的创新成果。

四 *

我们无论做什么事情，都不能有头无尾，也不能虎头蛇尾，要

---

* 在湖州市慈善总会"慈善一日捐"工作总结会上的讲话摘要，2016 年 11 月 4日。

争取虎头豹尾。"一日捐"活动我们年年开始有动员有研究,中间有督促有交流,过后有总结有讲评,这样我们的工作才能上台阶,个人才能够在各个方面成长进步得更快。在大家总结交流的基础上,我再谈几点看法。

（一）基本估价

应该说我们实现了预期,实现了更好的目标追求。我们的预期是 800 万元,现在超过了 800 万元,加上物资捐赠达到了 850 万元左右,实现了我们最初提出的"四个更多"的要求:使更多的人知晓,更多的人参与,更多的人捐赠,更多的人受益。成绩的取得当然要靠党委、政府重视,要靠社会各界的理解和参与,更重要的在于我们自己。我们自己要有能动性,要有能力、有办法、有事业心、有责任心。自己没有努力,只靠外部的条件,转化不成良好的预期。邓小平讲,解放思想,开动机器。所以,无论干什么永远记住这一条,别人再帮你、再扶你、再拉你、再推你,那是别人,你自己这部机器要开动起来。

（二）基本做法

1. 超前思维、信心坚定地进行系统谋划。也就是大家讲的,起步早、准备早、考虑周全。从年初就考虑这件事,慈善法颁布之前、即将颁布、颁布之后,我们都在思考,慈善法带来了什么,机遇是什么,挑战是什么？要有这个超前思维。我们信心坚定,系统地来谋划这件事。2016 年是在慈善法颁布的新条件下,谋划"一日捐"应该怎么做？上面的工作应该怎么做？外面的工作应该怎么做？开始大家都有疑虑,所以我们安排外出考察,考察是系统谋划的重要组成部分。要提前,要采取那么多的动作来统一思想。如果我们摇摆、含糊、不坚定,大的不敢说,起码会影响湖州地区,实际上县（区）都在看我们的态度,都在等我们的部署。2016 年好就好在第一次实现了市、县（区）同步组织实施。这一条非常重要,我们处在中层,不是顶层也不是基层,在湖州我们也算高层,所以要有超前思维，要坚定信心，要系统谋划。

2. 点面结合、内外联动的工作布局。在考虑工作安排时，既要抓点、抓重点，比如村级基金、冠名基金，又要注意面。面上的，就是你们分工负责的几百家单位。当然还在不断拓展，2016 年又有几十家新增单位，增加一家都是可喜的。内外联动，总会内部和外部的联动，和县（区）的联动，和分会的联动，在工作布局上，我们注意点面结合、内外联动。

3. 多元并举、立体有效的舆论宣传。2016 年比往年做得好。这块年年都是重点，但是 2016 年和往年相比，多了一些元素、多了一些手段、多了一些载体，因此就多了一些效果。没有舆论宣传，老百姓可能就不理解，参与的人就会少。

4. 人人有责、分线推进的制度设计。我想用制度设计来表述，将来要成为一项制度。我们是人人有责，从我开始到普通办事员，包括两位兼职部长，人人有担子，个个有责任，分线推进。这样一种制度设计，就是责任制，实践证明非常有效。大家非常努力，有的提前完成，有的超额完成，有的按期完成，有的遇到了很多困难，也千方百计争取完成，应该说都做得不错。

5. 每周分析、每日公示的运行机制。这几年一直是这样的运行机制，对社会阳光透明，内部心中有数，集体的事情集体做，上一周做得怎么样，本周做什么，每天公示，公示实际上也是公布你的工作成绩。

6. 永不满足、追求至善的创新探索。这件事，尽管做了 10 多年，但是年年都有新情况、新挑战。我们主导这项工作、组织这项工作，如果停留在老经验、老做法、老印象，这项工作就不会别开生面。只有永远不满足，追求最佳，追求尽善尽美，追求的东西往往永远达不到，永远在路上，但不去追求，就没有动力、没有活力。有这个追求才有动力，才有活力，才有创新。2016 年我们又增加了很多新的亮点，例如慈善超市，年年都要有新的亮点。消费慈善的不断扩大，把音乐节拉进来，它不是钱的问题，它是社会的影响、社会的宣传问题，加入慈善消费的队伍 3 年前只有一家，现在已经有不少家了，而且还在不断地延伸，还有新的人员进来。所以，我们要永不满足，追求至善，不断探索。

（三）几点感悟

第一，要有一个自我加压、勇于超越的工作目标。2016 年定了 800 万元的目标，确实是自我加压，资源就那么多，稍一放松，这个目标就很难实现。

第二，要有一支正气高扬、团结奋进的过硬团队。我们的团队可以说是正气高扬的团队、优势互补的团队，是相互信任、相互鼓励、相互促进的团队。活动开始前，我们专门学习了中国女排精神，倡导女排精神，培养我们自己的精神，我们做到了。

第三，要有一种既敢想敢闯又脚踏实地的科学精神。做什么事情，没有想象力，没有高的追求，那就永远没有上进的可能。但是，只想象而不脚踏实地，就脱离了实际。为什么我们要分析？能够做的我们尽可能去做，有情况变化的，我们要适应变化，调整思路，调整方法，使我们的思路符合实际，从而取得最佳效果。既要解放思想敢于想象，又要求真务实脚踏实地，两者缺一不可。一个单位，一个系统，既要敢想敢闯，又要脚踏实地，两者有机结合，工作才能找到最佳的结合点，取得最优的业绩。

五 *

我重点讲一讲怎么贯彻落实市慈善事业发展工作领导小组文件，使 2017 年"一日捐"活动能够实现预期。

（一）努力实现四个统一

一是认识统一。如何定位"一日捐"活动？我认为，"一日捐"活动在湖州地区得到党政推动、公众认可，已经形成惯例、富有成

---

* 在湖州市县区慈善总会会长联席会议上的讲话，2017 年 8 月 16 日。

效，是推动慈善事业发展的一张名片、一面旗。我们要继续维护好这张名片，继续打造好这张名片，举好这面旗，不要使它受到污染，不要使它飘不动、飘不起来，要使这面旗高扬。我们要不断地提炼、不断地总结、不断地完善，使"一日捐"活动深入人心，使大家都感到这件事好，都愿意去做。2017年"一日捐"活动结束以后，我们要和媒体好好商量一下，写一篇纵深的、有历史感的、有时代意义的综合新闻稿，把10多年"一日捐"活动积累的经验、形成的做法、产生的效益、惠及的人群，很好地总结一下，也作为落实市委副书记陈浩要求打造好这张名片的要求，使之形成制度化、规范化、机制性的一项重要举措。认识统一，要统一到市里文件精神上来。只有这样，我们的工作自觉性、主动性、创造性才有内生动力。

二是时间统一。市里要求2017年活动的时间是9月1日至9月30日，原则上各区县应在这个时间内把活动开展好。

三是尺度和目标统一。体制内个人捐赠的建议数额为"1631"，即市级领导为1000元、县（区）级为600元、乡科级为300元、一般职工为100元。建议各区县应统一，只能高，不能低，不少于2016年。我们六家总会的工作目标，是接受捐赠额不少于2016年。

四是重点统一。共同的重点，首先体制内的一个不漏。其次把村级基金做大做强；最后企业冠名基金要分类分档，制订计划，再做工作。这些重点要紧紧抓住，分工落实把"蛋糕"做大。

（二）力争做到"四个更多"

对"一日捐"活动，我们心中的向往就是"四个更多"：让更多的人知晓；让更多的人参与；让更多的人捐赠；让更多的人受益。

怎样实现"四个更多"？用一句话来说：放开手脚、创新实践。年年都有新情况、新问题，我们年年要有新招数，即使是老办法，也要新运作。要向全媒联动立体宣传要影响力，向吸引全民参与要活力，向网络平台要吸引力，向好而特的项目要亲和力，向公正透明要公信力。

六*

今天的会议，紧锣密鼓、求真务实、直奔主题，开得非常有成效。2018 年"一日捐"怎么做，我再讲四句话。

（一）认清大利好

"一日捐"已经做了 15 年，从近几年的情况来看，2012 年全市的经济形势对开展"一日捐"活动最有利。两年以前，我们还在困惑"一日捐"要不要搞。2016 年慈善法一出台，各种声音都有，其中就涉及"一日捐"，都在讨论这种形式还有没有必要存在。其实每年都在讨论，基本上都是说当年的宏观经济形势非常不利，是在往下走，企业效益好的不多。经济是基础，企业是主体，整个宏观面的经济形势如果不好，企业的效益如果不好，我们费了那么大的劲，最终进账能有多少？体制内的，不管他有没有意见，不管"1631"的标准是高还是低，大家这点觉悟还是有的，只要给个数都会捐的，但体制外的就不一定了。2018 年不一样，大家都说 2018 年整个经济形势要好于往年，看各县（区）的增长点，看各县（区）的财政收入，看老百姓的钱包，都是有利于开展慈善工作的。这是第一个利好。第二个利好，党政主要领导对慈善工作越来越重视。刚才讲了安吉的例子、南浔的例子，都说明这个问题。领导都想到了慈善，都想到了"一日捐"，提前开始关心。这是多好的消息，这对我们慈善工作是多大的支持、多大的推动！第三个利好，市县（区）慈善总会对"一日捐"的思考越来越成熟，认识越来越统一，开展工作的办法和举措越来越多。对这些大利好，我们要很好地珍惜、很好地把握，以此来激励斗志、坚定信心，把工作做得更好。

（二）搭好大平台

"一日捐"是大平台，大平台要靠大家来搭建。大平台不是凭空

就有的，不是客观存在的，要动脑筋，根据每年的新情况和各地的实际好好地搭建这个平台。我们三县两区，包括开发区、度假区，各有各的情况，各自要根据自己的情况去搭建平台。3 年以前我就自己给自己提问："'一日捐'是什么？你想在'一日捐'得到什么？怎么做才满意？"我觉得，"一日捐"要使更多的人知晓、更多的人参与、更多的人捐赠、更多的人受益。几年过去了，我想这四句话还是成立的，我们要冲着"四个更多"去搭建平台，这四个要素都有了，这个平台才算搭好。这四个方面哪一个方面还缺一只脚、短一条腿，就说明这个平台还不够大。

（三）组织好大会战

"一日捐"虽然是一个阶段性的工作，但从准备到完成前后历时近 5 个月。从 7 月开始，就要调研跑单位。8 月干什么？2018 年我们先内后外，第一个会是 8 月 7 日开的内部动员部署会。不管几个人，从我到每名副会长，再到刚刚进来的新同志，人人都有任务，个个都有责任；第二个会是 8 月 16 日的会长全体会，把最核心层动员起来；第三个会是我们今天这个县（区）联席会，把县（区）联动起来；第四个会，是 29 日的新闻通报会，对全社会发布；第五个会，是会员单位联络员会。这五个会年年都开，8 月紧张吧！五个会要开，要去讲五次话，不讲，人家说这个议程不完备，哪有那么多话讲，讲着讲着就讲套话了。但是力争每次都要讲一点新东西，包括会长全体会，一年两次，每次都讲话，力争讲点新意。内部开会，年年布置任务，年年这件事，你看看我哪一年重复了？我们内部早就规定了，没有特殊情况，8 月 15 日到 10 月 15 日这两个月不准请假，要全力以赴盯着目标干。9 月开始，一天一统计，一天一公示，一周一分析，一直到 10 月底之前把县（区）的情况汇总上来，把通报发出去，基本上到了 11 月底才能收尾。什么叫会战？我们要把它当作慈善工作的一场战役来打。365 天天天都在做慈善，但这件事最重要。要把所有的慈善要素都集中到这场战役里，形成最大的功能，展示最大的形象，收获最大的成效。会战是需要组织的，组织是要动脑筋的，尽管轻车熟路，但若不去组织、不去动脑筋，没有会战的姿态，成效肯定要差很多。

（四）擦亮大名片

认清大利好也好，搭建大平台也好，组织大会战也好，最终的落脚点在于擦亮大名片。"一日捐"是湖州慈善工作的一张大名片，我们要年年擦亮这张大名片，使它逐步成为金名片。擦亮大名片最核心的是看进账多少，咱们来点实的。吆喝了半天，忙了那么多天，最后统计出来还不如去年，收获还没有去年的多，这就说不过去。除非特殊年份，或者区域内遇到非常特殊的情况，往下走一下也正常。正常年份是不应该低于上一年的，最好略有提高。也不能按百分比处理这个，你说年年提高 10 个百分点，那不得了。今年搞了5000 万元，明年提高 10 个百分点，那就是 5500 万元，到了一定时期它总有极限。市本级这几年的目标就是 800 万元，但是经过努力，肯定要超出这个数，2017 年是 1100 万元。2018 年我们定的还是 800万元，经过努力，我相信应该能够超出。

七[*]

今天是新闻通报会，湖州的主流媒体、主管媒体的上级部门领导都来了。

首先要感谢大家年年到场，因为你们的辛勤劳动，使更多的人了解了慈善、感受了慈善、参与了慈善、贡献了慈善，也分享了慈善。

2018 年的新闻宣传如何做得更好，我说几点想法。

一要在宣传市慈善工作领导小组文件精神上做得更好。我们为什么开展这个活动？怎么开展这个活动？这次活动的原则是什么？

＊ 在湖州市 2018 年"慈善一日捐"活动新闻通报会上的讲话，2018 年 8 月 29 日。

重点是什么？要求是什么？建议是什么？文件里都有。要很好地研究一下文件，文件尽管年年发，大的方面看起来变化不大，但实际上年年都有一些变化，所以要很好地宣传文件的精神。

二要在宣传15年的成就和经验上做得更好。"一日捐"这件事做了15年，全市接受了多少钱？市本级多少钱？用出去多少钱？多少人参与？要让全市人民知晓。市委副书记陈浩到市慈善总会来调研时说，"一日捐"是湖州慈善的一张大名片。要通过你们的宣传，进一步擦亮这张大名片。

三要在宣传2018年的新举措上做得更好。"一日捐"年年都有新举措，2018年也不少。譬如"支付宝消费"。年轻人现在用得最多的、最便捷的就是手机支付宝。2017年我们在爱山广场、状元街商圈推出支付宝消费，为此联系了几百家商户。2018年我们和年轻人合作，和现代合作，和最新技术合作，争取联系到几千家商户，这就是新举措，要好好宣传，让大家都知道，动员更多的商家参与。还有"慈爱湖州"网，市慈善总会依托湖州报业集团的力量，特别是他们对慈善的热心，"慈爱湖州"网2017年5月25日正式上线，截至2018年8月点击量接近1.7万次，进来的钱已接近124万元。我们还在不断地研究，把这个网站扩容，把原来的"湖州慈善"网的内容通通移到这里。同时，为"一日捐"专设一个端口、一个栏目，一点击就可以捐款，跟"支付宝消费"一样，非常便捷。慈善大众化，只有非常方便才能大众化。还有"慈爱储蓄罐"，线上认领可以，线下拿实物也可以。你扫一个码，登录进去，想捐钱了，今天捐1元明天捐5元，捐到365元一个周期到了自动就交了。你自己愿意设一个微型基金也行，专项资助哪个孩子也行。你说先不着急，还没考虑成熟，捐给慈善总会也可以。现在"慈爱湖州"网是一个大平台，不仅仅是一个众筹平台，也是一个宣传平台，是一个链接各方端口的平台，大家点开，一看就知道，你们比我在行，我们是争取把更多的功能集合到这个平台上。

四要在宣传典型上做得更好。我们湖州有很多典型很感人。有一位老人叫沈路，今年86岁，年年来捐。2018年来的那天正好是最热时，三十七八度，我真感动。他拄着拐棍，他的夫人也80多岁了，扶着他，老两口就这么来了，在那里敲门。那天正好总会有活动，很多人都出去了。他在那儿敲门，说怎么没人啊。我听到了，赶紧开门说："有人有人。"我把他们请到我的办公室坐下，给他们倒茶，他坚决不让倒茶，我说不行，这么大热天的，茶总要喝一杯。我问他："你怎么来的？"他说家里孩子开车送过来的，他年年来。就像一位退休工人，2017年捐了2万元，2018年说捐得少了，1万元。还专门拿出200元交会费。我说我先给你写一个收条，等工作人员回来了，把发票开好了给你送到家里去。类似的典型是有一批的。

五要在宣传重点上做得更好。我这里特别提两件事，一件是嘉年华。嘉年华不是我们的首创，但是一旦引到湖州来，我们就感到这件事非常有意义。2015年第一届是省慈善总会主办、湖州市慈善总会协办的，当时的主题叫"慈善嘉年华，公益迎新年"。元旦春节之前，天那么冷，有36支团队参加。办了以后，我们感觉很好。这个活动实际上就是市慈善总会为一些民间组织或者说为其他的公益组织搭台，让大家来唱戏，湖州的三县两区都来了。第二年48支团队参加，第三年60支团队参加。2017年的主题是"为创建文明城市助力"，2018年的主题是"为公益慈善搭台，为美丽湖州添彩"。活动非常有意义，大家都愿意参加。那么多的公益组织，有的早早租了大巴车，从安吉、长兴赶过来。为什么？他们要展示自己组织的风采，平常这样的机会不多，搞个活动也是要花点钱的。从上午开始一直搞到晚上，光文艺团队就有几十支，差不多都是业余的，都想到台上亮一亮嗓子、扭动扭动腰肢，都在说：多给我们一些表现的机会。这样的活动，让全市的公益组织来展风采、做公益多好。在最近刚刚闭幕的全国宣传思想工作会议上，习近平总书记讲新时代宣传思想工作的任务中就有展形象。展形象非常重要，展示湖州各家公益慈善组织的形象。展形象是要有内容的，内容就是为老百姓服务，有现场义诊的，有现场义卖的，有现场理发的，有些老年人平常理个发也不容易，几把剪刀在现场是最忙的。第二件我还讲"慈爱储蓄罐"。我们已经把它作为一个大项目——让"慈爱储蓄罐"走进千家万户。在湖州，如果有5000个"慈爱储蓄罐"进到百姓家里，是一个什么效应？在中国，搞类似"一日捐一元"这种形式的，不止我们一家，但是真正让这个罐子走进千家万户的，我还没有看到比湖州更多的，尽管现在还不到3000个。我们的目标就是要让它走进千家万户，以此来宣传慈善理念、传播慈善文化，让孩子从小就有慈善的概念。一代传一代，一家传一家，慈善的氛围就会越来越好，慈善受益的人就会越来越多。

八 *

关于2019年的"一日捐"活动，我讲三句话。

（一）要用初战的姿态抓准备

初战是什么概念？当过兵的人都知道，慎重初战，初战必胜。打仗时要不要打这一仗很是慎重，打了就要必胜。一旦初战打败了，对整个战局影响巨大。为什么要说这句话？因为"一日捐"已经做了16年，如一日三餐，你闭着眼睛都可以吃到嘴巴里，容易麻痹大意。所以我讲要用初战的姿态对待"一日捐"这项工作，该准备的准备、该调研的调研、该沟通的沟通、该发文的发文，该做的事情就要认真地去做，不能因为是老动作了就疏忽大意，最终出现失误。实际上每年都有新情况，2019年市慈善总会又新拓展很多领域，像4S店、大型宾馆酒店等。这些年我们费了那么大的工夫，全社会参与率能达到10%吗？长兴60多万人，有6万人参与"一日捐"吗？

　＊在湖州市县区慈善总会会长联席会议上的讲话，2019年8月14日。

如果能达到10%、20%，那就不得了了。我们如果把村级基金这一块的村民参与率加上去，比例可能提高。但是湖州城里，到底有多少人在参与"一日捐"？除了体制内的几万人是参加的，体制外的还有几十万人需要我们去拓展，2018年拓展了一块，2019年还要想办法再去延伸。如果没有初战的姿态，凭老经验办事，这些事办不好。刚才吴兴的蒋金法会长讲了九个点，三个特点、三个要点、三个亮点。要得出这些，就要年年研究，2019年特点是什么，亮点在哪里，要抓的要点又在哪里？我们一定要有这个意识，要像第一年做这件事、第一年当会长一样慎重。

（二）要用初创的心态抓成果

初创是什么意思？现在我们德清、长兴两个县的慈善总会的沉淀资金都超过了1亿元，两个区沉淀的资金起码都是三四千万元，安吉少一点也超过了千万元，好像有一点老本，有点底子了。"一日捐"一般进来也就几百万元或者千把万元，有的同志就有点不在乎了。如果你有这种心态就很可能导致该到账的没到账，应尽收没尽收。在内部我经常讲一个观点：该参加的一个不漏，该到账的一分不少。为什么要挂图作战？就是要分工负责，天天盯着，这个单位去年捐了多少，今年捐了多少，心里都要有数。你就当作我们家底子很薄，这点钱抓不进来，明年的慈善工作没办法做，这就叫初创的心态。

（三）用初心的追求抓自身

初心的追求，这个与党内主题教育是一致的，我们做慈善也有我们的初心。我的初心始终就那两句话："升官发财莫入斯门，逍遥自在请走他路。"我们大家都有自己的初心，既然跨进了慈善总会系统的门槛，就要像德清的陈海根副会长所讲："只要还在干，就要干出样子来，除非哪一天不干了，叫别人干；别人干得更好，我们高兴，干得不好，我们感到很惋惜。"就是这个道理。我们要用初心的追求抓自身，这句话是针对我们目前遇到的一些情况，上次在全省的会议上我也说了，我们在座的有些同志，在有些问题上受了委屈，但是委屈也罢，误解也罢，既然还坐在这个位置上，就要有初心的那种热情、热忱、激情，不要放弃当初的追求。慈善发展靠什么？第一靠好的思路，好的谋划；第二靠好的队伍，我们在座的都是领头人，我们的精神萎靡了，提不起劲来了，要求别人去贯彻落实这个文件怎么办得到？市县（区）慈善总会的同志要坚定慈善初心，用热情、热忱、激情投入"一日捐"活动，用自身的模范行动推动"一日捐"活动再上新台阶。有说法时就讨个说法，没说法时就留给后人去说。我经常教育自己，能讨到个说法，我们就讨一下，讨不到就算了，众人总有说法，后人总有说法。

用初战的姿态抓准备，用初创的心态抓成果，用初心的追求抓自身，只要这三条做到了，2019 年的"一日捐"肯定又是一个好收成。

九 *

2020 年，在全社会已经踊跃捐款助力新冠疫情防控的背景下，继续开展"一日捐"活动与往年相比有许多不同特点和不同要求。我们适应新形势，把握新特点，调整既有思路，在落实方案过程中创造了参捐单位最多和捐赠款到位最快两项纪录。2020 年的参捐单位达到 353 家，比 2019 年增加 25 家，非常不容易。截至 9 月 30 日，捐款总到位率达到 99% 多。

"一日捐"活动亮点纷呈。一是"一日捐"活动进一步得到全社会的认可。二是市级领导干部带了好头。尽管有新冠疫情捐赠抵扣的政策，但领导们的捐赠一分没少，给全社会树立了一个榜样。三是企业副会长单位捐赠大幅上升。企业副会长单位，扣除新冠疫情已经捐赠的，还有 14 家参与了"一日捐"活动，其中超过万元的有 12 家，超过 10 万元的有 4 家。2020 年捐赠最多的是城市集团 16 万多元，12 家企业副会长单位一共捐赠了 71 万多元，比 2019 年翻了一倍多。四是新增

---

* 在 2020 年"慈善一日捐"工作总结会上的讲话，2020 年 10 月 13 日。

的 25 家单位捐赠 15 万多元。五是内部责任制 2020 年落实最好。

一是科学研判形势，把基调定准。由于疫情原因，2020 年大家都在考虑"一日捐"要不要继续，要继续标准怎么定，要求怎么提？作为决策者，分析研判形势，把握大势是第一位的。我在多个场合讲过，"一日捐"活动已经持续了十七八年，经历了汶川大地震，经历了"五水共治"的捐款重叠，经历了慈善法的颁布，经历了新冠疫情防控的捐款重复等诸多因素，还是坚定不移地走过来了。原因就在于我们对形势有科学的分析判断，并提出了合适的方案，才坚持到今天。

二是多方沟通协调，把方案做早。按照每年的惯例，我们都是 7 月把方案交给分管领导，8 月下发活动通知、召开各种会议安排部署，9 月正式开展。如果没有提前沟通协调，把方案提前做好，后面的环节就不能顺利衔接，也就不会出现现在的良好局面。

三是深入调查研究，把新增长点选对。每年都讲要扩面增量，要实现扩面增量就必须提前调研，精准找到突破口。现在看，我们 2020 年选定的新增长点是准确的、有成效的，2021 年的新增长点也要提前谋划、提前考虑。

四是依靠自我加压，把结果做优。形势分析得很对，方案做得很好，新增长点也找准了，如果没有人操作执行，或操作执行时不自我加压，不提高标准，也不会有今天的良好局面。2020 年，从我到各位副会长、再到工作人员，都在自我加压，如果没有这种争先争优的前进动力，成果就不会是优的，很可能是平的甚至是劣的。顺其自然当然是最高境界，但前提是要普遍提高人们的素质，社会氛围普遍很好，各方面都是水到渠成，才能真正做到顺其自然。

十*

"一日捐"活动在湖州已经坚持了 18 年，是湖州市慈善事业的

＊ 在湖州市区县慈善总会会长联席会议上的讲话，2022 年 8 月 3 日。

一张闪亮名片，2022年要继续做好这项工作，擦亮这张名片，重点要做到以下六个方面。

一要争取主动。主要针对慈善组织与党委、政府之间的关系。活动的文件是党委、政府下发的，善款交到慈善总会，具体运作也是慈善总会，因此要取得活动的新成效，慈善总会一定要争取主动。

二要借势推动。从2021年开始，"一日捐"也好，慈善事业也好，迎来了近几年最好的外部环境。首先是"一日捐"活动已经写入省委和市委的文件。省委书记还带头参捐，为我们创造了非常好的外部环境，一定要借好这个势。

三要按时启动。市里的文件明确了活动的时间是9月1日至9月30日，建议各区县慈善总会按照这个时间组织开展活动。收尾的时间可以根据实际情况晚一点，启动时间要和市里保持一致。

四要全员发动。要让更多的人知道这件事，知道的人越多越好，传播的面越广越好，不要仅仅局限在党政机关、事业单位。这一块市本级几年前就已经实现了全覆盖，要在这个基础上不断向外扩展，社会上其他群体的参捐率越高越好。针对"一日捐"活动，每年都要召开会长办公会、会长全体会议、会员单位联络员会、新闻通报会，为的就是扩大影响面。

五要重点带动。市慈善总会一直坚持"龙头大户与千家万户并重"。面上要广泛发动，更要重点动员捐赠大户参与。最典型的就是浙北大厦，他们有员工6000多人，每年都组织员工举行捐赠仪式。

六要规范行动。2021年，省民政厅发了文件，要求"一日捐"的善款建立专项基金，并制定管理制度。市慈善总会接到通知后，马上就出台相关管理办法，可以供大家借鉴参考。"一日捐"专项资金怎么管、怎么用，一定要上心思，按照省里的要求，设立专户专账，进行单独统计，规范地管好用好。

慈善义工要义字当先为义而行*

非常高兴参加这样一个活动。2015 年也邀请我了，因为工作安排上有点冲突，没来得了，失去了一个与大家相聚的机会。今天一到现场，就被一种浓浓的爱意包围着、熏陶着。刚才你们合影，在这么一个小的场地上，聚集了众多的富有爱心的人士。你们会长说了，要拍一个全家福，我身为其中的一员，感到非常开心。我不是来凑热闹的，爱飞扬从 2011 年开始和市慈善总会建立了总会和分会的关系，从这个意义上说，我们是一家人。在座的年龄可能我最长，但是参加这样一个活动，感到年轻了不少。活动安排了我讲话，我想表达几层意思：

一是祝贺。爱飞扬分会已经走过了 7 年历程，一个组织建立起来不容易，能够往前走，在社会上传得开，更不容易。这 7 年你们每年都是踏踏实实地往前走，得到了社会的认可，作为市慈善总会的会长，我向你们表示衷心的祝贺。

二是敬意。一个组织的主体在于人，你们有 300 多名正式会员，非常不容易。你们是民间组织，尽管有党委、政府的重视，团市委的指导，民政局的推动，但要把事情做好主要还是靠自己。有 300多位会员加入，说明这个组织有凝聚力，还有 1000 多位候补会员在后面跟着，这是一个什么规模呢？是一个团的阵容，你们柳晓川会长是团长。有这样一支队伍，有这样一批人支撑着这支队伍，你们做了那么多有意义的事情，我发自内心地向你们表达敬意。

三是期望和支持。市慈善总会尽管也是民间组织，但因为走过

---

* 在爱飞扬义工分会 2016 年新年晚会上的讲话摘要，2016 年 1 月 9 日。

了更长的历程，拥有的社会影响力可能更大，相比较而言拥有的物质基础可能也更雄厚一些。从这个意义上说，我和孙阿金副会长来，也是表达总会对分会的一种期望和支持。我们是一家人，总会可以做你们的后盾。在今后的日子里，总会将给你们提供更大的平台、提供更多的帮助，当好你们的后勤部长。同时，我们要加强沟通联系，发挥各自优势，共同为社会、为湖州人民多做一些好事。

义工义工，就是义务工作者。义字当先，为义而行。你们又是慈善义工，慈善是最大的义，是仁义之义，所以做义工非常有意义。希望爱飞扬分会像你们的名称一样，像你们的主题歌一样，在各位的努力下，能够让爱心飞得更高、飞得更远，扬得更广、扬得更响。

祝大家新年好，谢谢大家！

"慈善一条街" 是个创举*

这次来，首先是感谢各位爱心人士。过去的一年，因为你们的创意，使我们在全市有了首创性的"慈善一条街"。之前湖州没有这样一个称呼，没有这样一个平台。对所有参与一条街建设的爱心人士，特别是负责爱山广场运营管理的城投公司，表达我们的敬意和谢意。其次是想听听大家的意见，在新的一年怎么把它做得更好。刚才大家都谈了想法，我听了很受启发。大家都想做这件事，这是最重要的，这是大前提。2015 年《浙江日报》用了相当大的篇幅报道了这件事，湖州的媒体全部报道了这件事，有的是多次报道这件事，为什么？因为它有开创意义。它是体现现代慈善理念的一个具体载体。现代慈善理念是什么呢？要提倡大众慈善、平民慈善，慈善是大家的事，不是有钱人的专利。慈善是有心人的行动，做慈善不是等挣了钱再做，就好像孩子孝敬父母，不能等有了时间再去孝敬，等有了钱再去孝敬。很多人到了我这个年龄，想去孝敬已经来不及了。孝敬老人是发自内心的，没有钱有没有钱的孝敬方式，没有闲有没有闲的孝敬方式。你去不了，现在通信这么发达，打个电话可以吧，发个短信可以吧。现在年轻人喜欢玩微信，通过这种形式总可以吧。慈善也是这样。这件事是 2015 年 6 月 21 日美欣达慈善超市运行一周年纪念晚会上，由 30 多家商户共同倡议要在这里建设"慈善一条街"。既然是一个新的事物，是一件好的事情，是一件带有方向性的事情，我们就要用心去做。牌子挂出来不容易，前期要做很多酝酿、发动、协调的工作，但是牌子要挂下去，要使它亮

---

* 在"慈善一条街"调研活动中的讲话摘要，2016 年 1 月 29 日。

起来、响起来，就更不容易。这跟开店一样，一家店开起来多不容易啊，要不要开，资金从哪里来，场地定在哪里，员工怎么招聘、怎么培训，很不容易。一旦开起来了，把它开下去，成为百年老店，那更是要几代人呕心沥血才能够实现的事情。有人统计过，我们中国的百年老店，成为国家保护的品牌店，还是太少。湖州百年老店只有几家，屈指可数。引申到"慈善一条街"，创立起来很不容易，在座的各位都贡献了爱心、贡献了智慧、贡献了力量。但是要使它继续走下去，成为品牌，走到不但知道湖州有千张包子、有诸老大粽子、有周生记馄饨，还知道湖州有一条慈善街，需要我们大家一起来策划、一起来促成。你们是首创者，你们有开山之功，第一批32家商户将来是要载入史册的，湖州慈善志上肯定会留下你们的大名。你们为湖州的慈善事业作出了大贡献，创造了一个新品种、新项目，爱山广场从此有了一块新的牌子。刚才潘总讲的"三位一体"设想非常好，具体到我们每一家商户，每一个执业者、从业者，也要有自己的设想。创立"慈善一条街"的初衷就是要倡导一种理念，倡导一种新的模式，就是平民也可以做慈善。钱多的人可以做，钱少的人也可以做，甚至没钱的人也可以做，只要有爱心，总会找到表达爱心的渠道。作为管理层面有"三位一体"的总体构想，这个构想如能实现，爱山商圈将来会在全国有相当高的知名度。你们都是做企业的，不管是大企业，还是小商铺，我建议在新的一年，每家都能够设立一个小载体、找一个小项目、搞一个小活动，这几点我相信都做得到。包括"讴歌"的小伙子，上电梯时我听到了你的想法，每点一首歌拿出1块钱建立一个基金，资金积累到一定时候，到敬老院慰问孤寡老人，到小学里资助一名贫困学生，这多好啊，这就是载体。刚才兴业银行的同志也说了，你们银行从高层到中层都有这个理念，你通过这种渠道来做慈善，多么正规啊，企业还可以享受税前列支的政策，应该是有名有利。中央电视台这两天在拍我们的慈善超市，作为《走遍中国》栏目里的一个内容。我们就积极给他们建议，一定要讲清楚是美欣达慈善超市，他们怕这样拍是给企业做广告。我说你怕什么，是拍超市做慈善，不是宣传企业的什么产品，我说人家做了好事，你给出个名，有什么问题？经过做工作，他们同意采访美欣达公司的老总。我建议，从"三个小"做起，小载体、小项目、小活动，大家想法都一致了，上面一协调，那不就是大项目、大活动、大慈善吗？大都来自小，若干条支流小溪汇成了长江、黄河，慈善也是这样。慈善就是帮助了别人、快乐了自己，这是慈善的境界，最终受益的是那些需要关心帮助的人。衷心希望我们这个商业圈能成为慈善、文化、商业"三位一体"的商业圈，使你们的企业商铺成为百年老字号，一代一代地传承。有一位名人说过，做企业做到最后，实际上就是做两件事，一是做文化，二是做善事。南浔嘉业堂那副对联讲的也是这个意思，一辈子最大的事是耕读，一辈子最大的财富是积德行善，这两样是人生不竭的源泉，生生不息的源泉，是人类充满生机、充满活力、充满激情、充满向往、充满追求的源泉。市慈善总会会竭尽全力和大家多联系、多沟通，为大家多服务。再次感谢大家对慈善的厚爱、对总会的支持，希望在新的一年把生意经营好，把家庭经营好，把小日子过好，也把"慈善一条街"建设好。

慈善冠名基金是多方共赢的大好事 *

经过各方共同努力，在 2016 年新春到来之际，中心医院慈善冠名基金今天正式签约，这是一件大好事。一件好事只有利于自己不算大好事，只有利于两个人也不算大好事，有利于的人越多，受益的人越多，这件事的意义就越大。这个基金就是赢在各方的大好事。

第一，赢在中心医院。它为医院在新的平台上的发展，增加了一份新的力量，开辟了一条新的途径，增加了一个新的财源。据我所知，中心医院新址 2016 年要动工，那是一个浩大的工程，我们期望新建的中心医院不仅成为浙北地区，而且能够成为在更大范围内造福于更多人的一家医院。这样一个浩大工程，只靠政府的钱是远远不够的，包括医院的自身发展，不管是信息化建设，还是人才的培养、引进，没有钱，很多事都办不成。虽说公立医院政府有保障，但资金仍然有缺口。国外的很多医院、学校主要还是靠社会支持。我们国家 2008 年以后慈善捐赠资金开始超过 1000 亿元，大头都花在了教育和医疗上。清华大学每年都接受社会捐赠若干亿元，但接受捐赠要有个平台，建立慈善冠名基金就把平常不正规的、不经常的捐赠，变成正规的、经常的捐赠。有了这样一个平台，捐赠的人也踏实，使用的人也踏实。

第二，赢在慈善。慈善是靠大家来做的，不是靠慈善总会一家，也不仅仅是靠党委、政府，党委、政府是支持号召，慈善总会是一个平台，要靠社会各界来做。慈善总会就是给大家服务好，把慈善宣传好，而不是只跟大家讨钱。凭面孔去要钱不长久，要靠机制、

＊ 在湖州市中心医院慈善冠名基金签约仪式上的讲话摘要，2016 年 2 月 4 日。

靠热心，这个可以走远。中心医院建立冠名基金，尽管增加了我们的工作量，但是我们仍然感到非常高兴，因为慈善队伍壮大了，慈善影响扩大了，加入慈善的人越来越多，湖州的慈善环境就会越来越好，所以说也赢在慈善。

第三，赢在各家爱心企业。做企业做到最后，看什么呢？一是看企业文化，二是看企业的社会责任，很重要的就是看企业是不是在做慈善，中外都是这个道理。我相信你们这几家企业，你们的老总，你们的团队是有文化的，是有历史责任感和社会责任感的。通过这样一个基金，给你们搭了平台，你们可以大大方方地根据经营情况向中心医院捐赠，把事做在明处。只要这些捐赠款都花在正道上，花在医院的建设上，支持了慈善公益事业，捐赠的企业就非常荣光。

第四，赢在受益者。建立冠名基金用于中心医院的各项建设，提高了医院的服务能力和服务水平，延伸了服务半径，救活的人越来越多，长寿的人越来越多，最终是这些人受益。人不可能不得病，再了不起的人跟病也是有缘的，跟病有缘就跟医院有缘、跟医生有缘。但这是有条件的，你要有好的医术、好的药品去救治他，所以说最终赢在受益者。

我衷心期待和祝愿这件好事能够走得远一点，年年向前推进，参与的企业越来越多，募集的资金越来越多，最终让老百姓受益，让患者受益，包括我们自己都会受益，在受益中会有一种幸福感、成就感。

药品救助是为低保群众送去的又一份温暖*

尽管现在外面凉风飕飕，但我相信在场的各位心里都是热乎乎的。为什么呢？因为冬天虽然不肯轻易离去，但是春天已经来了。借今天这样一个好日子，市慈善总会和慈爱药业公司合作的药品救助项目正式启动了。感谢慈爱药业公司的全体员工，他们有爱心，愿意承担为贫困群众提供医疗救助的责任和义务。

大家知道，在刚刚闭会的十二届全国人大四次会议上，通过了《中华人民共和国慈善法》。慈善法调整的主要关系就是要推进以扶贫济困救助自然灾害为重点、教科文卫体等公益事业一起发展的大慈善在中国大地上进一步兴起，在社会民众中进一步推广。湖州是比较发达的地区，但发达地区也有困难的人需要救助。根据2015年年底民政部门的统计，在湖州中心城区12个街道中，还有1253户低保对象。大家知道，我们的低保救助标准是每人每月664元。在现在物价水平下，664元钱能干什么？也就是大米饭能够吃饱。一个在学校读书的学生，省吃俭用，也要这么多钱。人是吃五谷杂粮的，不可能不生病，一旦生病，会给本来就困难的生活增添更大负担。市慈善总会多年来一直想在医疗救助方面为困难群众多做一点事情，这一次我们和慈爱药业公司合作为每户低保家庭每年提供400元无偿的救助，把这400元打到低保对象的卡里，凭卡可以到药店免费领取所需药品，还可以免费问诊求医。我知道400元对一个家庭看病来说是远远不够的，但是有总比没有好。随着经济的发展，随着慈善事业的发展，今后会逐年增多，而且救助的渠道也会越来

---

* 在慈爱药品救助项目启动仪式上的讲话摘要，2016年3月24日。

越广，让相对困难的群众能够感受到党和政府及慈善组织的温暖。我相信，只要大家都有慈爱之心，都像慈爱药业公司一样承担慈善的责任和义务，我们湖州老百姓的生活就会比过去更充实更美好，湖州中心城区的低保群众也会比原来生活得更好。预祝这个项目在社会各界的关心下能够稳步健康地推进，也预祝我们慈爱药业公司的经营活动取得理想成果，以便更好地回馈社会，更好地为慈善、为老百姓服务。

做慈善就是要冬暖夏凉*

我在民政部门工作过，这个社区我来过多次。刚才，随着签约和授牌这个简单又非常庄重的仪式的举行，我们酝酿已久的纳凉项目，终于在炎热的夏天到来之前正式启动了，从而圆了我们两年多来的心愿。前年年底，我们到有关单位走访调研，征求对新年度慈善工作的意见，问有什么项目需要慈善组织来做。一位企业负责人讲，自己是湖州人，办企业赚了点钱，看到夏天有些老年人连乘凉的地方都没有。天气热了，就到超市里，因为那里有空调，或等着银行开门。我们听了受到很大触动，当时就说，明年我们一定要在天热之前，首先在中心城区，为老年人特别是家庭困难的老年人，提供一个纳凉的地方。大家知道，湖州是富裕地区，但是富裕地区也有穷人，这是客观存在。我们全市还有几万人吃低保，中心城区的低保对象就有1000多人，前些年我联系过一个贫困家庭，母女俩相依为命，家里有电视不开，有电风扇不开，春节前我们想送一个取暖器给她们，她们连说不要不要，说电费用不起。夏天天热，老人们不可能都在树荫下乘凉，社区里没有空调，有空调也不一定让老人们进，或者地方小坐不下。我们几位一商量，说这个项目一定要做，先从老社区做起。2015年我们和吴兴区的蒋会长一起到社区调研，社区和街道的同志都赞同。我们的行政组织、自治组织和慈善组织，都应该为这些离开单位进入社区的尤其是生活相对困难的老年人做点好事，让他们在冬天有温暖、夏天有阴凉。现在都在"两学一做"，学得再好不去做没用，基础在学，关键在做。怎么做，

* 在慈善凉夏屋签约仪式上的讲话，2016年6月14日。

从身边的事做起，从能做到的事做起，从小事做起，做一件成一件，积小成，成大成，那样才能成为一名合格的党员、一名像样的干部。这个项目不大，为什么我们还要郑重其事地举行仪式，因为签字就是承诺，承诺了就要兑现，慈善总会该拿多少钱，要按时到位。街道和社区要管理好、宣传好、服务好、提升好。要做到几个好，也是不容易的，我们大家都来努力。硬件要求实际上很简单，要凉夏首先要有场地，场地里要有空调，要有杯热茶，没有热茶，矿泉水也行，凉白开也行，还要有电视机，放放老年人健身节目，这些是最基本的。有保健的药品啊，那更好，越多越好，多多益善。这次5个老街道先行试点，逐步地由简陋到丰富，由老社区到新社区，我相信随着媒体的宣传、社区的宣传，会有更多的社区提出这个要求。5个老街道的老社区，老人相对多的先开展起来，做一点慈善组织能够做得到的。希望街道和社区一起努力把这件好事办好，使老年人能够感受到政府的、社会的关爱，使老年人度过一个愉快的幸福的夏天。

慈善组织在精准扶贫中应积极有效作为*

尽管高温，搞慈善的也要到现场、进大棚、查实情，说明我们这些六七十岁的老同志有二三十岁小伙子般的热情。对什么热情呢？对什么激情呢？对慈善事业民生事业有热情，对脱贫攻坚这件事大家充满激情。昨天下午在长兴县基地我们是紧紧张张，今天上午姚主任（市农办姚红健副主任）给我们作了全市面上情况的介绍。我讲几个观点，供大家参考。

第一，扶贫济困是我们慈善组织的传统和优势，也是慈善工作的一面旗帜。对此，我们要认真总结，倍加珍视。扶贫济困一直是我们组织的传统和优势，是我们这些年来做慈善的一面旗帜。扶贫济困也是我们湖州市区县慈善总会成立以来一直把握的主基调，这是我们的定位，也是慈善法出台之前，国家给慈善组织的定位。慈善是社会救助的重要组成部分和有益补充，以往一直是这样定位的，但是现在这个定位已经不够了。扶贫济困，也是我们日常工作布局的主轴和主线。市慈善总会已成立14年，看看历年的工作总结、工作报告，都是沿着这条主线在运作。近几年，随着党和国家脱贫攻坚的新号令、新部署，我们在座的各家慈善组织，对精准扶贫工作已经进行了一些新的探索，逐步积累了一些新的经验。像德清的贴息贷款，各县（区）都在做的"造血型"扶贫基地。2012年，省里的18个"造血型"基地，湖州就占了两个。再譬如，这两年和市委组织部合作的"困难党群创业帮扶慈善基金"，2015年和市委组织部签了协议，5年650万元，我们每年配套50万元，都是落实到一

---

* 在湖州市县区慈善总会会长联席会上的讲话，2016年6月24日。

家一户的。还有和市总工会联合实施的"困难职工创业扶一把"项目，也是实打实的。市慈善总会搞的义教班，面向城镇贫困家庭的孩子，等等。还有不少，不一一列举。在新的号令、新的部署面前，我们的步伐迈得是比较快的，布局展开得也是比较快的，项目分布也在逐步增多。2015年设立的和民政合作的救急难基金，在全省我们是第一家，现在正在发挥效益。

第二，慈善组织尤其是慈善总会系统，参与脱贫攻坚在认识上需要进一步解决的问题。

一是脱贫攻坚是实现小康的国家大战略，我们必须从更高的站位、更高的层次，认识其重要性、紧迫性和复杂性，以增强我们的使命感和责任感。在第一季度学慈善法的例会上我提到，为什么第二季度选这个题目，并不是我们过去没做，也并不是说湖州迫切需要慈善组织去做，因为它是国家大战略，又是我们以往的优势、我们的旗帜，在国家大战略面前我们应该怎么办，这需要我们去思考、去研究。

二是慈善法明确了大慈善的概念，但扶贫济困仍然是当前慈善工作的重中之重，对此我们必须头脑清醒、毫不含糊。慈善法一个重要的创新，就是明确了什么是慈善，就是把公益事业全部纳入慈善的范畴，把文教体卫、环保等公益事业都包含在里面。说到底，只要做好事，都是慈善。但是，第一条仍然是扶贫济困，而且在慈善法立法的说明会上，全国人大常委会李建国副委员长把它作为四大立法动机的首要动机或者重要的理由，就是因为国家要脱贫攻坚。进入这个阶段，在这时候立法，动员慈善力量参与脱贫攻坚，是立法的重要初衷。这就是说尽管慈善法界定了大慈善的概念，但是我们作为慈善工作者必须要明确，扶贫济困仍然是我们当前工作的重中之重。

三是像湖州这样的富裕或者发达地区，仍然有扶贫脱贫和帮助低收入群体增收的重要任务，各级慈善组织必须主动担当、积极作为。这也是一个认识问题，湖州富裕了，还有这个任务吗？任务是什么？是高水平基础上的自我超越，高标准导向上的补齐短板。

四是精准是脱贫攻坚的根本要求，一切工作要围绕精准去思考、去谋划、去实施。

第三，慈善组织参与脱贫攻坚应该把握的几个问题。

一是要坚持在大局下行动，认真做好党委、政府交办的事。尽管我们是民间组织，但是社会上认为现在的慈善总会是半官方组织，党委、政府有的领导也认为我们就是其下属部门。不管怎么认为，我们都必须坚持党委领导、政府推动，这个观点要明确。在脱贫攻坚中，第一个原则，我们要办好党委、政府交办的事，只要交任务就要不讲价钱、毫不含糊地把它接下来，动脑筋去把它完成好。

二是要坚持积极有为的态度，主动做好政府未及而困难群众所需、慈善组织所能的事。刚才有的同志讲了这个观点。有些东西明明是好事，但是政府有时来不及做，因为政府的政策是普惠性的、全民的政策，我们可以去做，譬如说有些基金的设立，政府顾不上，我们先把这一块做起来，在扶贫攻坚中，更应该主动地去找事做。

三是要坚持创新开拓，努力做好慈善组织有特色有成效的事。譬如说"造血型"基地，是有特色的也是有成效的，这次会上大家讲的一些案例，都是慈善组织的特色，而且是有成效的。我们要有创新精神，要有开拓精神，如果守旧、守摊子，这些事都做不出来，这些项目也出不来，只有动脑筋自我加压，才能做出有特色有成效的事。

四是要坚持发挥优势，主动做好个案救急难的事。慈善组织很大的优势就是灵活便捷快捷。救急难的个案就是要快，在准的基础上要快。一拖，过了一个星期都10天了你再送去2万元，感觉就不一样。2万元当天就送到了，那是什么感觉？大旱遇甘霖啊！

如果在工作中我们把政府交办的事做好了，需要我们补充的事做好了，根据我们的特色能力创新性的事做好了，救急难的工作也做好了，在脱贫攻坚中可能就算有点作为了。有多大的作为，那要看作出了多大贡献，大贡献就是大作为，主动贡献就是主动作为，小贡献就是小作为，没贡献就是没作为。我相信，我们各家慈善组织，特别是在座的各位老会长，干了这么多年了，会有历史使命感和事业责任感的，在脱贫攻坚、帮助湖州低收入群体增收、共同奔小康新的奋斗中，作出我们应有的贡献。

善善相助行大善[*]

　　2016 年，我们做了一件非常有意义的事情，从慈善的角度来讲，是做了一件开创性的大好事。好就好在，我们是善善相助行大善。慈善总会本身是积德行善的，这个毫无疑问。公安系统惩恶扬善、打击邪恶、主持正义，从这个意义上讲，也是在行善。我是狭义的善，你是广义的善。市公安局提出从严治警和从优待警相结合，我非常赞同。和平时期，公安干警这个职业是风险最大、最辛苦、付出最多的，就像军人一样。过去讲军人是最可爱的人，公安干警也应该是最受尊敬、最可爱的人。有句话讲了很多年，有困难找警察。但是警察有困难找谁啊？警察也是人也有困难，帮别人解决困难的人当自己有困难时，更应该得到关心、关注、关爱。所以成立慈善分会，设立慈善爱警基金，我举双手赞成。2015 年我们设立了慈善暖军心基金，主要为驻湖部队和市区在外服役的军人解决困难。尽管我们现在实力还不是很强，钱也不是很多，但军人在湖州，在第二故乡遇到困难，我们也应该关心他们。这件事好就好在，示范引领成大善。示范引领指的是公安系统，在组织慈善、重视慈善、参与慈善、支持慈善方面，市公安局是市级机关做得最好的单位之一。譬如每年的"一日捐"，公安系统都是在第一时间全员参与。有的出差在外没赶上，回来以后主动补捐，令我非常感动。再譬如，公安系统的慈善志愿者队伍建设，也非常好。我们有一家美欣达慈善超市，衣物捐赠的量很大，公安特警专门有一支志愿者队伍，主

　　* 在湖州市慈善总会公安分会成立暨慈善爱警基金签约仪式上的讲话摘要，2016年 7 月 13 日。

动上门要任务。有时我们组织一些大的活动，只要跟公安部门联系，他们都非常支持。这次分会的成立，市公安局又是市级机关第一家。如果都像市公安局这样支持慈善，都像今天到场的爱心企业一样支持慈善，人人慈善，慈善人人，全社会慈善的氛围就会更浓，我们湖州的慈善会做得更好。衷心祝愿爱警基金规模越来越大，受惠的同志越来越多。

与百姓结缘善行天下 *

　　我非常高兴参加这样一个有意义的活动。今天是入冬以来最寒冷的一天，但是我们在爱山广场举办这样一个慈善活动，使大家心里充满了暖意。之前，我和"百姓缘"的领导有过接触，我说"百姓缘"这个名字起得何等好啊！与百姓结缘，将无往而不胜。当政者与百姓结缘可以得天下，从商者与百姓结缘可以得市场，行善者与百姓结缘可以善行天下。今天捐赠的物资不算多，几万元钱，但是不能只看钱的多少，要看有没有爱心。"百姓缘"短短10多年的时间里，从一家小门店发展成拥有20多家连锁店的企业，我想，除了企业领导经营有方外，很重要的是他们爱心有道。因为有了爱心，有了善行，得到了百姓的认可，所以进这家店的人就多起来，生意也就旺起来。

　　我衷心地祝愿，"百姓缘"药业通过这些活动，经商之路越走越宽广，事业越来越繁荣。事业繁荣了就可以给百姓带来更多的实惠。谢谢大家！

---

　　* 在爱心义诊送温暖活动中的讲话，2016 年 11 月 23 日。

心中有他人是慈善的境界 *

各位可爱的小朋友、尊敬的老师、各位来宾：

借这个机会，和大家分享一下我对慈善的一些感悟。走进这样一个场所，使我想到了我的童年，回到了将近 60 年前。我读小学时，与现在不可同日而语。那时候我在农村，小学教室是土房子，讲起来小朋友们可能不相信，课桌是泥巴垒起来的。但那个时候我们也在做慈善，我们是响应毛泽东主席向雷锋同志学习的号召长大的一代。1963 年 3 月 5 日，毛主席题词——"向雷锋同志学习"。雷锋同志成为全国标兵、全国典型，3 月 5 日成了"学雷锋纪念日"。向雷锋学什么，向雷锋学习的东西非常多，在我童年的印象中，就是向雷锋学习做好事，帮助他人。我们班级的老师专门搞了个红皮的本子，谁做了好事就登记在上面，给你画个红五星，每周一评比，我小时候得到的红五星是比较多的。千方百计想今天做件好事，明天做件好事，在小学哪有那么多好事做，怎么办呢？就早一点去，整理一下教室，还要让同学们看到，谁谁谁做了好事给老师报告一下，给值日生报告一下。放学时下雨了，给顺路的同学撑把伞，把他送到家，也算做了件好事。过去说雷锋出差几千里，好事做了一火车。雷锋不仅仅是做好事，他具有更高的境界，他是把有限的生命投入无限的为人民服务之中去，这是共产主义精神，是更高层面的。但普通人觉得他就是一个好人，到处帮助人，他入伍当年每个月发 6 元钱的津贴，自己舍不得

* 在"慈善文化进校园"项目（试点）启动仪式上的讲话节选，2017 年 10 月 27 日。

用，拿出来帮助有需要的人。我认为，从慈善的角度，雷锋是新中国成立以来最大的慈善家。从刚才校长和孩子们的发言中我听到，我们这所学校有一种理念，就是心中有他人。刚才那个小学生的发言多么精彩啊，我认为今天上午包括我的讲话谁都超不过他的发言。孩子是最纯洁的，孩子心中的慈善是什么？孩子心中的慈善就是灿烂的微笑，是热烈的拥抱，是心中有他人，为别人着想。今天我们开展活动的题目叫"慈善文化进校园"，这是一个项目。但客观地说，我们校园不缺慈善，慈善一直在校园，进的是什么呢？是慈善读物进校园、"慈爱储蓄罐爱心小屋"进校园，给大家一个看得见摸得着用得上的东西，但是慈善理念、慈善精神、慈善行为一直在校园。无非是通过这样一个项目把它更加固化、更加制度化、更加长期化。这是中华慈善总会 2011 年在全国推出的项目慈善读本，这几年能 12 次再版，说明孩子们喜欢这个读本，说明学校需要这个读本。慈善文化一直在校园，但我们仍然说这是试点，它的意义在哪里？我认为，它仍然具有开创性，我们湖州的教育行政系统、慈善组织系统，包括分管教育行政系统的政府，都能感到这件事有意义。它的开创性在于，在湖州近代教育史上，没有一个组织自觉地把慈善和教育结合在一起，没有一个学校自觉地把慈善和教育作为项目列入教育行政管理序列。教育和慈善不仅表面上有联系，内在更有联系。教育是什么？古人说教育是释疑解惑的，现在讲教书育人。说到底，教育的终极目标不在于教会几道算术题，不在于教会几篇作文，教育的最高境界是教会怎样做人，做一个什么样的人，笼统地讲是做对社会有用的人。首先是做一个对得起自己的人，做一个对得起家庭的人，做一个有一技之长的人，然后才能做对社会有用的人。这就跟慈善挂上钩了，慈善的最高境界不在于钱和物，没钱没物行吗？不行，钱和物非常重要，但是慈善最终在于心，心中要有他人。从孔子开始讲仁者爱人，孟子讲恻隐之心，也是讲人要有爱心，这是慈善的最高境界，有爱心才能让教书育人育在本质上。所以，教育和慈善可以连为一体，可以对孩子、对社会做一点有意义的事。

我相信，今天我们在这里播下了慈善的种子，明天，慈善的思想之花必将会结出丰硕的物质之果。

进一步彰显龙头示范作用 *

会议最后，我讲一下过去一年的工作呈现出的五个特点。

一、募捐收入和总收入创历史之最，慈善组织的实力进一步增强

据初步统计，市区县慈善总会募捐收入超过 1.8 亿元。这是什么概念，任何事情有比较才有鉴别，有分析才有受益。1.8 亿元在湖州慈善组织发展历史上是最高的一个数字。2014 年、2015 年时，就是把"五水共治"捐款纳入慈善系列的那两年，我们创了新高，全市 1.6 亿元，到第二年就回落了，1.5 亿元。2017 年初步统计是 1.8 亿元，不包括还未到账的，年底出来的数据只会比这个高。按照湖州市的人口来平均，湖州市的户籍人口 262 万左右，常住人口 290 多万，不到 300 万。1.8 亿元意味着什么？意味着全市人均捐赠超过了 60 元。现在全省的数据没出来，按照正常测算，全省人均捐赠肯定达不到 60 元。3 年以前，全省人均捐赠也就是 40 元多一点。2013 年，我刚到湖州市慈善总会担任会长时，专门查了全省和全市的数据，当时全省人均捐赠为 45 元左右，湖州市没有达到全省人均水平。所以我们在三届理事会的报告中提出，要经过 5 年的努力，让人均捐赠达到或超过全省人均捐赠水平。实际上我们只用了 2013 年一年，就达到和超过了全省人均捐赠水平，到 2015 年我们就进入全省人均捐赠的前三位。2017 年人均超过了 60 元，这是一个很了不起的成绩。如果我的分析预测不错的话，在 11 个地市中湖州市的人

* 在湖州市县区慈善总会会长联席会议上的讲话摘要，2017 年 12 月 29 日。

均捐赠水平应该在前三位，这标志着湖州慈善组织系统的实力大大增强。没有实力就没有说话的权利，或者说话的权利不大。我是从邓小平同志的讲话里受到的启发，邓小平同志讲贫穷不是社会主义，学过邓小平理论的同志肯定都记得这句话。改革开放初期，他反复讲这个观点。他是大政治家、大战略家，是站在世界角度看中国，我们是站在全省的慈善全局看湖州。湖州的经济地位在全省处于什么水平？湖州的经济实力在全省处于什么水平？湖州的人口总量在全省处于什么水平？这两三年我是年年比较数据，比较省里和市本级的数据。我们的市本级多大，大家都知道，两个区加在一起，总人口100万多一点。论经济实力，开发区、度假区不算，三县两区排序大家都很清楚，两个区远远比不上三个县，财政基本上是三四五六七这几个数。现在两个区都差不多，南浔是30亿元，吴兴是40亿元，安吉是50亿元，德清是60亿元，长兴是70亿元，基本上是这个数字。我们要找到自己的位置，你慈善做得怎么样，与你的经济社会发展水平要相适应。三届理事会提出了两个大目标：第一，人均捐赠水平达到或超过全省水平；第二，湖州慈善总体水平与湖州经济社会发展相适应。湖州地区经济社会发展水平在全省排第八位，如果说六家慈善总会统计出来的总体水平，在全省占第八位，那我们就是适应了。假如我们的慈善总体水平处在第七位，我们就比经济社会发展往前跨了一步，这两年我们在全省总量基本排在三到五位，应该说湖州慈善发展的水平，是领先于湖州地区经济社会发展水平的。

二、慈善活动领域不断扩大，慈善组织影响进一步提升

我为什么用了一个慈善活动的说法，而没有用救助？从慈善法颁布以后，我就多次讲这个观点。慈善法给慈善的定义就是慈善活动，慈善活动包括六大类18个子项再加N。大家都说有了慈善法我们就有了依据，在这里不妨和大家再共同学习一下慈善法。慈善法

总则第三条提到："本法所称慈善活动，是指自然人、法人和其他组织以捐赠财产或者提供服务等方式，自愿开展的下列公益活动。"因此，可以把慈善活动与公益活动画等号。专家解读也是这样的，我不是专家，但是我的认知水平也跟得上一般人的认知水平，慈善活动就等于公益活动。慈善活动包括："扶贫、济困；扶老、救孤、恤病、助残、优抚；救助自然灾害、事故灾难和公共卫生事件等突发事件造成的损害；促进教育、科学、文化、卫生、体育等事业的发展；防治污染和其他公害，保护和改善生态环境；符合本法规定的其他公益活动。"所以我把慈善活动归纳为 6+18+N（N 即其他）。它实际上不再是我们传统的募捐、救助，如果还这么认为，依然停留在传统的、初级阶段的、慈善法颁布之前的慈善理念，当然就落伍了。当然这是必经阶段，谁也跨越不了。

慈善活动的领域从定义上来讲是慈善发展水平的一个标杆，慈善活动的领域越拓展，慈善发展的水平就越高；慈善活动的领域越狭窄，慈善发展的水平就越低。如果慈善活动仅局限在救助方面，就说明我们是传统传统再传统，初级初级还初级。昨天我在教育分会成立会上就讲了这个观点，我说教育分会的成立是具有标志性、里程碑性质的。这么一件小事具有标志性和里程碑性质？从慈善的角度来讲，慈善与教育的渊源可谓是源远流长，慈善以前基本都是以助学为主，慈善发展到现在，成立这样一个基金去奖励为教育事业作出突出贡献的教师和校长，标志着湖州的慈善已经从助学转变为助师、助校长、助教育。为什么呢？因为客观情况已经发展到这个阶段。2002 年湖州市慈善总会成立时，助学的大头是由慈善总会来兜底的，市区大概每年救助困难学生 400 名左右。到了 2017 年，由市慈善总会直接承担助学任务的只剩下 1 名学生。这意味着什么？意味着需要救助的困难学生在减少，意味着政府的保障能力在提高，意味着社会做慈善的面在拓展。很多企业都成立了基金，大家都在抢着帮助学生，我们就承诺最后没人帮助的由慈善来兜底。因此，从助学向助师助教的发展，说明湖州的慈善到了一个新水平、一个新阶段，拓展了一个新领域。我是教育的局外人门外汉，但是我认为教育与慈善的合作也应该发展到现在这个层面了。奖励一名教师可以激励和教育若干名学生，因为一个班级有几十名学生，奖励一名校长可以激励带动若干名老师。为什么以前不奖励校长不奖励老师？因为以前不少学生读不起书，要先兜底，而且政府那时也拿不出那么多钱。现在政府做了助学的工作，我们遵循不与政府争项目的原则，它做了我们就退出来。慈善应该做、可以做、想做的事很多。

三、勇立潮头，不断创新，慈善组织的活力进一步迸发

过去一年，各家组织都有不少创新的动作。创新不是当口号来喊的，而是要当事情来做。创新讲了几十年，创新是源泉，创新是动力，创新是国家兴旺之本。慈善组织要把创新当作一个实实在在的指导方针来对待，每年都要设计一些、推出一些创新的载体、创新的举措、创新的动作、创新的项目，这样才能使创新在慈善组织"落地生根"。市慈善总会 2017 年也有创新，第一，"慈爱湖州"网的建立；第二，支付宝消费慈善项目的推出；第三，"慈爱储蓄罐"进千家万户项目的开展；第四，市慈善总会慈善艺术团的成立；第五，市慈善总会慈善文化传播中心的建立；第六，第一个全市性慈善宣传月的展开；第七，"慈善排行榜"的设立及发布。这些事是不是创新，有没有效益，时间会作出回答，要靠真金白银去回答，要靠百姓口碑去回答。相信随着时间的推移，随着这些动作的进一步展开，随着这些项目的不断完善，创新效益会不断地呈现。我为什么用勇立潮头这个词呢？这是浙江经验，这是习近平总书记对浙江工作的重要嘱托。湖州慈善工作是浙江民政工作的有机组成部分，必须要有创新的意识，必须要有创新的动作，才能够享用创新的成效。

四、县（区）协同日益增进，慈善组织竞相发展的局面进一步拓展

这是湖州市慈善总会系统的一大特色，也是一大亮点。据我所知，有关地区对湖州这种机制、这样一种局面，有的给了很多正面的鼓励，有的抱以羡慕的眼光。这是靠我们大家共同来促成的，不是靠哪一个人也不是靠哪一个组织就可以做到的。过去的一年，"慈爱湖州"网能够建立，能够初步获得一些效益，没有大家的支持、没有大家的联办能做得起来吗？"造血型"扶贫基地建设，没有互相联动、互相沟通，能取得今天这样的成效吗？旧衣循环项目的展开，没有县（区）的支持，光靠我们超市主任沈晓林同志一个人，哪怕他本事再大、事业心再强，手脚也施展不开。所以，凡事要靠大家协作、大家支持、大家出点子，众人拾柴火焰高。当然，这样的事情还有很多。目前市、县（区）之间，慈善总会系统内部是亲密无间的。原来区县有位会长跟我开玩笑说，你到我们这里来挖什么东西？我说，我募集来的不就是你募集来的吗？有些事你做了，我就可以不做了，我这里设了个基金，你就可以不设了。到这个年龄难道还要争什么个人权力谁大一点，谁小一点？只要把慈善这件事情做好不就行了。湖州就这么大个地盘，争来争去争什么，不如多动点脑筋、多出点新意、多找些新的增长点。不要看那个"蛋糕"怎么分，谁大一点谁小一点，谁多吃一口谁少吃一口，首先要有一个"蛋糕"才重要，把"蛋糕"做大才重要。我们大家经过一年又一年的努力，经过一件事又一件事的磨合，才形成了相互支持、相互沟通、相互促进这样一个良好的慈善组织竞相发展的局面。

五、自身建设与时俱进，慈善组织的龙头示范作用进一步显现

过去的一年，各家总会在自身建设硬件、软件方面都有了新的进步。硬件方面，市慈善总会搬了新家，吴兴区慈善总会搬了新家，南浔区慈善总会搬了新家，从居无定所飘忽不定，3年一个地方4年又换一个地方，到现在终于有了一个像样的说得过去的办公场所。软件建设主要是人。我昨天一到南浔就看到新面孔，小伙子小姑娘都是90后，都是本科以上的学历，其他的总会也都有。我们搬了新房，进了新人，才有了新局面、新保障、新支撑。像我们这些年龄大的，既然在做慈善工作，也要与时俱进，否则就别做了，我们自己要给自己提这个要求。

2016年年底，民政开展社会组织等级评定，市慈善总会被评定为5A级社会组织。2016年市政府咨询委沙主任牵头做调研，他提出让我们当行业龙头。我说我们只起示范作用不想当龙头。最后，市政府出台文件要我们发挥龙头示范作用。如果自身素质不强、没有做出业绩，谁认你是龙头，龙头是大家公认的，示范是要自己做出来的。像我们搞慈善嘉年华，让柳晓川同志以市慈善总会义工部的名义组织义工队伍，他一下子就组织了36家，第二年是48家，2017年是60多家。这是由于大家认可了，是他组织的就愿意参加，如果不认可，他们凭什么参加？这种认可是要靠平时的努力，要有基础，要有条件，要搞好自身建设，硬件要越来越好，软件要越来越强。一个组织只有号召力强、公信力强，影响力、感召力好，才能够起到龙头示范作用。没有这些条件就称老大，永远是自认为的所谓老大。

对口援疆，慈善不能缺席*

首先，对柯坪县委、县政府以及湖州市援疆指挥部，为我们的学习考察活动给予的精心安排、周到服务、严密组织表示敬意和感谢。

刚才听了有关情况的介绍，今天我们也走了几个点，到了深度贫困村与驻村书记进行了交谈，问了一些数据、一些情况，为你们在这里的辛勤付出和工作成绩感到敬佩，这些在内地是感受不到的。你们在这种环境下，还有这样的工作精神，我特别感动。那个贫困村的驻村书记，是个县处级干部，在村里住了一间只有十几平方米的房间，睡双层床。20世纪60年代末，我当兵时睡的也是双层床。现在中国已进入新时代，党的干部肩负着特殊的使命，在艰苦的环境下，精神状态非常好。这个驻村书记讲起数据不用翻材料，贫困户有几家，贫困到什么程度，脱贫的标准是什么，今年准备干什么，一清二楚。湖州的干部我接触的非常多，像我们援疆指挥部干部这么优秀的也不少，但是因为他处在不同的环境、不同的地区，负有不同的使命，就显得更加难能可贵。刚才县委李书记介绍了整个自治区的情况，上午县民政局的王书记一路上给我们介绍情况，使我们深深感受到这两年新疆发生的根本性的变化。我发自内心地为这种变化感到欣喜。有这样的局面，当然主要归功于党中央的正确领导，自治区党委、政府以及各级党委、政府的共同努力，但是没有基层同志的辛勤付出也是不可能实现的。通过你们的介绍，给我一个深深的感受，脱贫这项任务除了决心思路以外，最终要在精

* 在对口援疆脱贫考察调研时的讲话摘要，2018年6月22日。

准上见成效，要不漏一人、不漏一事、不错过一个节点。

下面，我简要汇报一下我们此行的目的。我们来就想表明一个态度：湖州市慈善总会和湖州两区三县的慈善总会，在国家战略面前，在全党全国的大局面前，在湖州市委、市政府的中心工作面前，不能缺席，不能缺位，要把讲政治顾大局，化为慈善工作的具体实践。在2020年以前全面建成小康社会，党的十九大确定了打好三大攻坚战。现在是和平时期，中国已经进入从站起来富起来到强起来的时代，中央用了"攻坚战"这样的词，使我想起了新中国成立之前解放战争的三大战役。正因为有了三大战役的胜利，才奠定了全国解放的局面。现在的三大攻坚战：脱贫攻坚、污染防治、防范系统性金融风险，实际上它将奠定中国从站起来富起来到强起来的基础。慈善总会虽然是社会团体，党要干脱贫攻坚这件大事，国家要干这件大事，我们是老共产党员，受党培养这么多年，大事当前游离之外肯定不行。两年之前，我们就开了一次市县（区）慈善总会会长联席会，研究的主题就是"慈善组织在精准扶贫中应积极有效作为"。这些年，我们一直在参与脱贫这件事，我们在湖州建了不少慈善扶贫基地。根据中央和省委、省政府的部署，湖州市和柯坪县结对，我们慈善组织应在国家的大战略下、在攻坚战中尽自己的一份力量，切实做到心中有党、心中有政治站位。年前，湖州援疆指挥部给我们提供了平台，我们和指挥部对接在这里购买了8吨红枣，指挥部组织采购的，柯坪地区的红枣受到湖州百姓的欢迎。通过我们双方的努力，给湖州百姓带去了优质的农副产品，给这里的百姓增添了一点收入。受这件事启发，2018年我们集合全市慈善总会系统的力量，准备再多做一点事。这次来就是进一步表明，在国家大战略面前，在一个具有历史意义的决战面前，以实际行动尽湖州慈善总会系统的一份力量。这些项目虽然由我来签约，但这些钱是我们六家慈善总会组织的。这次项目涉及当地五个村、一个连队，我们六家慈善总会一家结对一个。

　　还有就是要向援疆指挥部的同志学习。他们受湖州市委、市政府的委托，带着全市人民的厚望，到柯坪县执行艰巨而光荣的任务，我们要向他们学习，向他们中的黄群超这样的优秀代表学习。这两天，我们参观了他们的陈列馆，参观了黄群超同志的展览馆。沈指挥长有两句话："干好每一天，不负这三年。"这话说得多实在，多有政治含量，多有情感的分量！这才叫自我加压，这才叫勇于担当。我们退下来之后做慈善的同志，要向这些还在岗的做更重要工作的同志学习，以援疆精神来做好慈善工作。援疆精神是什么精神，几任指挥长都讲了。现在宁波市的市长，在湖州当过市委书记的前任指挥长裘东耀同志讲了"六个特别""四个为"，提炼得非常好。做慈善工作就要以援疆精神来做，援疆精神说到底是一种奉献精神，是一种利他的精神，这和慈善高度相通、高度吻合。古今中外的慈善，学者的慈善也好，老百姓的慈善也好，就是利他，为别人着想，为别人服务。这次来拜访指挥部，看望老同事，学习援疆精神，回去就要更好地激励和推动湖州市慈善总会系统的各项工作，争取把湖州地区的慈善工作做得更好一点，多筹一点钱，多为百姓办一点事情，在可能的情况下，也为援疆多作一点贡献。

　　希望这一次仅仅是开端，仅仅是导语，就像我们党的作风建设一样，永远在路上。我们的友谊永远在路上，我们的情感永远在路上，我们的工作交流促进也永远在路上。

助力困难家庭大学生圆梦启航*

首先要感谢黄红女士，她的主业在香港，一年大部分时间在那边，唯独8月肯定在湖州。每年的8月，她都要"圆梦启航"，帮助一批新的大学生开启梦想之旅。今天下午我感到最大的亮点是请了三位已经参加工作的当年的受助大学生来，她们愿意来，来了还愿意讲。

听了三位当年受助大学生的发言，我有一点感想，我们这样一个活动回答的是一个什么问题？实际上是回答人与社会的关系问题，回答的是一个哲学的、社会化的、马克思主义的问题。人是什么？字典上有解释，是高级动物，是有情感的动物，能劳动的动物。我们是马克思主义者，马克思分析资本主义社会，写《资本论》，从商品入手，最后得出一个重要结论，就是人是社会的人。人有这个性那个性，最重要的还是社会性。黄红女士做这些事情为了什么？她是为了社会责任。在座的受过资助的这些大学生，首先是一个社会的人。社会的人分多个层面，首先是物质层面，你是家庭遇到了物质达不到社会平均水准的困难，尽管父母很努力，但由于种种原因，在你的成长道路上在物质层面遇到了暂时的困难。黄红女士小时候我不知道怎么样，但当她成功以后，在物质上富有之后，她收获了更富有的精神。有的人物质上富有了，精神上却堕落了。一方面是真金白银，另一方面道德沦丧。但黄红女士物质上富有了，精神上更富有。她给女儿16岁的生日礼物是什么？是用100万元建立的以

---

* 在"湖州江南巾帼助困基金"——第六届女大学生"圆梦启航·相约书香"助学活动上的讲话，2018年8月22日。

女儿的名字命名的"倩宁书屋"。前几天她跟我说，她准备给女儿的嫁妆是 100 个"倩宁书屋"。100 个"倩宁书屋"，你们去算一算，就算 5 万元一个也要 500 万元。按照现在的建设标准，一个书屋 5 万元是不够的，这是一种怎样的精神境界！

受助大学生在物质层面出现过阶段性困难，但从你们的发言中，听得出你们的精神依然富有。当有人伸出援手时，你们中有的开始不接受，甚至很抗拒，怕被别人看不起，感到自卑。但是经过成长，经过阅历的丰富，经过知识的增长，知道这不丢人。丢人的是精神滑坡、意志衰退，不相信自己了，进一步也不相信这个社会了。当你从个人的小圈子里跳出来，感到人生中起起伏伏，贫困与富有都是相对的，关键是自己要始终精神富有、意志坚定，这样你才有人生之梦。

2018 年 7 月 2 日，习近平总书记同团中央新一届领导班子成员集体谈话时，对广大青年提出"敢于有梦、勇于追梦、勤于圆梦"的期望。我特别想谈谈"勤于圆梦"。我理解的"勤于圆梦"应该是这样的，人生何止一个梦，从人生阶段来说，幼儿、小学、初中、高中、大学，不同阶段有不同阶段的人生之梦。按我的经验，大学阶段是人生的第一个自由舞台。进入大学，大学老师也跟高中老师完全不一样，你想白天去上课，晚上去图书馆，还是想多选修几门课，都是你的自由；你说你还要去兼职，要给家庭减轻点负担，也是由你自己决定。因为自由你就有空间，因为自由你就有创造，但是因为自由你也容易滑坡。为什么叫"勤于圆梦"？你不要满足于上一个梦想实现了，12 年寒窗终于考上大学了；家里困难，终于有人帮助了，这个社会真美好，我的新生活明天就要开始了，但是别忘了这仅仅是一个梦。圆了这个梦，你会对人生对社会充满希望，对自己充满信心，你会不停地萌发新的梦想，然后通过努力再去实现梦想。像黄红女士那样依然在产生新的梦想，功成名就了，家庭幸福，女儿争气，她的新梦想是为女儿结婚时准备 100 个"倩宁书屋"

的嫁妆，但这仅仅是做公益做慈善方面的梦想，我相信她的梦想还有很多。

因为你是社会的人，当你懂得了这一点，你就应该想我在这个社会上应该做点什么。你这一生怎么样，看的不是爸妈对你的评价，也不是你的自我评价，最终取决于社会对你的评价。当你有一个美好的梦想，就要和社会连起来。社会帮助你，说明这个社会是健康的。既然是一个健康的社会，而且会越来越健康，那么我们应该为这个健康的社会做些什么不就清楚了吗？为什么要感恩要回报，为什么我说今天最大的亮点是这三位当年受助的同学坐在这里，说明她们把自己当作社会的人。在社会上首先把社会给予的这份工作做好，然后关注社会上需要关注的人，关心需要关心的人，帮助需要帮助的人。正是因为有了这些社会的正能量，我们才有底气说在湖州请你们放心，不管家里遇到什么问题，不会让大家读不起书。刚才，黄红女士表态了，你们以后还有什么困难可以继续找她。当然如果有困难，你们联系不上黄红女士时，也可以直接给慈善总会打电话，直接给我打电话，我们的联系方式网上都可以查到，我们会全力以赴地帮助你们，我们有这个能力，让湖州的大学生完成学业并产生新的梦想。人生要不断地有美好梦想产生，才说明人生是有意义的，这个社会是健康的。我们大家一起往前走，越走越幸福，越走越美好。再次谢谢黄红女士。祝你们成功，已经成功了的再成功！

慈艺结合富有创意[*]

欢迎大家来参加这样一个慈善与艺术相结合的活动。为什么大家愿意来？我认为：

一是有看点。没有看点，大家不会来。来看什么？学艺术的、懂艺术的、爱好艺术的，来欣赏艺术；想做善事的、心有善念的、经常有善行的，来看怎么做慈善。前两天已经立冬了，天气渐渐变冷了，但今天是老天关照眷顾慈善人，眷顾艺术家，给了我们这么一个好的天气。我们应该有一份好的心情，也会有一份好的收获。

二是有谈点。现在很多节目都是谈天说地、谈古论今，说明有谈点有说点。今天我们的谈点是什么？这里有本书，是这一次画展的集锦，姚新兴先生很用心思，专门请他的老师——我们湖州籍的书画大家，也是做慈善的，上海的名人汤兆基老师作了序。这个序很短，但概括得很精彩。他对这个活动有三个赞，一赞艺术，二赞慈善之心，三赞传播慈善文化。这次活动主办方是市慈善总会，承办方有两家单位，一家是谭建丞艺术馆，还有一家是湖州市慈善总会慈善文化传播中心，实际上这两家就是一家，把艺术和慈善文化的传播结合在了一起。

我在这里也有一赞，赞这个馆的创始人。之所以我们有这个平台，能坐在这个地方欣赏艺术、讨论慈善，是因为姚新兴先生。他是谭建丞老先生的关门弟子之一。谭老先生是 20 世纪中国，特别是江南赫赫有名的艺术大家。谭老先生除了在艺术上有非常大的造诣和贡献，实际上也是一位慈善家。这里有他的遗嘱，他把所有的积

---

* 在"慈善瓷艺"瓷画展暨作品慈善拍卖会上的讲话，2018 年 11 月 17 日。

蓄都贡献给了社会公益事业。他的艺术要传下去，他的思想要留下来，总要有人做这件事情。新兴先生是个有心人，几年以前就讲，退休以后就想做这件事，把谭老先生的艺术经过努力继续传承，将谭老先生的爱心善念也通过这个平台加以传承，我们一拍即合，所以才在这里挂牌慈善文化传播中心。

三是有卖点。回到主题上来，落脚点是拍卖，拍卖当然要有卖点。因为有了看点和谈点，我相信卖点肯定在一举一落之间，拍出善心，也拍出真金白银。预祝这次活动圆满成功，预祝我们文化传播中心把文化和慈善传播得越来越远！谢谢各位！

慈善工作要顺势而为*

关于 2019 年度的工作，我进行了一些思考，总的思路是因势而动、顺势而为、乘势而上，善于识势明势，尽最大可能认清大势，顺应趋势，汇聚定式，众志成势。

一、认清大势，在把握变与不变的辩证统一中增强慈善人的政治定力

当前慈善工作的大势是什么？慈善事业在党和国家工作全局中的地位越来越重要，作用越来越明显，各级各类慈善组织越来越多，慈善组织呈现快速多元发展的态势。慈善组织的形态和活动方式也呈现差异性发展、竞争性发展的态势。与此同时，各级党委、政府对慈善事业也越来越重视，对慈善组织的期望也越来越高。鉴于这样的大势，我们要做到两个不变、两个变。

两个不变：一是既定的慈善初心不变。慈善初心是什么？就是我们办公楼走廊上的两句话：升官发财莫入斯门，逍遥自在请走他路。这就是我们慈善人的初心。二是既定的目标思路不变。要一张蓝图绘到底，一年一年抓落实。既定的目标思路是什么？就是 2018 年初换届会议上提出来的市慈善总会未来 5 年的目标取向和基本思路：以现代大慈善为引领，大力推进慈善时代化、特色化、大众化、指尖化、法治化、职业化建设，全市人均捐赠额高于全省平均，全市慈善事业整体水平继续走在全省乃至全国前列。最近我看到《浙江日报》发的评论，杭州市委在谋划明年的工作思路时，提出了新

---

* 在 2019 年工作务虚会上的讲话摘要，2018 年 12 月 14 日。

年度不提新口号，不换新跑道，重在抓落实。这个非常好，不一定要年年提新思路新口号，如果你原来的思路是对的，按照这个思路，一年一年抓落实，比年年提新思路要管用。

两个变：一是工作的落点和举措要因着力点的变化而变化；二是工作样式和节奏要因社会组织的特性而变化。这里是有具体内涵的。我们是社会组织，不是党政机关，工作节奏没那么紧张。除了遇到紧急情况，我们不会搞"5+2""白加黑"。认清大势，准确把握哪些要变、哪些不变，以此增强我们的政治定力。不能由于外面的这个那个原因，我们就摇摇晃晃的，思路也变了，目标也变了，那就成了无头苍蝇。有了政治定力才有工作定力。

二、顺应趋势，在工作落点不断提纯中展示慈善活动的生命力

这是我自己创造的一个词语。解释一下，不断提纯是什么意思？工作落点有时是很粗糙的，粗放型转变为集约型，这叫提纯；从党的十九大以后提出高质量发展，这叫提纯。我们慈善工作的着力点、工作落点也要不断提纯，在不断提纯中展示慈善活动的生命力。

如何顺应趋势、提纯工作落点、体现慈善生命力？第一，慈善法治化要有新提升。一是项目要更规范。要严格按照相关法律法规的要求开展慈善项目；二是资金保值增值要更合法、更安全、更有效；三是内部运作要更有序。2018年以来，我们新出了不少规章制度，可还是不够。只有所有的配套办法、所有的规章细则都有了，内部运作才能更有序。不能单单靠个人，想起什么做什么。任何工作要做到非常地程序化、非常地规范化，什么事应该怎么办，按什么程序去办，办好了怎么存档，一清二楚。不够的抓紧完善，没有的抓紧出台，执行不严密的抓紧落实，使它严密起来。别看我们组织已经走过了十五六年，按照法治化的要求，按照依法依规的要求，我们要做的事情还非常多，稍不注意就容易出问题。你说你心是好的，没有坏心，谁讲你有坏心了，有坏心就不会到这个组织来。但

是你工作不注意出了纰漏，那就不是说一句话表示歉意的事了。

第二，慈善大众化要有新气象。怎么体现大众化？孙会长讲了两句话，我很欣赏，还是我们上一届提出的龙头大户和千家万户。要保证龙头大户，推进千家万户，慈善走进千家万户了，肯定大众化了。没进千家万户，大众化就还停在面上，没有落到实处。

大众化、有新气象的标志是什么？首先是冠名（定向）基金要更壮大，其次是村级基金要更稳定，最后是"一日捐"活动要更广泛。

三、汇聚定式，在做好人的文章中提升慈善队伍的战斗力

定式是什么？事业成败关键在人，这是一个定式。定式是不变的，是个恒数，不是个变数。你不能说这件事关键在人，那件事关键在天。我讲在做事的过程中，定式就是关键在人。党的建设关键在人，项目建设关键在人，经济发展关键在人，慈善成败也是关键在人。

所以，一定要做好人的文章。做人的文章核心是尊重人、关心人、培养人、用好人。前提是尊重，然后是关心、尊重他。关心他，你就会培养他，培养的目的是使用，要用好他。什么叫做人的文章？不能去做表面文章，甜言蜜语，点头哈腰，那不是做人的文章。培养人，当然也包括批评，说培养人就不批评，哪有培养孩子不批评的，培养的手段多了，激励是手段，制约也是手段，上挂是手段，下派也是手段，叫你到车间去劳动也是手段，这都是培养的重要手段。我讲的这些都不是新话，但是做起来都很难，把握不准，做着做着就容易走样。

如何实现这个核心，我认为有三条：第一，用真心，动真情。第二，要坚持过去经时间证明已经有效的一些做法。就是用事业留人，用感情留人，用适当的待遇留人。第三，要持之以恒，久久为功。不能高兴起来，关心一下；情绪不好了，把人家忘了，只想到

自己了。

在具体工作中，只要涉及与慈善总会相关的各种评比、各种先进推荐，都要上心思、早知道、早联系，从我们领导做起。这些荣誉，我个人可以不要，集体能不要吗？我们年轻的同志能不要吗？务虚里面带务实，在安排明年工作时，都要放进去，讲虚都是为了做实。

四、众志成势，在和谐共进中彰显慈善组织的魅力

认清大势也好，顺应趋势也好，汇聚定式也好，最终目的是成势。费了那么大的劲，总要有个目标、有个目的。什么叫成势？我们要把慈善总会打造成内部紧张有序、和谐共进，外部形象良好、社会认可，有位有为、有口碑的职业化社会组织。做到这一点非一日之功，需要一年一年地努力，一届一届地努力，需要每个人从自身做起，需要我们从点滴事情做起。共性的有三条：一是加强学习培训。内部集体学习一个月一次，请秘书长抓好落实，不管学什么一定要学，再忙一个月抽一个半天总抽得出来，不至于忙到那个程度，必须要学习而且要列出计划，内部的学习制度一定要建立起来。2019 年，为了在法治化、大众化上有新的起色，上半年要组织一次全市性的慈善法律法规学习培训活动。全市慈善系统愿意来的都可以来，包括慈善分会的。安排 3 天时间，坐下来从头到尾好好学。二是在学习的基础上，让我们各方面的秩序更合法更合规更有效。你制定了一些规章制度，影响办事也不行，要简便易行、提高效率。三是日常工作中，从会长到办事员，内部要形成一种友谊、谅解比什么都重要的良好氛围。有了友谊和谅解，才有团结合作，才有互相补台不拆台，才有互相勉励而不诋毁。只有这样，我们内部才能成势，才能彰显魅力。

致敬慈善排行榜入围者[*]

向善者说

古今中外，人生追求的最高境界为真善美。为善者高，行善者远。挣钱是能力，用钱是智慧。您将钱财洒在慈爱路上是大智大慧之举，平安与幸福将永远伴随您！

湖州慈善感谢有您，祝您及您的家人朋友新年愉快，让我们明年此时再相会。

湖州市慈善总会会长

魏秀生

2019 年 1 月 25 日

---

* 湖州市慈善总会第二届年会暨慈善排行榜发布会上的赠言，2019 年 1 月 25 日。

主题伟大，历久弥新*

各位尊敬的来宾，特别是各位慈爱的母亲，在今年的母亲节即将来临之际，我首先给各位送上美好的祝福，同时作为慈善总会的代表也和大家谈一点感想。

从慈善的角度来讲，这个活动也是一个慈善项目，而且是一个持续了10年的慈善项目。一个项目能持续10年，在湖州市慈善总会的发展历程中是不多见的。这个持续10年的项目，能够吸引上自政府机关，下至民间组织的关注，给我们带来了什么启示？

启示之一：主题伟大，历久弥新。项目的主题是关爱母亲。世界上伟大的人很多，从良心上来讲，没有比母亲更伟大的，6年前我就说过类似的话。我从自己的母亲讲起，我的母亲没有文化，但是她在我心目中非常伟大、非常了不起。我的母亲和社会上的科学家、革命导师不好比，但在家庭中就是伟大的，在儿女心目中就是伟大的。项目以关爱母亲为主题，自然受到更多人的关注、更多人的支持，也就能历久弥新。

启示之二：薪火相传，接力圆梦。刚才我一见到陈丽红女士就问她，你母亲怎么没来？因为很多慈善活动都是她们母女俩一同出席的。陈丽红女士的父母可以说是湖州现代慈善的第一批人，现在他们把慈善的接力棒传到了女儿手上。"五一"之前，陈丽红女士专门给我打了个电话，说最近准备带着孩子到福利院去给老人孩子做一点事。他们家的事业在薪火相传，他们家的慈善也在薪火相传，

---

* 在湖州市"振兴阿祥杯"第十届"五月阳光我们一起过节啦"关爱母亲活动上的讲话，2019年5月5日。

一代又一代地为慈善作贡献、为社会作贡献。如果像这样的人多了，社会上的贫困就会少一点，一些人的痛苦就会减轻一点。

启示之三：**以节为媒，影响深远**。活动的时间每年都安排在母亲节前后。在这个特殊的日子，只要有点文化、有点善心的人都会想到自己的母亲。心胸更宽阔、社会责任感更强的人则会想到更多的母亲。项目以母亲节为平台，比选择在普通日子开展影响更深远、更长久，给人的印象也更深刻。

启示之四：**三方共举，众志成善**。第一方是企业，没有爱心企业的捐资，想法再多也实现不了；第二方是妇联，作为女性的娘家，妇联的职责就是为妇女服务，推动社会各界为妇女办实事、办好事；第三方是慈善总会，这个活动是慈善总会的慈善项目，由慈善总会联手爱心企业和妇联共同把这个项目做好。

最后，祝愿浙江振兴阿祥集团有限公司的事业越做越好，"五月阳光 我们一起过节啦"关爱母亲项目越做越好，湖州的妇女事业和慈善事业越做越好，也祝愿在座的母亲，以及天下所有母亲，生活越来越好！谢谢大家！

把读书作为终身爱好*

很高兴每年都能参加这个活动。8月是市慈善总会一年中最忙的月份之一，因为有两件大事情，一件是"慈善一日捐"活动准备，另一件是集中助学活动。尽管最忙，但是我很高兴参加这个活动。为什么？来一次就受一次教育，虽然这把年纪了，但也在不断地学习，心灵也在不断地洗涤，学习无止境。周总理说过，活到老，学到老，改造到老。这话通俗易懂，但饱含人生哲理。

根据今天活动的主题，我也与大家分享一下我读书的经历。我读书的年代，正好遇到了共和国发展上不该发生的历史阶段——"文化大革命"。高考中断了10年，1967—1976年，整整10年。我小学读了5年半，"文化大革命"就开始了。我特别渴望读书，后来去当了兵。当兵以后也没很多的书读。有幸的是到部队一两年后，我提了干，进了政治机关从事宣传工作。搞宣传工作也没书读，怎么办？抄报纸。1974年，我印象很深刻，在上海的古籍书店，花几百元买了几箱书。那时候几个人悄悄地轮流看，真的是当宝贝。"文化大革命"结束，到了20世纪80年代初，非常幸运，虽然按学历我是小学没毕业的，但直接考到了大学，以总分第二名的成绩考进宁波师范学院中文系，就是现在的宁波大学，脱产读了两年。我以第1名的成绩毕业，当时宁波师范学院想把我留下，我说不行，部队培养了我，我要回去。当年一起脱产读书那99位同志中年纪比我小、脑袋比我聪明的大有人在，但一毕业差距就出来了。为什么？有的人两年都在读书，有的人两年没有好好读书，稀里糊涂地一下

---

* 在"圆梦启航·相约书香"助学活动上的讲话，2019年8月16日。

子就过去了。那时正流行看电视剧《射雕英雄传》，我是一集没看，有些人一集没落。前两年我就讲过对大学的认识，高中之前是没有自由的。这次给你们出的题，叫读书分享，好几个小女孩讲了实话，说在高中没时间读教材以外的书，完全是高考指挥棒在指挥。但是进入大学，时间就自由了，可以由自己分配了。如果自己不做好管理，整天贪图享乐，4年时间浑浑噩噩很快就过去了；如果能够用好这些时间，去多读一些书，特别是世界名著之类的，不管它和你的专业是否相关，对你的将来总会有帮助的。因为这段人生经历，我对于读书是非常热爱的，几十年下来，世界名著基本读了个遍。到现在，书也依旧没有放下，《作品与争鸣》这套期刊从创刊到现在，期期不落，其中的语言、见解都是最新潮的。因为一直读书，我和你们这些90后交流起来基本没有隔阂。所以说，读书是什么？它是终身的一种需求。如果想做一个有用的人，对自己有用，对家庭有用，对社会有用，就要读书，就要坚持终身读书。

我看到这次活动写了三句话，叫读新书、读好书、读懂书。我建议排序要变一下，首先要读好书，读有用的书。书不一定要新，新书不见得都好。那些沉淀了几百年几千年还在被人赞扬的经典名著，是值得去读的。当然新书里面有好的，但是少了前人帮助筛选，你要自己去辨别书的优劣。其次是能读懂书。那么厚的书能读懂一句话就够了，读一本书懂一句话，一百本书懂一百句话，还得了？很多人读了10本书，最后却一句话都没记住，书就白读了。我建议大家不管读什么专业，不管在人生的哪个阶段，都要与书为伴。书里的东西太多了，当你浮躁时，读书会使你平静；当你平庸时，读书会让你思想迸出火花；当你知识贫乏时，读书会给你补充能量。真的要与书为伴，相约终身。我儿子儿媳都是法学博士，他们教育小孩子的理念不一样，认为只要吃饭就要读书，这话说得很到位。小孩子到书店里一坐就是半天，就是在读书。这已经跟学习没什么关系，而是从小把读书当作一种生活的必需，当作人生的组成部分，不可或缺。

　　你们赶上了一个好时代，遇上了这么多好人，高考又考了好成绩，尽管家里有这样那样的困难，但命运永远掌握在自己手里。希望书能帮你们插上理想的翅膀，希望书给你们带来愉悦的生活，希望书能够伴随你们一生，为你们带来一个好的前程。

以需求导向和发展导向谋划长远[*]

总会的工作思路要跟着中央的精神来定。尽管我们是社会组织，也需要深入学习贯彻党的十九届四中全会精神、中央经济工作会议精神，我们在研究总体指导思想时要把中央的精神放进去。

作为慈善组织，两个导向最重要。一个是需求导向，就是要立足于现在，看看湖州的慈善需求在哪里；另一个是发展导向，就是既要抓住当前又要着眼长远。立足现在的这几件事完成了，还要做对长远发展有利的事情，要提前布局、提前谋划、提前进入。作为慈善工作者，要在紧盯需求的同时，着眼发展做文章。在这个指导思想下，明年的思路我提出了 4 句话 12 个字：强主干、精项目、重实体、优队伍。

强主干，推进资金基础再夯实。我们的主干就是筹款，钱进不来一切都是空的。慈善工作的第一要务就是要抓筹款，充分挖掘开拓慈善资源，让大家都有慈善意识，付诸慈善行动。账户的钱多起来了，发展慈善事业才有底气、有信心。

精项目，推进结构效益再优化。对于新项目要反复斟酌、充分考量，对已有的项目也要重新梳理。有些重复的项目，政府已经在做的项目，该整合就整合、该停就停，像关爱空巢老人，政府已经在做了，我们就要退出来。还有大病医疗救助项目，其实已经和急难救助并轨了，明年就要把它停下来。慈善资源有限，项目效益要力争实现最大化。

重实体，推进经营慈善再深化。明年要筹划三个实体项目。慈

---

* 在 2020 年工作务虚会上的讲话，2019 年 12 月 23 日。

善文化研究院上次办公会已经研究了总体方案和章程（草稿），尽管还不是很完备，但是大框架已经有了。预期是要办成像慈善超市一样的实体机构，只不过一个是精神层面的，一个是物质层面的。研究院要办成实体，就要和经营相结合，和市场化相结合，不经营就没有收入，只投入不产出也不行。目标就是要把文化产品办成既有社会效益又有经济效益的商品，实现慈善的自我"造血"。其余两个项目的方案还在调研，力争能够按照我们的初衷，都做成可以盈利的实体项目。有了这些实体，每年都能产生效益，再加上存量资金增值的部分，我们的慈善事业发展就更有底气了。

优队伍，推进能力素质再提升。所有的事都要靠人去干。总会的队伍现在基本上已经成形，要进一步优化，成为一支优质的、优良的慈善队伍。外围的队伍、县（区）的队伍、义工的队伍是慈善的大队伍，但主体是我们自身，要先把自己管好建好，提升自身从事慈善工作的能力和水平。

大敌当前人人有责[*]

大敌当前人人有责。新型冠状病毒就是我们现在所要面对的敌人，这个敌人比传统意义上的敌人更可怕，更难对付。在战场上，刀对刀、枪对枪、炮对炮，知道敌人从哪个方向打来，但是现在对付这种病毒专家还在攻关，还没攻下来。尽管已经分离出了毒株，但疫苗还没研究出来，对症的药就生产不出来。

对此次疫情，中央格外地重视。大年初一，习近平总书记召开了中央政治局常委会。武汉市已经宣布封城。在历史上、古今中外，千万人口以上的任何一个大城市都未出现过封城的情况。这次由于面对的是 14 亿人口的国家安全、七八十亿人口的地球安全，只好作出这样的决定，可以说是牺牲了一城一省，保护了全国、全球。为此，大家多加点班，多做点工作，不算什么。

今天这个会议没通知所有人来，就是通知在湖州的相关同志参加。结果，通知的同志都到会了，几位领导也到了。沈秋萍同志在外地也赶回来了，邱树萍同志年前那么忙，还没好好休息也来开会了，从这可以看出市慈善总会工作人员的政治意识。

政治意识是什么，就是中央有号召，省市委有要求，我们就有响应就有行动。大局意识也是这样，关乎社会的事、国家的事、人民的事，不一定是市领导有要求才做。大敌当前，匹夫有责，大家都应尽一份心、出一份力。

实践证明，市慈善总会的工作已经取得了很好的社会成效。自 1

---

[*] 在市慈善总会新冠肺炎疫情防控工作专题会长办公会议上的讲话，2020 年 1 月 28 日。

月 26 日全市慈善总会系统新冠疫情防控募捐行动启动仅两天，就已接受或促成专项捐赠款物 865.24 万元，拨付资金 213 万元。物资接受管理中心这两天一直在接受社会各界的物资捐赠。"慈爱湖州"网上的众筹金额已经接近 10 万元，大家还在不停地转发信息。我们的慈善大使释界隆也在第一时间捐了款，不管他是捐在长兴县慈善总会还是捐在市慈善总会，都是在为疫情防控作贡献，都要向他致敬。

大家非常辛苦，在这个特殊时期，都在全力以赴地共克时艰、共渡难关。相信在党中央的领导下，经过社会各方面的努力，这道坎肯定过得去。

几件事情再明确一下：

一是及时做好款物拨付，确保效益最大化。目前网上已经筹到的 9 万多元，要及时划拨出去，在第一时间以最快速度用到最急需的地方。我个人的意见是市慈善总会补一些钱，凑 10 万元拨付给武汉市慈善总会，因为那里是全国范围内最重要、最受关注、最急需款物的地方。会后，直接和他们秘书长联系，用最快的时间划拨过去。

二是关于今天的专题会长办公会议，要形成一个简短的会议纪要并发给各县（区）慈善总会。要求各县（区）慈善总会立即行动起来，响应党中央号召，根据省委、省政府和市委、市政府的要求，动员慈善系统所在区域的力量，积极参与疫情防控工作。要根据省里的要求，落实捐赠信息日报统计，全市慈善总会系统从即日起每日 16：30 前向市慈善总会报送当日疫情防控捐赠接受情况，由办公室做好统计汇总统一上报。上报之前先走程序，工作人员整理好数据之后，由孙副会长负责审稿。对外发布的数据、稿件要慎重处理，确保事实不失真、措辞严谨、数字准确，重要稿件须经会长审批。

三是要进一步做好社会筹募的动员工作。既然我们已经发起了专项筹募，就要进一步动员各方面的力量，运用好各个平台，要像"一日捐"一样，让更多的人知晓、更多的人参与、更多的人捐赠，使更多的人受益。

四是继续加强宣传工作，形成榜样引领效应，反映慈善贡献。前期的宣传工作不错，也花了心思。今天报纸版面的处置也是超常规的，头版都是党的声音，第二版头条能够给我们，也是对市慈善总会主动做事的肯定。要继续利用一切渠道做好各方面的宣传，要把全市慈善总会系统为抗击疫情所做的事情都纳入进来。目前是非常时期，要有非常举措，慈善做了这么多事情，也要让人知道。宣传工作做得好，对我们一定是有利的。老百姓心里明镜似的，他们会在大的事情中观察各个组织的应急能力、反应能力和组织动员能力。

五是要落实好每日值班制度。假期延长了3天，希望办公室安排好值班。我与朱群燕同志也讲了，之前的排班不变，后面3天3位领导每人带一天班，相应地配上1名同志，跟工作直接相关的同志优先。另外考虑到可能会有突发事件，江陈炎同志随时待命。沈晓林副秘书长在超市值班，需要小徐帮忙就自行通知。

六是做好自身防护、家庭防护、亲友防护，确保自身健康。

慈善无疆界*

自疫情发生以来，市慈善总会积极响应党中央号召，根据省委、省政府和市委、市政府的要求，在全市慈善总会系统第一时间启动了应急响应机制，得到了湖州广大市民、广大爱心人士的热烈响应。孙阿金副会长通报了一个初步的数字，截至昨天，疫情防控专项募捐达到1700多万元，今天已经接近3000万元，到下午5点统计时，甚至可能超过3000万元。大年初二那天，在全省慈善总会每日一报的统计中，湖州的防疫专项募捐资金就已经达到了800多万元，名列全省第二。

这两天，全城善心涌动，为共克时艰作出种种努力和奉献，令我十分感动。市卫健委的同志讲了，代表党委、政府从事这项工作非常辛苦，不只是一线的医务人员辛苦，分管医务人员的党政机关的同志也非常辛苦。慈善总会的几位老同志主要是做一些辅助性的、外围的工作，尽一名老共产党员、退休干部的责任。

这几天我们接受了许多的捐款，升华集团捐了500万元，湖州银行、康诚石矿各捐了200万元，但在这种特殊时期都没有举行捐赠仪式。这两天，经过考虑，还是认为有必要举行一个简要的捐赠仪式，目的是向全社会发出一个强烈的信号——在这个特殊时期，需要这样的企业、需要这样的行动来支持社会正向发展。

今天下午的捐赠仪式也进一步说明：

一是慈善无国界，慈善无地界。湖州市慈善总会是一个区域性

---

* 在美欣达集团有限公司医疗卫生慈善捐赠项目签约仪式上的讲话，2020年1月30日。

的慈善组织，以往的善款都是湖州的企业、爱心人士捐给湖州地区有需要的人，没有特殊情况，一般不救助外地人士。但是，当有了国难，遇到疫情、地震等大灾难时，就不能再分地界了。现如今，我们已经超出了市域的概念，冲着共克时艰的目的，来帮助武汉的、湖北的人民群众打好这次疫情防控战争。

二是慈善靠积累，慈善靠平时。慈善是要日积月累的，不是一时冲动就能够做出这样的举动的。美欣达集团的董事长单建明同志在国外，今天来的几位同志之前也都没上班，可实际上都在关注疫情。如果美欣达集团平时对慈善不重视、对慈善不热心、对慈善不主动，就不会有今天 1000 万元的善款捐赠。这不是有钱没钱的问题，而是是否具有慈善意识的问题。自我当市慈善总会会长的六七年以来，美欣达集团在湖州市的企业中，盈利不是最突出的，但做慈善始终是最好的之一。刚刚过去的 2019 年，在省政府评选的第六届浙江慈善奖中，湖州一共得了 8 个奖项，美欣达集团就占了两个，一个是企业捐赠奖，一个是美欣达慈善超市项目奖。还有市慈善总会推出的"慈善排行榜"，2018 年美欣达集团就是企业榜榜首，一年捐了 600 多万元。这几年，他们几乎年年都是几百万元的捐赠。所以说，只有平时就注重慈善的企业，到了有大事时，到了危难关头，才会有大义、有大德，才能够做出大动作，给全社会带来大的感动。

这一次的善款作为定向捐赠，定向用于疫情防控工作，定向用于第一人民医院的建设。建议受赠方珍惜慈善的爱心，用好这笔钱，要经得起审计和社会各界监督，要给社会和捐赠方有个好的交代。

我坚信，在党中央、在省委和市委的坚强领导下，在疫情防控工作领导小组办公室的具体组织协调下，全国的形势会越来越好，湖州的形势也会越来越好。

共克时艰，我们的社会成熟了强大了[*]

在这样一个非常时期，市委常委、常务副市长杨六顺同志能够来参加今天的仪式，给我的第一感觉是他的政治意识、为民情怀值得我们学习。上午电话沟通时，我反复说，在这个非常时期不建议邀请杨市长来参加这个仪式，因为在特殊时期他的工作职责特殊、工作责任重大，但他还是坚持要来。我把这看成是对市慈善总会和全市慈善总会系统参与疫情防控这样一个伟大斗争中所做工作的肯定。

自疫情发生以来，我和我的同事一直在为抗击疫情着急着、忙碌着、感动着。湖州地方不大、人口不多，经济总量也不大，但疫情发生以后，湖州社会各界特别是企业层面涌现出大量善行善举，加上今天的 1000 万元捐款，市慈善总会接受的款物就要超过 3000 万元。省里每天都在统计相关数据，目前在慈善总会系统，湖州名列前茅。所以，尽管忙碌着，却也在感动着。

这些天下来，我有几点感悟。

第一，我们湖州本土的企业成熟了、强大了，本土企业的企业家成熟了、强大了。企业成熟强大的标志不仅仅是看企业的营业额和创造的经济价值，在当前情况下，还要看两个指标：一是看企业在重大问题面前的政治意识和政治敏锐性；二是看企业的社会责任感。赚钱是能力，花钱是智慧。没有社会责任感的企业不是真正强大的企业，也不是真正可以传承久远的企业。一个成熟的企业和成

* 在浙江大东吴集团疫情防控暨慈善公益专项基金签约仪式上的讲话，2020 年 1 月 31 日。

熟的企业家，一定是富有政治意识和社会责任感的。2019 年度的"慈善排行榜"，榜首就是大东吴集团，它通过慈善总会系统捐赠的善款多达 500 多万元，今天又捐赠了 1000 万元，这充分说明了这个企业成熟了、强大了，这个企业的带头人成熟了、强大了。

第二，湖州市慈善总会和湖州市慈善总会系统成熟了、强大了。检验一家慈善组织是否成熟、是否强大，不单是看募捐了多少善款，也要看在风口浪尖、在国难当头时，其政治意识、社会责任感怎么样。在这次疫情防控期间，慈善工作者紧急行动、勇于担当，全身心投入工作。我们都是退下来的老同志，不管做了多少事，既不可能得到提拔，也不可能拿奖金，但都在这个地方兢兢业业、默默无闻地工作，这充分说明湖州市慈善总会和全市慈善总会系统成熟了、强大了。

第三，我们的社会成熟了、强大了。如果社会不成熟、不强大，就会在灾难面前怨声载道、避而远之。但现在大家的精神状态这么好、这么正面，都在千方百计地为社会作贡献。这是一个社会成熟的表现、强大的表现。

第四，党和国家成熟了、强大了。因为有党中央、有习近平总书记的高瞻远瞩、英明果断，在重大事件面前作出了非凡的决定，才有了全党、全军、全国人民万众一心抗疫情的突出表现。相信在这个强大的力量面前，疫情总会过去，春天即将到来。

最后，我希望接受捐赠的这两家单位要珍惜这笔资金、用好这笔资金，发挥它的最大效益。湖州市慈善总会将全力为捐赠企业和接受捐赠的单位搞好服务保障工作。

社会责任感是企业成熟的重要标志*

疫情发生是一件谁都不想面对但又不得不面对的事。面对疫情，市慈善总会的同志们一直在焦急着、忙碌着，也一直被社会的爱心感动着。

康诚石矿（湖州）有限公司今天的举动，是在湖州市慈善总会系统面对疫情接受捐赠的爱心事业面前，创造了一个新纪录，树立了一个新标杆。所谓新纪录、新标杆，是指这笔善款是目前市慈善总会系统在疫情防控的慈善捐赠接受款中数额最高的、到账资金最快的、受益面最广的一笔捐赠。为什么受益面最广？因为这笔善款的使用范围从镇到区、到市的层面，再到市外的武汉、湖北层面都考虑到了，惠及的面非常广。

这说明，康诚石矿（湖州）有限公司在自身发展的同时已经更成熟、更强大。这个观点两天前我在这里也说过。研究企业的、研究社会学的、研究经济学的有一个最基本的共识，就是判定一家企业是否成熟、是否强大，不仅要看它创造了多少经济效益，更重要的是要看这些效益最后体现在哪里。尤其是在我们中国的土地上，在中国特色社会主义的大背景下，就要看这家企业在风口浪尖、在急难险重关头有没有政治意识、有没有历史担当、有没有社会责任感，只有具备了这些，才说明这家企业真正地成熟了、真正地强大了。

我们身边也有一些企业，赚了点钱，事业上就没有追求了，社

---

* 在康诚石矿（湖州）有限公司疫情防控专项捐赠签约仪式上的讲话，2020 年 2 月 3 日。

会责任感也淡忘了。你说这算是一家真正成功的企业吗？算不上。所以，我被康诚石矿这样的举动所感动。

康诚石矿今天的举措不是心血来潮，不是一时冲动。2016 年，市慈善总会推出了"慈善排行榜"，康诚石矿在第一届就进入了企业榜前 10 的行列，此后年年都在榜上，2019 年距榜首就差了 20 万元。没有特殊情况，2020 年的榜首非康诚石矿莫属。在湖州慈善的道路上，康诚石矿的身影一直都在，而且留下了深深的脚印。你们在关注自身企业发展的同时，也在关注社会的发展，关注驻地百姓的发展。慈善是一个积累的过程，慈善是发自内心的举动，不是靠行政权力压出来的，也不是靠谁逼出来的，只有发自内心的慈善才可能长久。

我代表市慈善总会，也代表受捐赠的这些单位，向你们表示诚挚的谢意和崇高的敬意。

市慈善总会在昨天下班之前就全市慈善系统的防疫捐赠情况，给市委、市政府写了个专报信息。今天一上班，王纲市长作了批示，给了一些鼓励，也提了一些要求，要求市慈善总会把这些钱用好，在最快的时间发挥出最好的效益。我们将按照这些要求，根据你们的意愿来使用这笔善款，在最快的时间发挥最好的效益。对于善款，市慈善总会一定会负责任地把它管好、用好，请大家对善款的使用情况进行监督，确保用到实处、用到急处，对得起捐赠人的心意，将爱心用在慈善事业上。

她书写了抗疫捐赠的三个第一*

有关疫情的捐赠仪式，今天已是第六次。今天这一场捐赠仪式有着特殊的意义，这次捐赠，书写了疫情防控捐赠的三个第一。第一个第一是在全市慈善总会系统，这是由港澳台同胞在湖投资的企业的第一笔大额捐赠；第二个第一是这笔善款是我们市慈善总会系统接受的类似款项中，个人捐赠数额最高的一笔；第三个第一就是第一次在捐赠人缺席的情况下，举行捐赠仪式。

捐赠人黄红女士一直以来对慈善、对湖州都有着深深的情结。她在湖州生活工作了 20 多年，一直都在通过妇联系统默默地做慈善。2013 年我来到慈善总会任职后，她主动提出通过慈善总会这个平台继续做慈善。在尊重黄红女士意愿的前提下，我向她提出了相关的建议，也达成了相关的合作。

在项目上，她在征得孩子同意的情况下，拿出为孩子 16 岁生日纪念的 100 万元设立了以她孩子的名字命名的"倩宁书屋"。截至2019 年年底已经建成了 17 所"倩宁书屋"，专门为社区和村里的孩子、留守儿童提供图书阅览。这个项目在 2019 年的慈善年会上被评为湖州市 2019 年十大慈善事件之一。黄红女士表示，通过"倩宁书屋"这个项目，对自己孩子的教育意义是深刻的。2019 年我们一起走访"倩宁书屋"时，黄红女士还表示要计划建成 100 所"倩宁书屋"，让这份爱心不断延续下去。

对于这次疫情，黄红女士在第一时间发动侨商会的会员和理事捐赠紧缺物资，以她为代表的侨商会为我们湖州的慈善作了大贡献，

---

* 在黄红女士支持疫情防控捐赠签约仪式上的讲话，2020 年 2 月 6 日。

为湖州的社会正能量作了大贡献，为这次疫情防控作了大贡献。我们向她表达谢意和敬意，我们也会尊重捐赠者的愿望，将她的爱心落到实处，保证不浪费一分钱、不耽误一分钟。

在目前防护物资十分紧缺的情况下，我们的工作尤其需要谨慎，务必要把善款花在刀刃上，要以最快的速度把钱和物资对接好、落实好。我们虽然没有身处防控一线，但也要尽力为防控工作作贡献。

以一线战斗精神应对大战大考[*]

　　前期，我们积极响应习近平总书记和党中央的号召，按照省委、省政府和市委、市政府的统一部署，尽我们慈善总会所能完成了工作，成效明显。我们始终是以处在一线的精神状态、工作姿态和战斗精神奋战，目的是一切为了一线。

　　这次疫情是一场大战、是一场大考，经过 20 多天的同心协力、同舟共济、同心同德，应该说我们在大战中没有打败仗，在大考面前交出了一张合格的答卷。

　　下一步工作，首先要跟中央对标、跟最高统帅部对标，要打一场总体战。一是人民战争，二是总体战，三是阻击战，这里面是有不同含义的，我们要好好学习领会习近平总书记和党中央以及省委市委的指示精神，在人民战争中不能缺席。人民战争就是举国动员，人人都要参战，不能当旁观者。前期我们都是参与者，甚至是突击队、爆破手、狙击手。总体战则要求我们考虑这个阶段的工作，必须要有辩证思维，要有整体观念，要有全局观，省委的态度已经十分明确：一是疫情防控的阻击战，要取胜。二是复工、复产、复学，经济社会健康平稳运转，确保 2020 年的各项目标如期完成。但在疫情严重地区，阻击战还是重中之重，因为武汉胜则湖北胜，湖北胜则中国胜。湖北疫情现在还在延续，底数还没搞清楚。反观浙江，已经从几百例下降到几十例，到昨天只有十几例了，所以书记、省长在讲话时，强调首先是阻击战不能掉以轻心，但是该干什么要干

---

　　* 在市慈善总会新冠肺炎疫情防控工作第二次专题会长办公会议上的讲话，2020年 2 月 13 日。

什么，复工、复产要抓紧，重大项目要开工，人民日常的生活要保障。我们要领会总体意图，要认真落实总体战思维，拿出总体战的部署。三是阻击战，要一鼓作气打赢。下一步的工作我们就按照中央关于人民战争、关于总体战、关于阻击战的要求来安排。

重点抓好以下七项工作：

一是继续做好疫情防控款物的接受工作。

二是疫情防控的资金、物资必须坚持阳光透明。

三是所有捐赠款物必须坚持便捷的原则，能精简的程序尽量精简。有些程序可以后补的就后补。

四是要搞好非常时期的跟进服务。例如有些没有开发票、没有领导签字之类的情况，后面要抓紧跟进，力求手续完备，特殊情况可以先办后补。

五是宣传工作要继续加强。

六是要做好总结表彰工作的准备。

七是要两手抓，两手都要硬，两战都要赢。一方面要继续抓好疫情防控中的慈善工作；另一方面，按照年度慈善工作的总体部署，有的工作抽空就要做起来，例如理事会，还有关于精项目、强主干等15个字的要求，都要考虑进来，坚持两手抓。同时要继续做好自身防护工作、家庭防护工作。希望每个人都健健康康，每个家庭都平平安安。

慈善家庭令人敬*

今天的捐赠仪式意义特殊，捐的是陈根花女士孙子们的压岁钱。众所周知，振兴阿祥集团前些年遇到了一些特殊情况，企业效益还在恢复中，但是他们一家人商量，面对重大疫情不能当旁观者。征得孙子们同意后，把孙子们历年的压岁钱 66 万元拿出来支持抗疫。66 万元不是小数字，反映了他们的慈善之心、博爱之情。

大家看到，陈根花女士今天是在女儿陈丽红女士的陪同下来的，陈根花女士和潘阿祥先生是一对慈善夫妻，现在和女儿陈丽红又是一对慈善母女，全家人都在做慈善，是一个慈善家庭，不管顺境还是逆境，他们的慈善之心始终如一。

振兴阿祥集团是连续四届的市慈善总会副会长单位，是对市慈善总会创始资金贡献最大的企业。2002 年市慈善总会筹备成立时，这家企业就主动捐赠 60 万元，是当时数额最大的一笔。董事长潘阿祥是唯一因慈善受到党和国家最高领导人接见过的湖州人，我们始终记着他们这份慈善情义。在这次全民抗疫的斗争中，他们又将孙子们的压岁钱捐出来，我们要向这样的慈善家庭好好学习，把这种慈善家风传递给更多的家庭。

---

* 在陈根花女士支持疫情防控捐赠签约仪式上的讲话，2020 年 2 月 15 日。

致敬助力抗疫的慈善工作者*

　　大家的交流，既有前段时间疫情防控的经验总结，也有今后应对类似事件的研究探索，我听了很受教育。下面讲几点自己的想法。

　　第一，此次抗疫说明，湖州市慈善总会系统具有高度的政治意识和政治敏锐性。各区县慈善总会均在第一时间作出响应，启动了专项募捐，把这个最长的春节假期变成了最忙的工作时间。如果没有很强的政治敏锐性，不可能做到这些。

　　第二，此次抗疫说明，湖州市慈善总会系统坚持了精准定位、到位不越位的工作原则。在重大突发事件的应对中，慈善组织自身定位非常重要，不作为不行，作为不到位不行，作为过头越位了也不行，把握好这个度非常不容易。从这几个月的实践来看，大家对慈善组织的定位是准确的，慈善工作都纳入了党委、政府的统一领导、统一指挥、统一部署、统一调配。总会接受了诸多善款，除了有定向意愿的，政府说往哪里拨付就往哪里拨付。刚才吴兴的蒋会长说了一句很实在的话——我们只做好事，不去做好人。

　　第三，此次抗疫说明，湖州市慈善总会系统的慈善法治观念日益增强，依法行善的理念逐步深入、逐渐扎牢。抗疫期间，无论是捐赠款物的接受与拨付，还是慈善信息公开，都做到了依法而行，得到了社会各界的充分认可。

　　第四，此次抗疫说明，湖州市慈善总会系统的队伍是一支有水平、会干事、能成事的合格队伍。这是我们长期以来坚持队伍培养、

_____

　　* 在湖州市区县慈善总会会长联席会议上的讲话摘要，2020 年 5 月 11 日。

人才历练的成果。如果没有之前的努力，遇到了今年的情况，队伍展得开吗？用得上吗？收得拢吗？打得赢吗？尽管在这场抗疫斗争中也发现了一些问题和短板，但总体上看，我们这支队伍是信得过、靠得住的，面对重大事件是展得开、做得好的。

创建慈善文化研究院是对的 *

　　这次活动，最大的收获是收获了信心，收获了对现代慈善的信心、对市慈善总会进一步发展的信心。这次活动是市慈善总会成立以来规模最大、规格最高的活动，开展这类活动在党政机关不稀奇，但对一个民间组织而言，确实是一个不小的挑战，所幸很成功，也让我从中收获了满满信心。

　　这次成功证明了创建慈善文化研究院的决策和思路是对的。决策是要不要办这件事，思路是怎么办这件事。现在的慈善文化研究院实际上是"四位一体"，慈善总会一方、大东吴集团一方、省慈联一方、西北大学一方。"四位一体"反映了办院的思路，既有慈善纵向的支持，又有慈善文化研究的学术支持，还有企业的资金支持，根基很厚实，资源很丰富，未来前景大有可期。

　　这次成功证明了学习研讨班确定的主题、选择的时机、组织的对象是对的。这个主题从一开始定下来就没变过，现在回头看是正确的，得到了大家的充分认可。选择的时机有点冒风险，活动时间原本定在6月15日，谁能想到6月11日以后北京出现了疫情。那几天身心高度紧张，就怕省里市里突然发一个通知，停止一切100人以上的活动，幸好这种情况没有出现。从活动的反响来看，大家都认为在疫情防控常态化条件下，湖州能出这样一个题目来研究非常合时宜。我们举办这样一个主题活动，在地级市估计是第一家。这次我们组织的对象，既有慈善系统的，也有民政系统和红十字系统

---

　　* 在湖州市大东吴慈善文化研究院成立系列活动总结会议上的讲话，2020年6月24日。

的，都是和慈善事业存在紧密联系的对象。之所以说是对的，是因为它对慈善事业发展产生了正能量、注入了新生机。

这次成功证明了我们的班子和团队是有战斗力的，也证明了这几年对年轻同志培养的路子是对的。这几年，总会5名退休同志对年轻同志的培养一直是全力以赴，既信任放手又严格要求。经过几年的培养，多数年轻同志已经成长起来了，具备了独当一面的能力，他们到机关单位去工作也是没有问题的。这不是调侃，是非常自信。这些同志的组织观念、纪律观念，政治意识、服从意识，吃苦精神、实干精神都非常出色，完全能够胜任。

这次活动的成功，证明了上下联动、横向互动的区域慈善发展机制是对的。这次活动我们得到了许多单位和个人的支持与帮助，大家有钱的出钱、有力的出力，让我们非常感动。区县慈善总会的退休老同志，一直都坐在那里认真听讲，认真做笔记。来了这么多人，这么多领导，全靠副会长单位帮我们分担压力，这是我们平时紧密联系、联手联动的良好结果。这种好的互动机制，要延续传承下去。

首届南太湖慈善论坛的成功所在 *

无论是重大活动还是日常工作，只要我们善于学习、善于总结，一定会不断成长。关于这次论坛，我讲几点看法。

一、基本评价

我认为这次论坛比预期的好。为什么说比预期的好，好到什么程度，产生了什么积极影响？时间拉得越长，看得就越清楚。在这次论坛上，很多领导作了讲话，今天借这个机会和大家再次学习一下。第一位是省慈联的陈加元会长。我们是给他准备了讲话稿的，但是他没有用，用的是自己写的讲话稿，全部是自己的真情实感。作为一位退休老领导，有这样的敬业精神非常值得我们学习。在他的讲话里，一上来就提出南太湖慈善论坛是湖州的大事、浙江的喜事，也是环太湖和长三角慈善界的好事。紧接着讲了三个"好"。一是时间选得好。正逢习近平总书记提出"绿水青山就是金山银山"理念15周年。二是地点选得好。在湖州这样一处美丽之洲、大爱之城。他指出，湖州这些年沿着"绿水青山就是金山银山"理念指引的道路前行，各方面工作都取得了显著成就，特别是慈善事业如鱼得水、如日中天，正处在厚积薄发的新阶段，有许多好做法和新特点，尤其是人均捐款高、市县协同好。社会企业运作顺畅、文化建设方兴未艾，为开好这个论坛打下了很好的工作基础。三是主题选得好。"绿水青山就是金山银山"理念与新时代慈善的理论性和实践性、现实感和超前感都很强。后面他又总结了四个"观"："绿水青

* 在首届南太湖慈善论坛工作总结会上的讲话，2020年9月3日。

山就是金山银山"理念不仅开创了人与自然和谐的马克思主义生态文明观，而且深刻揭示了生态环保的绿色发展观，深刻揭示了人民对美好生活的向往就是我们奋斗目标的社会价值观，深刻揭示了一切为了人民一切依靠人民的人民主体观。他相信首届南太湖慈善论坛一定会多彩、圆满、成功。

第二位是清华大学彭建梅教授。文人就是文人，语出不凡。首先，她代表清华大学隆重祝贺首届南太湖慈善论坛的召开，她讲这是 2020 年特殊年份中国慈善行业的非凡事件，这个论坛释放出来的民间活力和慈善力量令人鼓舞，意义深远。尽管我们今天还无法准确描述它的价值和意义，但我相信这是中国慈善领域又一个传奇的开始，值得期待和点赞。

第三位是镇江市慈善总会副会长周梅生。他评价这次论坛的组织工作用了 12 个字：十分周到，非常出色，水准很高。

二、主要体会

确定了一个服务大局、立意高远的主题。研究论坛主题时，很多同志都给出了很好的意见，社科联的沈振建主席还请了不少高手帮着出主意。经过多方讨论，达成了一个共识，一定要从具有湖州特色的方面去定主题。正好 2020 年是习近平总书记提出"绿水青山就是金山银山"理念 15 周年，当时中宣部、浙江省委正准备举办大型的纪念活动，而"绿水青山就是金山银山"理念就是湖州最大的特点、最大的名片，所以我们初步确定论坛主题为"'绿水青山就是金山银山'理念与新时代慈善"。很多人问，"绿水青山就是金山银山"理念与慈善事业有什么关系？有的同志说这个题目不好破题，不好写文章。确实如此，这个题目把我们自己都难住了。我所作的主题报告的前三稿全部推倒重来，在初稿形成之后又陆续进行了十几次修改。现在回过头来看，"绿水青山就是金山银山"理念和慈善事业确实存在紧密联系，就像我们的旧衣循环项目、碳汇基金等都是具体实践的案例。之所以强调是服务大局，是因为 2020 年省市两级党委、两级政府都将纪念"绿水青山就是金山银山"理念提出 15 周年列入重点工作。慈善总会举办这样主题的南太湖慈善论坛就是紧跟党委、政府的步伐，紧贴中心服务大局。

搭建了一座独具特色、着眼长远的平台。在湖州市大东吴慈善文化研究院成立时，我们就在考虑，研究院不能只挂牌，必须要举办一些活动，把事业做起来，把名声打出去。起初定的是环太湖慈善论坛，后来省慈联陈加元会长建议改为长三角慈善论坛。但湖州只是个地级市，领衔长三角不合适，最后确定为南太湖慈善论坛。南太湖这个说法可大可小，既可邀请南太湖区域的人来参加论坛，也可以以南太湖的名义向全国发邀请。南太湖就是湖州独有的牌子，别人永远抢不走。为什么加上个首届？就是要立足长远，不能做一锤子买卖，今后还可以继续。到底是一年办一届、两年办一届，还是三年办一届，要视具体情况而定。

组织了一支以我为主、各方参与的力量。第一是唱什么戏？第二是在哪个台上唱戏？第三是谁来唱戏？有人提到了此次论坛是多赢的局面，但是多赢必须建立在以我为主的基础上。慈善文化研究院的高级研究员、研究员是我们的基本力量。开展征文活动时我就在想，即使外面一篇论文没有，我们有 13 位研究员，再加上我们区县慈善总会的人员，也有 20 多篇文章。向外界发出邀请时即便没有人来，论坛仍然能举行，我们的研究员队伍也可以撑起这个局面，南太湖的人研究南太湖的慈善理所应当。最终的结果还是好的，中慈联、省慈联还有那么多的地市慈善组织都来参加，清华大学、浙江大学、西北大学等高等学府也都积极响应。

提供了一个宾客至上、大气精致的保障。这次论坛的保障工作做到了全员参与、全程跟进、全域协同，体现了以人为本、以心为上、以细为要。所有的同志都作出了贡献，无非是根据工作的分工，参与的程度有所不同。

最后，我讲一些后续的工作：一是要做好有关答谢工作。这次论坛得到了各区县慈善总会、省高速公路交警总队湖州支队等一众单位的有力支持。要根据各自的分工联系，争取在这周内完成答谢工作，打电话、发短信或者上门都可以。二是要做好各项经费的结算工作。三是要做好论坛资料的收集、整理、归档工作。

登门求学　随行见学　论坛研学 [*]

尊敬的陕西省慈善协会赵会长（赵浩义副会长）、李会长（李和副会长），尊敬的远在外地的陈院长（西北大学慈善研究院院长陈国庆），尊敬的王元琪副院长，尊敬的各位领导、各位嘉宾：

大家上午好！

很荣幸受邀来参加此次论坛，很惶恐站在这里作为主办方致辞。此前我反复推辞，到历史如此厚重、文化如此渊博、对慈善文化研究如此卓有成就的西北大学慈善研究院致辞，尽管我来自改革开放先行地浙江湖州，依然感到非常惶恐。但既然王院长点名了，恭敬不如从命。说好说坏是水平问题，说不说是态度问题。昨天晚上，尽管外面温度很低，但一下车就感到了一股暖流涌向心头。一年中，因为一个愿景，我三次来到西北大学慈善研究院。

第一次踏上这片热土是 2019 年 11 月 5 日，当时是来学习取经的。西北大学慈善研究院声名远播，我通过网络收集了所有能收集到的关于慈善文化研究方面的资料，确认西北大学与陕西省慈善协会校会合作共建的慈善文化研究机制，在中国是走在前面的。因为我们也想办一所慈善文化研究机构，所以专程来西北大学学习取经。结果不虚此行，得到了陕西省慈善协会和西北大学慈善研究院的热情接待，他们毫无保留地介绍了慈善研究院的发展历程、研究成果和未来的一些想法，给予了我们极大帮助，使我们开阔了眼界、坚定了信心。在浙江省慈善联合总会的指导下，浙江省首家地市级的慈善文化研究院——湖州市大东吴慈善文化研究院于 2020 年 1 月 10

＊　在首届陕浙慈善论坛上的致辞，2020 年 11 月 21 日。

日在民政系统登记注册成立，而且聘任慈善领域的资深专家、省慈联李刚副会长为高级研究员。因此，第一次来可称登门求学、探寻合作之旅。

2020年6月18日，慈善文化研究院成立系列活动在湖州举行，特邀西北大学慈善研究院的领导专家出席，结果因疫情不能亲临现场，以视频连线的方式签署了战略合作框架协议。签约当天，湖州市慈善总会与湖州市民政局联手举办了"重大突发事件与慈善组织应对"学习培训班，西北大学慈善研究院王元琪、王有红两位副院长以网络教学的形式给学员们上了生动的两课。事后了解，全国在那个时间段举办这样题目的学习培训班，湖州可能是第一家。紧接着，8月26—27日，我们又举办了首届南太湖慈善论坛。论坛的主题是"'绿水青山就是金山银山'理念与新时代慈善"。"绿水青山就是金山银山"理念是时任浙江省委书记习近平同志于2005年8月15日在湖州市安吉县余村考察时提出的，浙江省委、省政府在2020年8月15日举办了一个纪念15周年的活动。因此把时间定在了8月26—27日。论坛得到了环太湖地区、长三角地区30多个地级市和七八所知名大学的热烈响应，收到了60多篇论文，很荣幸西北大学的专家教授也给我们寄出了两篇论文，而且都获得了特别奖。2020年9月，浙江省慈善联合总会的陈加元会长一行赴陕西考察交流，我也有幸陪同，那一次可以说是随行见学、扩大合作之旅。11月初，浙江省举办的第七届"西湖论善"活动特邀陕西省慈善协会的吴会长一行参加，王元琪副院长作为特邀嘉宾发表了精彩演讲，让我们受益匪浅。

这次是第三次，可以叫作论坛研学、深化合作之旅。我相信只要我们都有这颗心，我们的合作之路会越走越宽广。

最后，预祝本次论坛圆满成功，祝愿在座的各位身体健康、事业更有成、家庭更幸福。

谢谢大家！

"五力"并举,
以优异成绩迎接建党 100 周年*

一、明年工作的指导思想和总体要求

以习近平新时代中国特色社会主义思想为指导,全面贯彻党的十九大和十九届二中、三中、四中、五中全会精神,以慈善法为依据,紧紧围绕省市两级党委、两级政府决策部署,以湖州百姓需求为导向,增强张力、保持定力、壮大实力、激发活力、彰显魅力,在推进时代化、特色化、法治化、大众化、指尖化、职业化的现代大慈善建设中,继续走在全省乃至全国前列,为湖州建设重要窗口的示范样本贡献更多慈善元素,以优异成绩庆祝中国共产党成立 100 周年。

二、把握的基本原则

(一)增强张力

要讲政治、识大势、顾大局、谋大事,站在开启全面建设社会主义现代化国家开局之年的历史方位想问题、找坐标、担责任,把慈善事业发展融入国家现代化建设的历史进程,把个人奋斗与国家命运、民族复兴紧紧联系在一起,增强政治张力,坚定政治自觉。

---

* 在 2021 年工作务虚会上的讲话摘要,2020 年 12 月 17 日。

（二）保持定力

要学深、悟透、弄懂、践行党的十九大以来党对慈善事业发展的一系列重要论述精神，学深、悟透、弄懂、践行慈善法精髓要义。前几年我经常讲两面旗帜，一是思想旗帜、党的旗帜，这就是习近平新时代中国特色社会主义思想的伟大旗帜。二是工作旗帜，就是慈善法，实际上就是保持定力。要靠坚定的政治定力和法律定力来提升我们行善兴善的工作定力。工作定力来自政治定力和法律定力，落脚点是要提升在具体工作中的定力，不能摇摆，不能动摇。对于实践证明是正确的适应湖州水土的既定的慈善工作目标、思路、重点，要继续坚持好、维护好、发展好。

（三）壮大实力

要壮大慈善组织的综合实力。一是要有硬实力，既要把募集资金的盘子做大，又要把存量资金包括资产保值增值做稳做好；二是要有软实力，慈善文化就是慈善软实力的重要组成部分，要高度重视慈善文化建设，使之成为新年度的新亮点和新增长点。

（四）激发活力

要始终把创新作为推动慈善事业发展的不竭源泉，在新思维、新技术、新手段竞相奔涌的创新时代，慈善事业必须把创新摆在更加突出的位置来重视、来研究、来实践。在提高站位保持定力的前提下，凡事都要用新的视角、新的观点、新的方式来应对、来突破，使我们的事业永远是喷涌不息、润泽大地的一汪活水，而不是坐井观天、自我欣赏的一潭死水。

（五）彰显魅力

要使慈善组织成为具有向心力感召力、对社会有用的组织，使慈善工作者成为令人向往、受人尊重的职业。魅力之根在人，魅力之魂在品质。要继续用心用力用情抓好以人为根本、以品质为追求的慈善队伍建设，使这支队伍成为有政治头脑、有专业技能、有职业操守、又红又专的过硬队伍。

三、工作重点

做大做强慈善资金；做准做实慈善项目；做强做亮慈善文化；做精做特志愿服务；做红做专慈善队伍。

致敬 2020[*]

关于 2020 年的工作，各区县各有各的创新、各有各的创造、各有各的经验、各有各的亮点。我用三句话来概括 2020 年全市慈善总会系统的工作：大灾难带来了大考验，大考验激发了大拼搏，大拼搏赢得了大丰收。

一是各项数据创下历史之最。 2020 年，全市慈善总会系统慈善总收入 4.18 亿元，其中募捐收入 3.78 亿元，支援疫情防控、慈善救助和公益项目支出累计 3.69 亿元，为历年最高。6 家慈善组织的慈善总收入超过 4 亿元，这是什么概念？从 2002 年到 2013 年，全市慈善总会系统前 10 年总收入 4.3 亿元，如今一年就超过了 4 亿元，想都不敢想。各区县除了长兴，2020 年都是慈善总会成立以来数据最高的一年。在新发布的"慈善排行榜"上，368 家企业、830 名个人、16 家社会组织榜上有名，较之往年有大幅增长。2020 年 6 家慈善总会均在"慈爱湖州"网推出了慈善项目，实现了慈善总会系统网上筹募全覆盖。

二是所获荣誉创下历史之最。 以长兴县为例，长兴县慈善总会成为唯一受到市委、市政府表彰的疫情防控先进集体，在党委、政府的表彰名单里出现慈善总会的名字，非常不容易，值得我们自豪；成为湖州市百家品牌社会组织之一，湖州的社会组织四五千家总是有的，长兴县能够获得这项荣誉，令人非常高兴。市慈善总会也有两项荣誉很难得，首先是从全省登记在册的 7 万余家社会组织中脱颖而出，荣登浙江省百家品牌社会组织之一。其次是市慈善总会副

---

* 在湖州市区县慈善总会会长联席会议上的讲话节选，2021 年 1 月 18 日。

秘书长沈晓林同志成为湖州市慈善总会系统唯一受到市委、市政府表彰的抗疫先进个人。体制外的人进入了党委、政府的表彰序列，非常难得也非常珍贵。当然，其他区县慈善总会也有诸多荣誉值得我们骄傲，这在慈善总会系统的历史上是不多见的。为此，我们向2020致敬！

关于"百千创建"活动[*]

首先感谢省慈善联合总会对这次现场会的高度重视和有力支持，蔡国华副会长百忙之中前来参加会议并讲话，希望大家认真学习领会，结合实际贯彻落实。长兴县杨福成会长介绍的经验非常朴实，可以复制推广。

今天召开这样一个现场会想解决什么问题？作为会议的发起者、组织者，必须非常清晰地回答这个问题。今天的会议是市慈善总会自2002年12月底成立以来，在慈善总会系统召开的第一场全市性现场会。之前，很多好经验好做法都是通过市区县慈善总会会长联席会议的形式介绍推广，开现场会是第一次。今天的会议规模不大，但是规格不低。一是考虑到疫情，二是考虑到节约成本，会议目的在于总结推广长兴县在慈善文化实践（示范）基地建设方面的经验和做法，推动全市慈善总会系统开展"百千创建"活动。为什么要开展"百千创建"活动？这个问题要从三个方面去回答：应该不应该做这件事，可不可以做这件事，能不能做好这件事。

一、这件事应该做

（一）这是学习贯彻习近平总书记关于慈善工作重要论述的重要举措

尽管我们是民间组织，但第一要做的还是高举旗帜，提高政治站位。习近平总书记在浙江担任省委书记时就曾说过："慈善是社会

<small>* 在湖州市百千慈善文化实践（示范）基地创建活动现场会上的讲话，2021年4月6日。</small>

文明和谐的重要标志，是树立社会主义荣辱观的重要体现。慈善事业是一项全民的事业，要广泛普及慈善文化、弘扬慈善精神、宣传慈善典型，激发社会各界参与慈善事业的热情，在全社会形成人人心怀慈善、人人参与慈善的浓厚氛围，共同为构建社会主义和谐社会作出应有贡献"。（2006 年 12 月 12 日，在浙江慈善大会上的讲话）

（二）这是落实省委、省政府关于慈善文化"六进"部署的重要载体

省委、省政府办公厅于 2020 年 12 月 31 日下发了《关于加快推进慈善事业高质量发展的实施意见》，有 6 个部分 23 条，里面干货非常多。文件在第六部分第二十三条，第一次把弘扬慈善文化作为单独一节，意见明确要继续推进慈善文化进机关、进企业、进学校、进社区、进农村、进家庭。实际上这是一个概括性的提法，只要有人的地方，慈善文化都要进去，讲朴素一点就是进千家万户。要人人了解慈善、人人崇尚慈善，才会有人人参与慈善、人人因慈善而受益。所以说，做这件事、开这个会就是落实省委、省政府的文件精神。市委、市政府的文件目前还没出台，但肯定要出台。有些区县的文件已经准备好了，市里出台以后马上跟进。

（三）这是推动慈善事业高质量发展、建设现代慈善的重要标志

建设现代慈善的理念，市慈善总会在 2013 年就提出来了。刚才长兴县杨会长介绍经验，开宗明义就讲这些年长兴县慈善总会的工作有了大踏步的前进，慈善事业的发展推动了慈善文化的发展，慈善文化的发展又引领了慈善事业的发展，这就是精神与物质的关系。慈善文化的发展程度是评价现代慈善事业发展水平的重要指标。步入新时代，慈善事业已经提出了高质量发展，慈善文化还在原地踏步是不行的。慈善文化深入人心的程度检验着公众对慈善的认识，检验着慈善发展的水平，预示着慈善发展的方向。我们开展"百千创建"活动，标志着湖州慈善总会系统的慈善工作已经进入了高质量发展轨道，现代慈善建设又迈出了新的步伐。

（四）这是促进新时代文明实践活动、助推基层社会治理的重要内容

慈善文化不是孤立的，就像今天看到的蓝天学校，它本身就是慈善的产物，没有社会上那么多热心慈善的人的支持，只靠个人的愿望，只靠个人的精神，只靠政府的支持远远不够。正是因为有了这些热心慈善的单位、个人踊跃奉献爱心，捐钱捐物来支持，学校才能越办越好。慈善的范围很宽广，只要是利他主义的、有助于别人的都是慈善。慈善文化也是新时代文明的重要组成部分。慈善文化发展起来了，新时代文明建设的力量就会更大，成果就会更多，对于调解社会矛盾、促进社会治理也会作出更多的贡献。党的十九大以后，特别强调慈善参与社会治理，下一步我们学习研讨的主题就是现代慈善与社会治理。如果这个视角不延伸出去，视野不开阔，就会永远想不到这些问题。

二、这件事可以做

不是所有对的事情都可以做，有的因为时机不成熟，有的因为条件不成熟。就像慈善信托，市慈善总会一直在准备开展，但因为许多条件不成熟、不具备，目前还做不起来。之前强调的是重要性，现在强调的是可行性。我认为"百千创建"活动是可行的，理由有三：

（一）有丰富的实践基础

在这个活动开展之前，市区县慈善总会都在实践。市慈善总会在市公安局、市教育局分别建有公安分会、教育分会，这就是慈善文化进机关。吴兴区慈善总会在几年前就举办过慈善文化进校园活动，各区县慈善总会都有一些自己的实践和特色。还有村镇慈善基金建设，除了安吉县有点特殊情况，其他区县的慈善村镇建设都基本上实现了全覆盖。这些都是我们丰富的实践基础。

（二）有深厚的群众基础

无论做什么事都要有群众基础作支撑。湖州慈善全市最大的品牌是"慈善一日捐"活动，已经连续开展了18年，目前已经实现了体制内的全覆盖，并逐步向各行各业扩展，每年的参捐人数、参捐群体、参捐领域都在拓展，这就是群众基础。越来越多的人对慈善有了解、有认可、有支持。

（三）有健全的组织基础

湖州市慈善总会系统现在已经实现了纵向到底，市区县有慈善总会，乡镇街道有慈善分会，村社区有慈善工作站，尽管没有领导与被领导的关系，但一声号召全体响应。有实践基础、群众基础、组织基础这三个基础，"百千创建"工作当然可以做。

三、这件事能够做好

一件事情应该做、可以做，但不一定就能做好，要做好还需要很多的因素来支撑。市慈善总会系统坚信能够组织好"百千创建"活动，靠的是以下四个方面。

（一）靠高度的思想自觉

做一件事，思想不开窍、思想不打通、思想不到位，永远做不好。认识是第一位的，思想是第一位的。这件事在2020年底的全市区县慈善总会会长联席会议上提出，经过大家的沟通协商，一致认为是一件好事，可以去做，也都有信心能够做好这件事。思想自觉有了，有意愿有信心去做，这件事就成功了一半。

（二）靠管用的示范引领

今天选择在长兴县召开现场会就是看示范。我认为长兴县的示范是当得起的，经验是管用的。杨会长已经作了介绍，我再回顾一下。首先是站位高、见事早。在党的领导下，慈善组织必须坚持党建引领，要讲政治顾全局。2020年底，我们开会提到这个事情，长兴县马上就意识到这件事该做，非常重要，这就是高度的思想自觉。

没有思想自觉就没有行动自觉，没有行动自觉就没有丰硕成果。其次是基础好、推进快。春节后一上班，长兴县的方案就已经起草好了，示范点也选好了，有机关的、有学校的、有企业的。如果没有平时的深厚基础，怎么可能在短时间内就做起来？再次是谋划细、做法实。长兴县慈善总会出台的活动方案谋划非常细，例如像慈善文化进企业，对上市企业、中小企业等不同规模的企业分别提出了不同要求。如果没有分类划档，搞一刀切，这个活动就不可能推进得这么顺利，落地就不可能这么实。最后是能解难、善创新。我们商量时就在考虑这件事该不该由慈善总会出面，是不是需要党委、政府出面做这件事。后来决定还是由慈善总会系统出面，如果党委、政府认为这个做法很好，在全市推广，也算是为全局作了贡献。创新是什么？你解开难题就是创新，创新了，难题就解开了，相辅相成。只要我们根据示范引领来做，根据自己的实际情况再超越，那就是百花齐放、万紫千红。

（三）靠有效的联动机制

湖州市慈善总会系统从 2013 年 8 月建立市区县慈善总会联席会长会议制度以来，整整 8 年不曾间断。通过建立这样一个机制，形成了市区县慈善总会群策群力、联手联动的高效工作格局。

（四）靠有力的多方支持

这件事虽然是市慈善总会在主导，但仍然需要党委、政府的推动和各有关部门的支持，需要上下左右多方有力有效的协同参与。我相信，有了上述"四个靠"，"百千创建"活动肯定会成为 2021 年及之后湖州市慈善总会系统的又一特色品牌。

深入推进基层慈善基金（机构）建设*

刚才我们参观了幸福村、乾元镇，听了德清县的经验介绍，收获了一些新的感受；听了市民政局和市农业农村局的发言，感到非常给力，增添了新的信心。

这次会议是一次非常重要的会议。2013年我担任市慈善总会会长以来，组织过很多次有市领导出席的慈善活动和会议，但是以市政府的名义，就市慈善总会提出的某个问题召开一次专题会议，这是第一次。夏坚定副市长开了一个好头，做了一个好榜样。这次会议规模不大，但规格不低，议题专一，议题重大。

下面，就市慈善总会系统如何学习贯彻本次会议精神，讲几点看法，供参考。

一、要把德清的经验学习好

德清的经验很全面、很具体、很务实，我觉得有三个重点特别值得学习。一要学习他们十年磨一剑的境界。一件事看准了就要一直做，不能一年一个新思路，换个领导就换个做法，而要踏踏实实一件一件地干、一茬一茬地干、一年一年地干。看准了的能够坚持干下去，久久为功，这是一种很高的境界。二要学习他们上下同欲的气概。军事上讲上下同欲者胜，慈善也不例外。在推进村镇慈善基金建设的这10年里，德清县从四套班子的主要领导到乡镇街道的中层干部再到普通村民，形成了思想认识的高度统一、工作推进的

＊ 在湖州市深入推进基层慈善基金（机构）建设工作现场会上的讲话，2021年4月26日。

高度合力。实践证明，只有一方面的积极性是不够的，领导有意愿但下面的人不支持不配合，事情做不好；下面热情很高但领导没态度不支持，部门之间不协同，事情也做不好。做任何事情只要方向正确、上下协同，肯定能够做好。三要学习他们追求卓越的品质。德清县的村镇慈善基金建设起步早、发展势头好、工作扎实有效，德清县慈善村的标准是 30 万元，当年募集 40 万元以上的村慈善工作站可以升格为慈善分会。这一系列标准的制定都是他们从实践中摸索出来的，对于基层慈善基金建设起到了很好的激励作用。这就是自我加压，自我追求卓越。我讲的境界、气概和品质都是精神层面的东西。毛泽东同志曾经讲过人是要有一点精神的。有了这点精神什么事情做不好？我们要认真学习德清县的境界、气概、品质，这是精髓所在。

二、要把慈善基金的效益发挥好

基金筹集起来很难，用好更难。筹钱是能力，用钱是智慧。善款筹集了 1000 万元，用错了 1 元，那就是大问题，钱用不好就是大错误。如何把基金效益发挥好，我认为要从四个方面着手。

一要在全面小康与共同富裕的有效衔接上发挥效益。2021 年是我国全面实现脱贫、全面建成小康社会之后，全面开启社会主义现代化国家建设新征程的第一年，乡村振兴和共同富裕成为新的发展目标。原来慈善需要助力脱贫攻坚，在解决绝对贫困问题上发挥作用，现在重心要逐渐向助力乡村振兴、全面服务共同富裕转移。二要在传统慈善向现代慈善的加快转变中发挥效益。传统慈善的定位是政府社会救助的有力补充。现在中央对慈善的定义有了新的内涵，慈善是社会主义基本经济制度的有机构成，具有第三次分配的重要作用。这在党的十九届四中、五中全会公报中都有相关论述。在慈善法颁布之后，慈善的内涵更加宽泛，不再局限于以往的救急救难范畴，而是延伸为 "6+18+N"。慈善既要开展社会救助，也要助力科教文卫体、生态环保等社会公益事业。修桥铺路、慈善菜园、慈善养老院建设等都属于慈善事业，资金都可以从村镇慈善基金中支出。因此，村镇慈善基金要特别在传统慈善向现代慈善转变过程中发挥效益。三要在慈善文化传播与社会治理的有机结合中发挥效益。做慈善本身就是倡导良好社会风尚，就是传播文化、助推精神文明建设。建设村镇慈善基金本身就是在传播慈善文化、践行社会主义核心价值观。在慈善文化的传播中，要向着更宽的范围、更广的领域、更深的层次努力。四要在既要用好又要管好的良性循环中发挥效益。慈善基金性质特殊，社会关注度极高，一旦出问题就是大问题。村镇慈善基金一定要坚持规范操作、透明操作、合法操作，打造阳光慈善、公信慈善。

三、要把主体责任担当好

市区县慈善总会和南太湖新区慈善总分会要有主角意识，主动作为，担好主体责任。一要为党委、政府当好参谋助手。慈善组织的位置要摆正，涉及慈善的事，多给党政领导当参谋。领导要听意见时，要敢于发表意见，讲实话、讲有用的话、讲可以落地的话。二要为同级有关部门和社团组织当好桥梁纽带。今天到会的都是与慈善密切相关的部门，来参会一方面是因为市政府发了通知，另一方面也说明这些部门是对慈善有感情的，愿意为慈善做事。慈善组织要当好桥梁纽带，把这些部门串联起来，形成多方助推慈善事业发展的强大合力。三要为慈善总会系统的基层组织当好良师益友。基层慈善组织指的是乡镇街道慈善分会、村社区慈善工作站，慈善总会系统要为他们做好服务工作，提供引导支持，在互帮互助、互学互进中推动村镇慈善基金向好的方面发展。

做一路向好的慈善组织*

过去的 5 年，是南浔区慈善总会实现质的转变和量的突变的 5 年，是工作大放光彩和队伍大放异彩的 5 年，是一路向好、一路凯歌的 5 年。不管是慈善资金募集的总量还是慈善项目惠及的范围，不管是慈善理念的创新还是慈善实践的探索，不管是队伍素质还是工作氛围，都处在全市慈善总会系统的第一方阵，呈现出领跑的态势。

今天的会议选举产生了新一届理事会和领导班子。希望新一届理事会在新会长的带领下继续巩固第一方阵的位置，不断提升持续领跑的水平。

一要在依法行善上持续领跑。作为慈善从业者，一定要深入学习、严格遵守慈善法，切实做到依法行善、以法兴善。

二要在围绕中心服务大局上持续领跑。这两年南浔区委、区政府对区慈善总会为什么看得这么重、排得这么前、推得这么强？因为南浔区慈善总会真正将慈善工作和"三年奔小康"工程融为一体，在服务中心大局中发挥了重要作用。现在进入了建设共同富裕的阶段，慈善理所当然要继续在这方面花心思、下功夫、出成果。

三要在传统慈善向现代慈善转型中持续领跑。以慈善法颁布为标志，中国进入了向现代慈善发展的新阶段。在过去，慈善主要是扶贫济困，但是进入新时代，现代慈善事业在做好扶贫济困等兜底性救助保障工作的同时，要朝着助力发展科教文卫体、生态环保等方向进军，扩大慈善项目的领域范围，实现全民共享慈善发展成果。

---

* 在南浔区慈善总会第四次会员大会上的讲话节选，2021 年 6 月 1 日。

　　四要在巩固基层基础、扩大社会基础上持续领跑。南浔区的村镇慈善基金（机构）建设，成绩一直不错，但仍存在着募集量不够大、根基打得不够深、基层参与率不够高等问题，今后还需要继续努力。

　　五要在慈善文化传播和普及上持续领跑。南浔区的慈善文化底蕴非常深厚，当前全市正在开展"百千创建"活动，希望南浔能够发挥自身独特优势，挖掘深厚潜力，创建更多具有代表性和影响力的慈善文化实践（示范）基地，进一步深化慈善文化"六进"活动。

　　六要在加强组织建设、培养年轻专业慈善人才上持续领跑。前5年，南浔区慈善总会这方面的工作做得很不错，面向社会招聘并培养了一批有情怀、有文化、有专业技能的慈善工作者。事业的发展关键在人，慈善朝着专业化、职业化发展是世界趋势，事业的接力棒迟早要交到年轻人的手中，希望你们能够在培养年轻专业人才上做到一以贯之、久久为功。

在第二届浙陕慈善论坛上的致辞*

尊敬的刘维隆会长、蔡国华副会长，尊敬的各位来宾、各位朋友：

大家上午好！

在举国上下热烈庆祝中国共产党成立 100 周年的喜庆之月，在中国共产党带领全国各族人民意气风发地迈向第二个百年奋斗目标的新征程启程之际，在《中共中央 国务院关于加强基层治理体系和治理能力现代化建设的意见》刊发之时，我们在南浔设坛论善，这充分展示了慈善人深入学习贯彻习近平总书记"七一"重要讲话精神，以史为鉴、开创未来的坚定信心；也充分昭示了两院乃至两省开展慈善文化研究合作的光明前景。在此，请允许我代表湖州市慈善总会和湖州市大东吴慈善文化研究院，对各位领导和嘉宾的到来表示热烈欢迎和衷心感谢！

"行遍江南清丽地，人生只合住湖州。"这是古代文人对湖州的赞美。"在湖州看见美丽中国"，这是今日湖州最新的城市名片。"在湖州看见现代慈善"，这是当下湖州慈善人的美好愿景和努力方向。自 2020 年 6 月 18 日大东吴慈善文化研究院成立，并与西北大学慈善研究院结成战略合作关系以来，一项项活动，一次次交流，见证着我们的合作步入了机制化、常态化的发展轨道。我相信只要我们目标同向、初心不改，我们的合作就一定会更加紧密、更加深入、更加务实，"在湖州看见现代慈善"的美好愿景就一定会变成生动现实。

预祝本次论坛圆满成功！

谢谢大家！

---

* 在第二届浙陕慈善论坛上的致辞，2021 年 7 月 13 日。

共富路上善先行[*]

孙阿金副会长通报的《共富路上善先行——湖州市慈善总会助力建设共同富裕示范区先行市行动方案（2021—2025）（讨论稿）》，还是一个初步的材料，大家提的意见和建议都不错，在修改完善中会认真地吸纳进去。关于慈善助力共同富裕，我再讲几点想法，供参考。

一、找准定位，不负重托

各区县慈善总会的交流材料里都提到了要提高站位、找准定位。中央交给了浙江建设共同富裕示范区的使命任务，各地市都及时采取了相应的落实行动，市委、市政府提出了要建设共同富裕示范区先行市，各区县也有自己的动作，有的要打造示范样本，有的要成为县域典范，归根结底就是要作出一些成绩来。市委的实施方案目前还没有公开发布，总会也只是要了一份讨论稿来学习。实施方案一共有 45 条，第二十二条对慈善进行了整段的论述。方案提出："提升发展慈善事业。建立健全回报社会激励机制，鼓励引导高收入群体和企业家向上向善、关爱社会，兴办社会公益实体，参与公益慈善事业，落实公益性捐赠税收优惠政策，完善慈善褒奖制度，设立'湖州慈善奖'。充分发挥第三次分配作用，健全有利于慈善组织持续健康发展的体制机制，发展枢纽型、资助型、行业性慈善组织，打造百千慈善文化实践基地，力争建设慈善文化实践基地 1000 处、慈善文化示范基地 100 处，新打造慈善品牌 100 个。畅通社会各方

---

* 在湖州市区县慈善总会会长联席会议上的讲话，2021 年 8 月 9 日。

面参与慈善和社会救助的渠道，推动慈善资源向低收入群体、公共事业领域流动。发展慈善信托，推动慈善信托成为慈善工作新动力。弘扬'人人慈善'的现代慈善理念，开展以'慈善一日捐'为代表的全民性慈善活动。推动'互联网+慈善'发展，建立慈善信息资源共享平台，规范网络募捐活动，打造智慧慈善。加强对慈善组织和活动的指导监督管理，建立慈善信息统计发布和慈善行为记录制度，打造'为民慈善、阳光慈善'。"

市委的文件用这么长的篇幅来论述慈善，以前从来没有过。从湖州市这个层面来讲，共同富裕建设中慈善的定位就在这段话里。慈善组织想要找准自身在共同富裕建设中的定位，一定要从中央、省委、市委、区（县）委关于建设共同富裕方面对慈善的论述和对慈善的要求中去找定位，这样才找得准。之所以讲不负重托，是因为在建设共同富裕中，党委、政府已经对慈善寄予了厚望，给慈善交代了任务，慈善组织要迅速行动起来，积极作为起来，这就叫服务大局，跟着党委、政府的决策走。

二、明确方向，选准落点

尽管从中央到省委、市委、区（县）委，在共同富裕中对慈善都赋予了任务，但作为具体从事慈善工作的同志，一定要进一步地细分细化。我自己分了一下，慈善工作实际上有三大块内容：一是调节收入分配。之前慈善是社会救助的一部分，主要在兜底保障方面发挥作用。从党的十九届四中全会将第三次分配这个提法赋予慈善以后，慈善的地位大幅度提高，被纳入社会主义基本经济制度。以实现全面小康为时间节点，小康之前脱贫攻坚还没有完成，慈善更多做的是普惠性救助，主体功能还是扶贫济困。尽管慈善法已经把教科文卫体纳入了慈善活动领域，但是还没有发展到那个阶段。当全面小康实现以后，尤其是浙江省进入了建设共同富裕示范区之后，慈善的重心要逐渐转移到重点帮扶和帮助低收入群体增收上来。

之所以把"造血型"扶贫基地改成了"造血型"增收基地，也是这个原因。工作重心变了，提法也要变。二是参与社会治理。从中央到地方都在提倡"五社联动"，实际上就是基层的慈善资源怎样参与基层的社会治理。这方面我们是有优势条件的，市区（县）的村镇慈善基金和机构都已经建立起来，有钱也有组织，参与社会治理才有底气，才会有舞台、有作为。三是助推精神文明建设。共同富裕不只是物质富裕，精神也要富裕。市里提出的"三富"指的就是经济富裕、收入富足、精神富有。在精神富有方面慈善也可以大有作为。我们一直在开展的慈善宣传、慈善文化普及、"百千创建"等，都是助推精神文明建设的具体实践。市委提出了要建立全国文明典范城市，慈善文化建设就是直接服务于精神文明建设，在为建立全国文明典范城市作贡献。今后慈善的工作要朝着这三大方向去努力，但具体的落点，每个区县都可以根据各自的实际情况去选择。

三、结合实际，创造特色

各个区县都有自己不同的情况，区情、县情不一样，决定了做的工作也不一样，各有各的特色。以吴兴区慈善总会为例，作为中心城区，在开展"五社联动"方面就非常有优势，毕竟吴兴的社区比人家多、面比人家广，先挑一两个社区试点，总结一些经验出来，就是你们的特色。南浔区委、区政府的大力支持是南浔区慈善总会的独特优势，定下了一年1亿元的募捐目标，如果能够实现就是南浔的特色，这是别人很难学去的。还有湖羊养殖"造血型"慈善基地，已经坚持了多年，在现有基础上扩大一下、延伸一下，也可以成为南浔的亮点。德清县的基层慈善基金建设走在了全市的前列，别人仅仅是刚建起来，你们已经有了不少示范乡镇、示范村，这一块怎么更好地发挥作用，大有文章可做。2021年在长兴县召开了"百千创建"活动现场会，在基地创建工作上，长兴县应当比其他区县做得更好。长兴县的"造血型"慈善基地也一直很好，也是一个发展重点。安吉县最大的品牌是"绿水青山就是金山银山"理念发源地，在绿色慈善方面你们的条件最有利。还有慈善信托，这项工作市里想做一直没做起来，如果谁能够率先启动，将是全市领先。如果每家单位都有一个亮点，加在一起就是群星闪耀。

四、善于总结，多出样本

现在大家都在拼命打造样本。湖州也要在奋发作为中为全省慈善会系统参与共同富裕示范区建设提供湖州样本。万事开头难，只要题目破开了，做出亮点、做出特色，总结提炼一下，可复制、可推广的湖州慈善样本也就出来了。

透过变化看大势[*]

今天的会议是盘点 2021，谋划 2022，我讲几点想法。

一、盘点之日看变化

从全市慈善总会系统的整体工作情况来看，2021 年的变化主要体现在五个方面。

（一）募捐量持续攀升，创历史新高

据不完全统计，湖州市慈善总会系统全年资金募集总量为 3.94 亿元，截至年底，我相信这个数字还会增加。2020 年，加上 1.249 亿元的疫情专项基金，全市的募集总量是 3.81 亿元。2021 年排除因为疫情而产生的大规模捐赠，数据已经超过了 2020 年。主要的募捐贡献在吴兴区和南浔区，两个区的募捐量都分别超过了 1 亿元，真心为他们感到高兴，向他们表示祝贺。我相信，2021 年湖州的人均募捐量在全省慈善会系统还能继续走在前列。

（二）慈善项目不断创新，优质项目争相亮相

目前慈善项目开展最多的是长兴县和南浔区，覆盖面较广，类型也比较丰富。慈善募捐的最终目的就是要把钱精准高效地花出去。善款怎么花，花在哪里，体现着一个慈善组织的工作水准和思路。

（三）助力共富形成合唱，效益成果持续显现

在党中央、国务院将建设共同富裕示范区的任务交给浙江以后，市慈善总会在全省慈善会系统率先出台了《共富路上善先行——十大行动方案》，各区县也迅速采取行动。市区县慈善总会都将助力共

---

* 在湖州市区县慈善总会会长联席会议上的讲话摘要，2021 年 12 月 21 日。

富作为今年工作和明年工作的重中之重，慈善助力共富在湖州市慈善总会系统已经形成了大合唱，这一点在全省是不多见的。

（四）文化"六进"化为实践，"百千创建"活动全市域推进

2020 年底省委、省政府出台的《关于加快推进慈善事业高质量发展的实施意见》，专门提到了慈善文化"六化"活动，我们提出了"百千创建"活动，从 4 月在长兴县召开现场会以来，各区县一直在推进。首批慈善文化实践示范基地将在 2022 年 1 月的慈善年会上发布，各区县慈善总会少的报了两个，多的报了 15 个，加上市慈善总会推荐的共有 60 多个。这些数字说明湖州的慈善文化"六进"活动终于找到了有力载体，并且正在全市域铺开。

（五）多项荣誉相继落地，特别是中华慈善总会慈善文化研学基地落户湖州

正如中华慈善总会会长宫蒲光所说，设立中华慈善总会慈善文化湖州研学基地开了全国慈善会系统的先河。这份荣誉来之不易。此外，5 家区县慈善总会，有的成为省级品牌社会组织，有的成了 5A 级社会组织，有的同志成为省级社会组织领军人物。如果没有工作、没有变化，哪里会获得这么多荣誉？这些年，荣誉一年比一年多，都是大家努力工作和不凡业绩的生动证明，我为大家感到高兴和自豪。

二、透过变化看大势

大势就是趋势、方向、规律。概括来说，即将过去的 2021 年，全市慈善总会系统实现了由量变向质变的飞跃。

（一）慈善定位实现了由拾遗补阙向制度安排的新提升

从党的十九届四中全会开始，党和国家对慈善的定位从民政系统的拾遗补阙、社会救助的有益补充，转变为第三次分配的主要承担者、中国特色社会主义经济制度的有机构成者。如果没有党中央和各级党委、政府对慈善的这样一个新定位，就不会有如今的发展

环境。为什么 2021 年省委出面推动"慈善一日捐"活动，为什么党委、政府在慈善总会成立共富慈善基金，原因就在这里。

（二）慈善格局实现了由小到大的新转变

所谓小慈善指的是原来的传统慈善，大慈善就是新时代的现代慈善。为什么现在募捐额年年在攀升，慈善项目不断在拓展，因为我们的格局在扩大，做的是现代大慈善。

（三）慈善总会系统实现了由自成一体向行业引领的新进军

我们都在朝着枢纽型的方向去发展。现在，有的区县党委、政府直接把钱放在慈善总会，让我们去协调各部门开展慈善项目，这充分体现了党委、政府对我们的信任，同时也反映了我们自身的力量在壮大。慈善总会是社会组织，对下没有领导关系，如果自身不强大，既没有组织力也没有号召力，就没有资格去领导他人，也不会有人来听我们的话。就像慈善嘉年华、慈善年会、"慈善排行榜"，为什么大家都愿意加入，归根结底是因为我们本身有实力、有影响力。我认为，市区县慈善总会都已经具备了成立联合会的条件，工作也已经在做了，就是还没有名称，加块牌子就行了，就像宁波一样，两块牌子一套班子。

（四）市域联动实现了由工作运行机制向效益倍增机制的新飞跃

从 2013 年市区县慈善总会会长联席会议制度建立以来，总会长期坚持"每季一会、每会一题、轮流承办、简朴务实"的 16 字方针，经过 8 年多的实践，已经研究了几十个课题，对单位联手联动和事业整体发展作出了重要贡献。正因为建立了这样一个工作运行机制，才有了今天的效益倍增机制。2021 年在长兴召开了"百千创建"现场会，在德清召开了基层慈善基金推进会，回去之后大家都动了起来。如果没有平时的运行机制做基础，没有这些年的积累，就不会出现如今这种局面。就像 2021 年两个区的募捐目标，最开始是南浔的华新民会长提出了 1 亿元的募捐目标，随后吴兴的蒋金法会长也制订了 1 亿元的募捐目标，经过不懈的努力，两个区募捐量都超过了 1 亿元，这就是一种工作的互进。

三、变化之中有短板

区域发展不平衡，各自内部发展不平衡，队伍建设不平衡，工作和宣传的关系不平衡，需要引起重视，在 2022 年加以改进。

新世纪湖州慈善事业发展情况

——以慈善总会系统为例 *

湖州市慈善总会成立于 2002 年 12 月，是经湖州市民政局依法注册登记、具有独立法人资格的全市性 5A 级慈善组织。此后，各区县慈善总会相继成立：2002 年 12 月安吉县慈善总会成立，2003 年 7 月德清县慈善总会成立，2003 年 9 月吴兴区慈善总会成立，2003 年 12 月长兴县慈善总会成立，2005 年 12 月南浔区慈善总会成立。截至 2005 年 12 月，湖州实现了市区县慈善总会全覆盖，慈善总会系统正式建立。

自 2013 年党的十八大以来，湖州市慈善总会系统深入学习领会习近平总书记"绿水青山就是金山银山"理念蕴含的生态系统观，提出了市域慈善生态系统"一二三四五六"总体思路和基本格局。即一个目标：建设现代大慈善；两条原则：不与政府争项目、不与草根组织争资源；三大建设：透明度建设、项目建设、主体建设；四个意识：开放慈善意识、大众慈善意识、创意慈善意识、规范慈善意识；五个并重：千家万户与龙头大户并重、基本基础与品质品牌并重、立足自我与联手联动并重、传统手法与现代手段并重、定力实力与活力魅力并重；六大体系：建立和完善充满活力的组织体系、建立和完善多元并举的筹资增值体系、建立和完善项目引领的慈善救助体系、建立和完善立体有效的宣传教育体系、建立和完善机制健全的义工服务体系、建立和完善严谨规范的制度保障体系。

2013—2017 年，全市慈善总会系统慈善总收入 9.3 亿元（其中

＊ 2022 年湖州市委党校中青年干部培训班授课节选，2022 年 6 月 8 日。

募捐收入 7.69 亿元），慈善项目和公益活动支出 5.66 亿元。市慈善总会慈善总收入 2.67 亿元（其中募捐收入 2.16 亿元），慈善项目和公益活动支出 1.54 亿元。

2018 年，为深入学习宣传贯彻落实党的十九大精神，湖州市慈善总会系统在"一二三四五六"总体思路和基本格局的基础上，根据慈善法有关要求，又提出了新时代湖州慈善"六化"建设，即时代化、特色化、法治化、指尖化、大众化和职业化。伴随着从"一二三四五六"到"六化"的理念深化，湖州的慈善事业已从社会救助、社会保障的补充地位，迈向了主体更突出、定位更清晰、内涵更丰富、天地更广阔，为社会治理现代化和助力共同富裕所需的发展新时代。

一是慈善组织健全壮大。湖州市首创的"每季一会、每会一题"全市区县慈善总会会长联席会议定期召开，市区县慈善总会形成协同紧密、坦诚交流、团结协作、互学共进的发展格局，市区县 6 家慈善总会全部被认定为 3A 级以上社会组织，其中 5A 级 4 家，枢纽型、服务型、行业性慈善组织格局初显。南太湖新区慈善总分会、乡镇（街道）慈善分会、村（社区）慈善工作站以及公安教育等机关慈善分会、公益组织慈善分会相继建立，到 2021 年底，全市乡镇街道、村、社区全部建成慈善基金（机构），全市基本形成了党委、政府支持推动，慈善总会系统自我管理，纵向到底、横向到边的慈善组织网络。2021 年在省慈联命名的"第二批省级示范慈善分会、示范慈善工作站"中，湖州的省级示范慈善工作站上榜数列全省第一。慈善工作者职业化、专业化建设同步推进，从业人员年龄结构、知识结构更趋优化，目前全市各级慈善总会从业人员共 70 名，其中公务员退休、退二线和在职借调人员 33 名，社会招聘人员 37 名；有大学本科学历的占 50%；持有社工职业资格证的占 17%。

二是社会募捐增量放大。近年来，在经济下行压力不断和新冠疫情的不利环境下，按照保稳求进的总基调，全市慈善总会系统齐心协力，坚持既抓"龙头大户"又抓"千家万户"的筹募机制，攻坚克难稳募捐保增长。"慈善一日捐"活动、慈善冠名（定向）基金、基层慈善基金、"慈爱湖州"网众筹以及"慈爱储蓄罐"等一批重点特色募捐品牌深植多年，慈善资金合法安全保值增值稳步提升，人人慈善的意识深入人心。2018年至2021年，全市慈善总会系统慈善总收入14.33亿元（其中募捐收入12.85亿元），市本级慈善总收入3.21亿元（其中募捐收入2.89亿元），人均捐赠额连续多年居全省慈善会系统前列。

三是慈善项目提质增效。全市慈善总会系统围绕市委、市政府民生工作大局，联手社会各界，因地制宜精准组织实施了200余个有影响、有特色、有成效的慈善项目，基本涵盖慈善法列举的慈善活动领域，精心打造了"慈善关爱送万家""美欣达慈善超市""慈善暖军心""倩宁书屋""长三角碳汇慈善基金"等诸多品牌，在帮助困难群众、增进民生福祉、助力社会治理等领域作出了有益贡献。2018年至2021年，全市慈善总会系统慈善项目和公益活动支出10.04亿元，其中市本级慈善项目和公益活动支出2.76亿元。特别是在助力脱贫攻坚领域，全市慈善总会系统凝聚合力，实施了以"湖柯一家亲　慈善助脱贫"项目为示范代表的东西部扶贫项目140余个，累计支出3600余万元，惠及新疆、云南、贵州、四川、陕西、甘肃、青海、吉林等省区逾100万人（次）。2020年面对突如其来的新冠疫情，全市慈善总会系统第一时间部署启动"抗击新冠疫情专项募捐行动"，累计接受捐赠款物1.249亿元，支援了3个省、71个市县（区）、96家单位的抗疫斗争。

四是助力共富率先开局。围绕建立共同富裕示范区的使命任务和中心大局，根据市委领导的专门指示，市慈善总会于2021年8月11日在全省慈善会系统率先制订了《共富路上善先行——十大行动方案（2021—2025）》，确立了以固本强基行动、做大"蛋糕"行动、重点帮扶行动、助力增收行动、"五社联动"行动、环境优美行动、超市惠民行动、"百千创建"行动、榜样激励行动和理论引领行动为内容的 10 项慈善助力共同富裕行动，同步制订了行动方案抓落实责任制。行动方案得到全市慈善总会系统的热烈响应，各区县慈善总会从各自实际出发，研究助力共富先行的具体措施，初步形成了争先恐后、全域竞进的良好局面。

五是慈善文化硕果累累。为传播发展现代慈善文化，构筑新时代慈善文化事业坚实阵地，2020 年 1 月，市慈善总会与浙江大东吴集团合作创立了具有独立法人资格的湖州市大东吴慈善文化研究院，同时成为"浙江省慈善文化研究院湖州分院"。当年 6 月 18 日举行挂牌仪式，并与西北大学慈善研究院签署了《战略合作框架协议》。研究院聘任了清华大学当代中国研究中心副主任彭建梅、省慈善联合总会副会长李刚等 44 位既有丰富慈善工作实践经验又有较高慈善理论修养或艺术造诣的同志为高级研究员、特约研究员和研究员。

研究院成立以来，面向全省、长三角城市群和全国慈善界，高规格举办了多项服务中心大局、有重要影响的慈善文化活动，得到了热烈响应和高度认可。2020 年 6 月 18 日至 21 日，举办了大东吴慈善文化研究院成立仪式和"慈善组织与重大突发事件应对"学习研讨班，与浙江省慈善联合总会共同组织了慈善书画笔会；2020 年 8 月 26 日至 27 日，在习近平总书记"绿水青山就是金山银山"理念提出 15 周年之际，举办了以"'绿水青山就是金山银山'理念与新时代慈善"为主题的首届南太湖慈善论坛；2020 年 11 月 21 日至 24 日，与西北大学慈善研究院联合在西安举办了"慈善与社会治理"首届陕浙慈善论坛；2021 年 6 月 7 日至 11 日，举办了以"社会治理与现代慈善"为主题的学习研讨班；2021 年 7 月 13 日，与西北大学慈善研究院联合在湖州南浔举办了"社区治理与慈善志愿服务"第二届浙陕慈善论坛；2021 年 9 月 16 日至 24 日，在湖州市图书馆举办了"在湖州看见美丽中国"湖州市纪念慈善法实施五周年书画展览；2022 年 1 月 18 日，举办了湖州市第六届慈善年会。

　　为贯彻省委、省政府办公厅《关于推进慈善事业高质量发展的实施意见》中关于慈善文化"六进"的要求，2021年4月，市慈善总会系统开展了"百千创建"活动（即用3~5年时间，在全市创建100处慈善文化实践示范基地、1000处慈善文化实践基地），4月6日在长兴县召开了"百千创建"现场会。该活动被写入市委实施方案和市委、市政府《关于加快推进慈善事业高质量发展的实施意见》。目前，全市已建有中共湖州市委党校等湖州市慈善文化实践示范基地44处，湖州市慈善文化实践基地70处。2022年5月30日，市慈善总会又在湖州银行召开了湖州市慈善文化实践示范基地现场经验交流会。

　　在总会的主动争取和精心筹划下，2021年11月11日，中华慈善总会决定依托大东吴慈善文化研究院建立全国地市层面首家由中华慈善总会授牌的慈善文化机构——"中华慈善总会慈善文化湖州研学基地"，开创了全国慈善会系统的先河。2021年12月6日，总会受邀赴中华慈善总会签署《合作协议》，双方商定于2022年9月在湖州举办面向全国慈善界的"共同富裕与新时代慈善"中华慈善论坛2022暨第二届南太湖慈善论坛与全国慈善会系统高级人才研修班，并决定今后每年在湖州举办面向全国的慈善文化论坛和慈善公益人才培训班。

　　20年的发展历程，湖州市慈善总会系统先后经历了2002—2007年的龙头带动、舆论助推，2008—2012年的社会参与、多元发展，2013—2018年的全域联动、赶超进位，2019年以来的"六化"引领、开辟新境等阶段。

　　湖州慈善事业整体水平走在了全省乃至全国的前列。

印象 2022　展望 2023*

第一，印象 2022

对 2022 年的印象，我用四个字来概括。

一是快。前几天我准备一个汇报材料，其中写道，过去的一年好像一眨眼就过去了。到慈善总会有 10 个年头了，每一年都要总结，但我感到最后这一年的时间过得特别快。很多事情一件接着一件往前推进，一年马上就过去了。

二是难。2022 年是非常艰难的一年，难题一个接着一个。实事求是地讲，有的难题是自找的。比如研学基地，建起来后没房子怎么行。原来有个办公的地方就百八十平方米，临时给我们用一用，也不是长久之计。找房子多难，我自己就去看了将近 20 个点，还委托有的同志看了多个点。房子是买是租借还是划拨？从 2021 年 12 月 7 日到 2022 年 4 月 30 日，就是在忙活这件事。中华慈善论坛，四级联动，三方主办，我们仅仅是承办方，指挥的人很多，变化很大，还有疫情的影响，也是个大难事。

三是累。工作都是累的，但 10 年下来从来没有像今年这样累。不是干活累，而是心累。2022 年初就有了换届的说法，众说纷纭，不绝于耳。我给自己提了要求，不打听、不解释、不影响，该干啥干啥。到了 10 月中旬，组织上才正式告诉我，按期按时换届。

四是值。尽管时间过得飞快，尽管难题不少，尽管很累，但回首这一年，我们心想事成。成在五个方面：第一，大事大成。中华

＊ 在 2022 年度工作总结和 2023 年务虚会议上的讲话，2022 年 12 月 14 日。

慈善论坛是 2022 年最大的事情，在湖州圆满成功举行。第二，难事智成。遇到那么多难题，都迈过去了。为什么用这个"智"字？有一部京剧叫《智取威虎山》，威虎山地形那么险要、敌情那么复杂，硬打损失太大，最后选择了智取。工作中，很多难的事情就是要靠智取。第三，事事好成。2022 年尽管有大事，但常规性的工作一件没有耽误。当时最大的难题就是中华慈善论坛和"慈善一日捐"活动在同一个月份，需要同一批人操办。中华慈善论坛要优先保证，"慈善一日捐"提前或推后也不合适，最后决定统筹推进，两手都要抓。"慈善一日捐"收获的成果也不错，筹款将近 500 万元，募捐总量不低于 2021 年。还有慈善嘉年华和慈善年会。受疫情影响，慈善嘉年华要不要举办一直在考虑，最后下决心还是要举办，9 月不行就 10 月，最后还是成功举办了，而且办出了很多新的亮点。在市政府和市民政局的信任下，我们承办了第四届"湖州慈善奖"发布暨慈善信托项目集中签约仪式。12 月上旬举办了这个活动，慈善年会还要不要办，我在反复考虑。12 月 8 日刚刚有了这样一个活动，我们紧接着再办一次慈善年会，很多人就会搞不清楚，心里会有想法。最后，还是把慈善年会的主要内容打包放在"湖州慈善奖"发布活动里，两全其美，节省了时间、节省了人力、节省了财力，提高了影响力。第四，人人有成。刚才大家总结里都提到 2022 年很有感悟，很有收获。人人有成，这个成不是成在发财了，也不是成在当官了，而是成在成长了。办公室提交了一份材料，其中列了一大堆荣誉，我点一点。10 年下来，湖州市慈善总会首次被市政府授予"慈善事业突出贡献奖"，还是第四届"湖州慈善奖"唯一的一个奖。大东吴慈善文化研究院成立不到 3 年，在社会组织等级认定中，第一次就被认定为 5A 级社会组织。沈晓林、李韬两位同志荣获第四届"湖州慈善奖"的慈善工作奖，在其余的机构捐赠奖、个人捐赠奖、慈善项目与信托奖中，市慈善总会推荐的基本上都被采纳了。还有一个是省慈善联合总会命名的第三批省级示范慈善分会和慈善工作站，湖州的慈善工作站上榜数列全省第一，慈善分会上榜数并列全省第二。第五，心想事成。因为有了前面四个"成"，2022年印象的最终落脚点就是心想事成。

第二，感悟2022

2022年，丰收的果实来自哪里？从根上、从深层次来分析，收获这些成果离不开党委和政府的重视、社会各界的支持、全体同志的努力。站在会长的角度，站在亲历者的角度，我认为感受最深的是靠"三力"：

一是定力。上个5年我们提出的"一二三四五六"总体思路和基本格局中就强调了要坚持定力、实力与活力、魅力并重。定力太重要了。作为一个组织，作为一个领导，一定要保持足够的定力。执政者需要政治定力，作为慈善工作者，也需要政治定力和思想定力，就是对选对的路、认准的事不能动摇、不能退缩，无论遇到什么困难，不能打退堂鼓，不能犹豫彷徨，要咬定青山不放松，任尔东西南北风。就像我们拿到了"中华慈善总会慈善文化湖州研学基地"这块牌子，就必须把这个基地办得像模像样。对我自己来说，当一天会长就当好一天会长，这不是喊口号，也请大家监督。如果摇摇摆摆，没有定力，将一事无成。

二是实力。2022年我们经历了那么多的事情，没有实力就做不好，甚至做不成。所谓实力，硬实力和软实力都要有。硬实力体现在人财物。首先是人，经过这么多年在一起共同学习、共同奋斗、共同磨炼，我们这一支队伍已经能够担当大任。自从研究院成立，我们办了很多大的活动，刚开始连我自己心里也没有底，就是在边学边干。经过这几年的慈善论坛、研讨班等大型活动的历练下，我们这支队伍已经积累了不少经验，积累了不少人脉，这就是硬实力。其次是财，办活动是要花钱的，但是在花钱时我们也在筹钱，资金实力在不断增强。最后是物，还是讲研究院的房子，之前在大东吴，现在有了新的场所，人家来一看，就对研学基地今后的发展有了信心。软实力主要体现在两个方面：一方面是体现在总会和研究院多年来形成的体制机制。这些年，我们与中华慈善总会、省慈善联合总会和市民政局形成了一种什么样的机制，大家都清楚。如果老死不相往来，或是妄自称大，或是"俯首称臣"，都不会形成这样一个上下顺畅、互相信任、互相尊重、互相支持的体制机制。就像2022年的中华慈善论坛，因为心里没有底，没有提前向省慈联汇报，定了以后才向省慈联汇报。陈加元会长非常大气，为我们感到高兴，表示要全力支持，活动结束还出了一部分经费。中华慈善总会的宫蒲光会长在活动结束之后，再三询问我们有什么困难需要帮助解决。他专门提出，要支援我们一批慈善物资。在前几天的"西湖论善"上，宫蒲光会长在视频致辞中又讲到了中华慈善论坛和湖州研学基地，这是对我们的莫大肯定。另一方面体现在人的精神面貌。2021年中华慈善总会的领导来考察，肯定了我们四条，其中一条就是和我们接触下来，感到我们的精气神还可以，一看就是干事的人。文化是软实力，文化的最高层次就是思想和精神。人没有精气神，打不起精神，就干不好事情。

三是脑力。干事情就是要开动脑筋，遇到难题想办法。大家都动脑筋，集思广益，多倾听一些善良的、积极的建议，一起想办法，一起面对，解决问题的办法就出来了。人一生会遇到很多难题，干大事会遇到大难题，干小事会遇到小难题，脑子越用越灵活，开动脑筋解开难题就有出路了。作为慈善工作者，要努力当一个解难题的高手。

第三，展望2023

2023年的工作有三个背景要紧紧把握，两个大背景，一个小背景。一是2023年是全面学习贯彻落实党的二十大精神的第一年。二是2023年是以中国式现代化全面推进中华民族伟大复兴，实现党的第二个百年奋斗目标的开局起步之年。党的二十大报告提出："从现在起，中国共产党的中心任务就是团结带领全国各族人民全面建成社会主义现代化强国、实现第二个百年奋斗目标，以中国式现代化全面推进中华民族伟大复兴。"三是 2023 年是湖州市慈善总会换届之年。四届理事会将于 2023 年 5 月上旬任期届满。因此，在谋划 2023 年工作时，要坚持以党的二十大精神为指引，以慈善助力中国式现代化建设为总抓手，以继续推进《共富路上善先行——十大行动方案》为重点，以换届为契机，共同促进湖州现代慈善事业不断迈上新台阶，这是总的要求。具体工作要分两个阶段来谋划，第一阶段，5 月之前全力做好换届筹备；第二阶段，换届之后，在新一届理事会的领导下开展各项工作。

从小慈善向大慈善大步跨越*

10 年来，特别是近几年，长兴县的慈善事业大步向前，近 5 年发展更快、更好。长兴县的慈善正在从小慈善向大慈善大步跨越，长兴县正在从经济大县向慈善大县大步跨越。

第一，大慈善的理念与思路日益形成。日益形成，不一定是定型。小慈善是指传统的、过去形式的，大慈善是指在传统的基础上，已经扩展到文教体卫环保，应对新冠疫情都需要慈善参与，这跟原来慈善的那种理念是完全不一样的。你们现在做的事情就是大慈善的理念和思路日益在发展、在形成。

第二，大慈善的体制机制日益完善。要做大慈善，要从经济大县到慈善大县，体制机制跟不上也是不行的。只靠领导发个话，开一次会号召一下，虽然有作用，但不长久、不稳定。在我们这个层面，更多的是体制机制。从今天参加会议的阵容可以看出，你们已经建立了党委领导、政府推动、部门协同、总会运作、社会参与的好机制。虽然还是初步的，但可以逐步地完善。

第三，大慈善的物质基础日益雄厚。2013 年时，市区县每年接受的捐赠最多不超过 2000 万元，2021 年你们突破了 1 亿元，这是个什么概念？中华慈善总会 2022 年发布的数据，全国县以上单位的慈善总会将近 3000 家，全国 300 多个地级市、31 个省份，年捐赠收入超过 1 亿元的一共只有 37 家，湖州占了 3 家。做慈善是要靠真金白银的，拿不出钱来有心无力怎么行，所以长兴县已经从经济大县跃升到慈善大县。

---

* 在长兴县慈善总会换届大会上的讲话，2023 年 4 月 14 日。

第四，**大慈善的受益群体日益扩大**。你花出去了那么多钱，受益的人不就多了吗？原来受益的只能是低保对象、低保边缘户、残疾人等，现在已经修桥铺路、建文化礼堂、建养老院了吧？以前只能过年带点东西到福利院、到低保对象家慰问一下，现在的慈善还仅仅做这些吗？物质基础不一样了，受益群体就大大扩大了。

第五，**大慈善的社会基础日益稳固**。社会基础就看新一届理事会的组成人员，新一届的副会长当选人员，新进的人中各阶层的都有，说明慈善的覆盖面、影响面在巩固、在扩大。

第六，**大慈善的长兴标识日益醒目**。长兴因素、长兴经验、长兴招式、长兴样板……各条战线的工作都有这个要求，慈善也有长兴的标识。今天既是换届会，又是长兴县慈善联合会成立大会。据我所知，成立慈善联合会，你们是省内县级单位第一家，如果实力不强、凝聚力不强，能挂联合会的牌子吗？长兴县慈善总会发展到今天，早已经成为长兴区域慈善行业的标杆、龙头。还有长兴的慈善文化建设，全市慈善文化"百千创建"活动现场会就是在你们这里开的，这个活动湖州市慈善总会系统是首创，你们是作了大贡献的。

提一点希望，希望你们成熟的东西要坚持下去，看准了的东西要坚持下去，不能换一个领导就换一个口号、换一个思路、换一套规划，不能老规划还没落实，新规划又开始了。

所以，我建议你们目标要一以贯彻、思路要一以贯之、实干要一以贯之。什么事都是干出来的，幸福是干出来的，新中国是干出来的，未来的现代化是干出来的，长兴慈善的新发展、新跨越、新辉煌也是干出来的。

队伍建设篇

做一名无愧于慈善荣誉的慈善工作者[*]

　　今天是换届以后我们全体工作人员参加的一个会议。我就讲一个问题，我们在慈善总会应该怎样开展工作，带一点思想性、概念性的，也带一点理论性的东西，不提具体工作要求。在三次会员大会上，我的表态讲话中核心的几句话是：开阔视野观察思考，放开手脚真干实干，以热爱慈善的激情回报这份信任，以推进慈善的业绩赢得这份荣光，以呵护慈善的真诚担当这份责任。这是我作为新任会长代表新一届理事会，向全体会员、全体理事作出的郑重承诺，也应该成为我们慈善总会工作人员的郑重承诺，是我们集体向三次会员大会作出的郑重承诺。要兑现承诺，完成三次会员大会提出的各项任务，我想起了1942年2月1日毛主席在《整顿党的作风》中提到："我们是共产党，我们要领导人民打倒敌人，我们的队伍就要整齐，我们的步调就要一致，兵要精，武器要好。如果不具备这些条件，那末，敌人就不会被我们打倒。"毛主席在《党委会的工作方法》里，也讲到："党委要完成自己的领导任务，就必须依靠党委这一班人，充分发挥他们的作用。书记要当好'班长'，就应该很好地学习和研究。书记、副书记如果不注意向自己的'一班人'作宣传工作和组织工作，不善于处理自己和委员之间的关系，不去研究怎样把会议开好，就很难把这'一班人'指挥好。如果这'一班人'动作不整齐，就休想带领千百万人去作战、去建设。"这个思想对我们今天做好任何工作，仍然有着重要的指导意义。要完成三次会员大会的各项任务，要做的事情非常多，关键是我们自己队伍要整齐、

---

* 在湖州市慈善总会全体工作人员会议上的讲话，2013 年 5 月 3 日。

步调要一致，这是根本的条件、关键的因素。现在我们队伍的状况是这样，基本队伍：99 名理事，112 名会员，6 个分会；外围队伍：县、区慈善总会，乡镇、街道、村工作站；骨干队伍：23 家副会长单位，特别是 19 家企业副会长单位。再进一步细分，核心队伍：总会驻会工作人员：10 人，会长 1 人，秘书长 1 人，3 位部长，3 名工作人员，2 名驾驶员。10 人的构成、身份，多种多样。驻会人员是我们的核心队伍，最关键的是核心队伍要整齐、核心队伍步调要一致。以核心队伍的整齐一致带动骨干队伍和基本队伍，影响外围队伍。再进一步分析，核心队伍是驻会 10 人，与上届相比减少 2 人，特别是少了有影响的核心人物沈主席，也少了有经验的老同志。但也要看到有利条件，第三届和第二届相比，基本队伍扩大了，从 60 名理事增加到了 99 名理事；骨干队伍增多了，副会长由 21 人增加到 23 人。外围队伍还在发展，乡镇、村还在发展。现在核心队伍机构设置更配套，职责分工更科学。同时，我们既保留了老骨干，又充实了新力量。因此，只要我们主观上努力，我们的队伍一定会整齐起来，步调一定会更加一致起来。实现 5 年的目标任务，我们充满信心。

我到慈善总会工作一年多，尽管不是全日制，但也有了较为全面的了解。总体上我们的情况很不错，值得充分肯定，但也有需要改进的地方，特别是一些观念、理念，相对于现在的新要求还不大适应，素质和本领尚不能很好地胜任职责。举几个例子：会员大会最后一项议程——会长办公会议组织工作不到位、第二天的大会新闻稿缺少重要内容、"湖州慈善"网上关于三次会员大会的信息更新滞后。

今后我们主观上怎么努力？我想要做到"五有"。

第一，有追求。有追求才有方向，有追求才有信念，有追求才有境界。人的一生都在追求，只是境界有高有低。到慈善总会来追求什么？慈善是崇高的事业，慈善是不求回报的事业，到了我们这个年龄，到了人生的这个阶段，来做这项工作，一般来说就是追求崇高、追求完美。既然慈善是崇高的事业，就要由向往崇高的人去做，在从事崇高事业的过程中、实践中也使自己变得崇高起来，这是人生境界的一种升华。黄埔军校有一副对联："升官发财者请走他路，贪生怕死者莫入斯门。"这副对联感召了很多人，也激励了很多人。同样，升官发财别做慈善，贪图安逸别做慈善，无拘无束别做慈善。要做慈善，就要不求回报、不贪名利、不计较得失。做慈善追求的是一种崇高，是一种完美，是一种人生的境界。

第二，有激情。激情不仅是外在的表现形式，更是内在的精神状态。激情是一种精神状态，有激情才有内在动力，有激情才有无畏勇气，有激情才有攻坚克难的胆魄，有激情才有朝气蓬勃的活力，有激情才有雷厉风行的作风。激情能给自己以信心，能给别人以鼓舞。所以，激情是成就事业的一大法宝。没有激情，能办成的事就办不成；有了激情，困难面前办法多，难事也就变得不再很难了。所以，我们一定要充满激情地观察事物，从中发现新鲜有用的东西，从中得到开发智慧的启迪。一定要充满激情地开展工作，变不利为有利，变不能为可能，变天堑为通途，变阴霾为蓝天。希望在座的每一个人，都要充满激情地工作，充满激情地生活。

第三，有能力。能力是过河的桥和船，能力是实现目的的途径和手段、思路和方法。做一名好的慈善工作者，亟须提高五个方面的能力：一是学习能力。要爱学习、会学习、善学习，把学习作为工作生活的组成部分，学以养德，学以增智，学以明理，学以益业。2013年3月1日，习近平总书记在中央党校春季开学典礼上专门作了关于学习的重要讲话。这篇讲话通俗易懂、见识深刻。我们干什么就要学什么，缺什么就要补什么。要学慈善、懂慈善，学习慈善的知识，学习慈善发展的历史，研究发展的现状，预测发展的未来。学习慈善的法律法规，学习慈善的先进经验和先进典型，既要知其然，又要知其所以然。通过学习，成为慈善知识的专家和"问不倒"。二是宣传能力。这是比学习能力要求更高的能力。宣传是一个很宽泛的概念，我主要指口头宣传和利用现有宣传工具、现有宣传阵地的宣传。慈善需要宣传，慈善宣传大有文章可做。很多东西因为宣传得不够，别人不了解，就不会参与。尽管我们成立了宣教部，但宣传绝不仅仅是宣教部的事，每一名称职的慈善工作者，都应该是一名出色的慈善工作的宣传者。要重视宣传、敢于宣传、善于宣传，通过无处不在、无时不有的宣传，让更多的人了解慈善、热爱慈善、参与慈善、理解慈善，这样慈善工作才有深厚的社会基础、广泛的群众基础和良好的舆论基础。现在我们有网站，下一步要办刊物。所有做的事都可以宣传、都要宣传，慈善的事是没有不可以宣传的，而且要第一时间宣传。三是社交能力。社交能力即公关能力，是一种沟通能力。社会由人组成，与人打交道、打好交道，是慈善工作者必须具备的能力。与人打交道，就要了解人、尊重人、关心人、成就人。只有善于与人打交道，才能使人了解你，进而信任你、托付于你，在尊重别人的同时也得到了别人的尊重，在成就别人的同时也成就了自己，这就是好的公关，就能实现互利双赢。如果不愿和人打交道、不善与人沟通，关起门搞事业，难成大事业。闭门称大不为大，坐井观天难知天。所以，必须学会公关、学会沟通，人人要朝着社会活动家的目标努力。慈善工作者就是社会活动家，没有社会活动能力，善款从哪里来？我们社交要达到这样的目的，光靠秘书长，光靠部长不行，每个人都要学会公关，都要独当一面。四是创新能力。慈善需要创新，慈善的各方面都需要创新。我们已有不少创新的成果，仍需要做更多创新的工作。劝募要创新，救助要创新，宣传教育要创新，义工建设要创新，自身建设要创新。慈善发展离不开创新，创新来自实践，创新来自基层，创新也来自顶层设计。我们既处在实践的层面，又处在顶层这个层面。就全市而言，我们处在顶层。所以，需要我们在谋划工作、推动实践的过程中，把创新的理念印在心里，多为创新献计献策、多为创新探索实践、多为创新总结思考，使我们的工作在创新中提升层次、在创新中扩大影响、在创新中获取效益。五是操作能力。现在总会机构少而精，在这样的机构工作，我们人人都要成为操作手，人人都要成为执行者，做到一专多能。操作要讲求效率和质量，做到说了就干、干就干好，绝不能差错常出、干出负效应、少了正能量。干就要干出好效益，干出正能量。

第四，有规矩。 没有规矩，不成方圆，规矩是做好工作的基本保障和行为规范，是做好一切工作的保障。慈善工作特别讲规矩。在沈主席的带领下，慈善总会已经建立了很完备的规章制度。沈主席10年来为了立这些规章，亲自组织，亲自修改，给新来的同志交了一个好班。现在我们已有了比较好的规矩，需要我们很好地学习、很好地掌握和严格地遵循。机关工作特别重程序，程序合规合法是基本要求。现在总会各部室是社会组织的机关，希望大家要形成守规矩、讲程序的习惯。只有这样，内部才能规范有序，外部才能阳光透明，公信力才能有保障，公正廉洁才能实现。

第五，有建树。 有建树是我们的终极目标。前面"四个有"有了，肯定会有建树。每个人在这里工作，都要有建树，是为老百姓服务的建树，多做一点好事就是建树。未来5年，我们的募集水平要达到全省平均数，我们的救助水平要与湖州经济社会发展相适应。如果慈善城市是可创的，我们争取创，这是我们想要建树的目标，是我们集体为之努力的方向。在这个过程中，我们个人都要有点建树，5年下来，都要有建树。5年要靠一年一年地累积，2013年按原来定的办，把这些事都办好是建树，把2012年定的指标完成也是建树。如果第三季度湖州慈善期刊能够创刊并能够得到好评，就是一大建树，因为实现了从无到有。我们个人都要有建树，到回首往事时，不要感到碌碌无为，将来写大事记、编志时，有自己的名字在上面，有自己的成果在里面，我们就无愧于一名优秀的慈善工作者。

只要我们每个人都做到有追求、有激情、有能力、有规矩、有建树，那我们这个团队一定也是有追求、有激情、有能力、有规矩、有建树的，对此我充满信心。

兼职也要尽责

——如何当好副会长（单位）*

三届理事会换届对副会长人选的确定，市委组织部和市慈善总会的老领导及参与筹备的同志是有远见的，水平是非常高的。现在，市慈善总会副会长一共有25位，其中5位是在职的党政领导干部，他们是因为工作需要担任了副会长，都是经过市委组织部批准的，今天一位都没缺席。还有20位是企业单位的副会长，这是根据对慈善事业的贡献加自愿的原则来确定的。第一届理事会成立时，门槛是30万元，第二届是50万元，第三届是不低于100万元，包括承诺要捐的。每次开会长全体会议除了讨论重大事项，我都要讲自身建设。我们这个组织是社会组织，登记管理机关是民政局，内部实行民主决策集体领导。这个组织不是会长一个人说了算，该研究的要研究，该表决的要表决。

我还是重复以前讲的，就是我们的副会长如何发挥作用。

第一，要在参与集体领导中发挥作用。每次会议，各位副会长都要围绕议题充分发表意见，用大家的真知灼见使议题形成的决策更加科学、更加符合实际。

第二，要积极参与各项活动，在示范先行中发挥作用。对总会的年度工作部署、重大活动安排，副会长单位都要带头贯彻、积极参与。对总会倡导的事，副会长单位应带头响应、积极探索。如企业冠名基金，我们很多副会长企业已经建立并发挥了很好的作用，尚未建立的建议尽快创造条件建立起来。副会长单位凡是建立冠名

---

* 在三届五次会长全体会议上的讲话，2015年8月18日。

基金的，在满足内部慈善公益事业的基础上，逐步向外部延伸，成熟的慈善是委托第三方做项目，我们有的副会长单位已经在这样做了，建议大家逐步向项目化发展，因为项目更久远、更有影响力。

第三，注重特色，发挥优势，在建设企业文化中发挥作用。慈善是一种文化，是企业文化的重要组成部分，每家企业都有自己的文化，建议大家把慈善文化与企业文化一起谋划、同步推进。

第四，找准定位，认真履职，在组织协调中发挥作用。给几位党政领导担任副会长的同志提个建议，要充分发挥你们在职在位的优势，不仅率先把本单位的慈善工作做好，还要组织动员、协调更多体制内的单位参与慈善工作。

慈善人要多一点精气神[*]

即将过去的这一年，是总会继续向前发展、向上攀登、各方面的工作都取得比预期成果要好的一年。捐赠收入比上一年有大幅提升，总收入比上一年有大的提升，救助支出比上一年有大的提升，受助受益的人数比上一年也有大的提升。

第一个压力，自身建设，继续在规范、透明、自律的轨道上运行。经过背对背的抽查，我们的慈善公信度、透明指数继续走在全国同类组织的前列。得分比上一年有新的提高，排位进一步靠前。这些成绩除了上级重视推动、社会参与，主要还得靠我们在座的同志。因为领导再重视、群众再参与，你自己不努力，你不去发起、你不去组织、你不去争取，就没有外部那些好的条件，有好的条件也不会转化为内生资源，外部的东西要靠你的工作转化为你的资源。即将过去的一年，我们面临两个很大的压力。一个是由于种种原因，对慈善兼职人员的报酬，形成的一种精神压力，各县（区）都遇到了这个问题。第二个压力，内部人手紧缺，只有七八个人，素质又难以适应。很多事情想做，没有人手去做，很多事情想多做一点，但我们的素质还适应不了，怕一旦做不好，捅出娄子来，还不如暂时缓一缓。市总会按现在的工作量，理想的状态是有十三四个人，最少也得十二个人。在这样一种内外压力之下，我们的事业还有这样的发展，工作还有这样的推进，说明大家都是了不起的，都是干事业的人，都想把慈善总会的工作做好，都想为老百姓多做一点实事、多办一点好事，这是我们大家共同的心愿。

---

[*] 在 2015 年度工作总结会上的讲话，2015 年 12 月 28 日。

明年的工作任务很重，但我们内部的组织框架、人员结构在短期内不会有大的变化。在这种情况下，思想的作用、精神的作用就显得更加重要。我们要向精神状态要战斗力。为此，我建议大家也包括我自己：

第一，要多一点精气神。从养生的角度而言，精气神是人生之本。而我讲的精气神，是事业心、责任心，就是我们每个人对慈善这件事的投入程度、参与程度、关心关爱程度。你是不是全身心地投入了，你的关注点是不是在这上面，是不是把这份工作当作自己家里的事在干，当作一件崇高的事来干。我们要多一点这样的精气神，有了这样的精神状态，我们的眼光、我们的心胸就会豁达，遇到一点困难我们不会退缩，取得一点成绩我们也不会止步，这才叫多一点精气神。如果无精打采，对自己干的事业没有信心、没有勇气，整个人无精打采的，干什么事都索然无味的，不敢理直气壮地宣传，那你的工作就好不到哪里去。我是走到哪里就把慈善宣传到哪里，一定要有这点投入精神，因为你在干这个活儿，所以走到哪里你就得说到哪里，不要怕丢人，不丢人。

第二，要多几把刷子。我们在座的同志，究竟有几把刷子，简单地讲就是吃饭的本领、干事的本事、工作的能力。我们现在的情况，就应该像部队过去提倡的，要一兵多能、一专多用。不能说我当收发，我只是干好收发就行了，我管记账，只把账记好就行了，这是你的本职工作，这是你主要的吃饭岗位，你主要的是这把刷子，你要成为行家。但现在我们还要方方面面多学一点。2015年很多事情大家都是一起干的，像"慈善一日捐"，大家齐上阵，齐上阵知识面就要宽一点，工作套路就要多一点，这样才能上得了阵啊。像"慈善嘉年华"这种活动，虽然有领导牵头，但也是要大家齐上阵，那你也要多一点本事，这是很现实的问题。譬如我们现在都知道"互联网+"，这方面我不懂，但我相信年轻的同志要比我懂得更多一点，这两年我们为什么做不起来，就是我们的能力素质跟不上，我们的刷子不够多，没有几把刷子，拿在手里的刷子还不够用。因此每个人都要多几把刷子，才能适应多岗位、多方面的要求。也就是说一个人干这个行，干那个也行，把事情交给你能放心。如果你没几把刷子，有些事情就不敢交给你，那就要增加人手、增加费用。希望明年大家都要多几把刷子，既可以涂油漆，也可以刷粉白，给你一个木匠活，马马虎虎也可以敲敲打打，把木头推推平。在我们这样一个组织，人手很少，事情很多，需要一人多用、一专多能。

第三，要多一些悟性。前几天我看到一个材料，说有的人是用嘴巴吃饭，我想那是废话，不用嘴巴吃饭用什么吃饭，但是用嘴巴吃饭只能吃出味道来；有的人是用眼睛吃饭，用眼睛吃饭不仅能吃出味道，还能看到色彩；更聪明的人不仅用眼睛和嘴巴吃饭，还用脑袋瓜吃饭，他能吃出文化来。细想一下是有道理的。这跟干活一样，有的人是被别人拨弄着干，是用手脚在干。有的人用眼睛在干，老百姓经常讲不打勤、不打懒，专打不长眼。北方有一句话叫这个人很有眼力见儿，大人表扬孩子，哟，这孩子很有眼力见儿。他知道这个时候该倒茶了，那个时候该拿什么东西了，需要什么他就主动去干了，并不是别人拨一拨才动一动。还有的人，是用脑袋瓜来干的，他会动脑筋，经常在想，经常在反思，经常在总结，这件事我为什么干得成功，成功在哪里，那件事为什么干得不理想，失败在哪里。吃一堑长一智。这是聪明人。不聪明的人，吃三堑都长不了一智。原来在这方面出了差错，下一次还在这里出差错。什么叫悟性？悟性是佛教用语，说这个人很有悟性，就是他会举一反三、会触类旁通。有些话叫只可意会不可言传，所以有的人学东西很快，有的人成长很快，那就叫悟性很高。老百姓讲这个人笨嘟嘟的，去年叫他办点事出个差错，今年办同样的事情又出了差错，已经跟他讲过多次了，老是改不掉，那就说明他的悟性差。我建议大家做人做事都要多一点悟性。悟性从哪里来呢，从多学习、多总结、多思考中来，不是天生带来的。你多学习了、多总结了、多思考了，多向高者看齐，多向强手看齐，你的悟性就会慢慢高起来。只要我们都多一点精气神，多几把干活的刷子，多一点悟性，我们就会多一点长进、多一点学问、多一点成就，到年底总结时也可以多一点彩头，我相信大家经过努力都能做得到。

为慈善人搞好服务是办会之道*

　　红鹰集团做慈善跟我们在座的好几家企业一样，很有特色，很有创意。第一家消费慈善商店就是百年老字号丁莲芳做起来的，他们卖千张包子也好、卖馄饨面条也好，拿出营业额的2‰~3‰捐给慈善，进店消费，就是在做慈善，这是普通市民参与慈善的很好载体，不在于钱的多少，在于的是让慈善走进普通市民、走进日常生活。2016年我们与电视台合作开办了一档节目，叫《慈善星期六》，每周一期3分钟，一年52期。从2015年就策划这件事，后来偶然遇到红鹰集团的虞炳泉会长，我说这个栏目创意非常好，但没钱不行，他说这个事由他来做，现在这档节目已经开播了。

　　我还是这个观点，做事靠人，关键在我，在我是指我们这个团队。慈善总会是个社会组织，会员代表大会是最高决策机构，平常驻会的包括驾驶员也就八九个人，我们是受大家的委托、执行大家的决议、为大家提供服务的。过去的一年我非常感动，在座各位都作了贡献，20家企业副会长单位，建立冠名基金的全部到位了，有的甚至是翻倍到位。没有强烈的爱心责任心驱使，你去讨钱都讨不到。我曾经表过态，我当会长期间，决不向任何人讨一分钱，我主要是搞好服务，愿意做的我去沟通、我去策划，美欣达慈善超市就是这样办起来的。闲聊时，给美欣达集团的单建明会长提了这件事，他说这个好，这件事由他来做。我说运作成本一年起码要50万元，他说钱由他来出，他让我只要把事做好，我说只要有了钱我肯定把事做好。用这种理念和运行机制办的慈善超市在全国是第一家。有

---

　　* 在三届六次会长全体会议上的讲话摘要，2016年1月19日。

这样一支立足自我、提升自我、完善自我的企业家会长队伍，我这个会长就充满信心、充满底气，遇到困难找你们商量，有了成绩与你们分享。2016年我们要更好地为各位副会长单位服务，为会员、理事服务，重点还是为企业的副会长搞好服务。一是在你们生日时，我们会送上一句生日祝福，送上一束鲜花，二是为你们每人订了一报两刊——一份慈善公益报，一本介绍海派文化的杂志《红蔓》，一本我们自己办的刊物《湖州慈善》，有空时你们可以翻一翻。暂时我们就想到了这些，你们还有什么需求尽管说，只要我们能做的，一定尽力去做。尽管你们并不在乎一束花、一份报，但我们就是想表达一份心意，指导思想就是尽我们所能为大家做好服务，因为我们是一个大家庭，要把总会这个平台搭建好。

做慈善要有大情怀*

　　老天关照慈善人，在多日连绵不断压得人喘不过气的阴雨天后，今天，老天终于露出了笑脸，阳光照耀着我们，预示着我们项目的成功。在这之前，我们两家多次沟通，很快达成了共识，为什么这么快？说明慈善是大慈善。你们办医院就是做公益事业，救死扶伤治病救人，本身就是做善事。2016 年通过的慈善法在思想观念上实现了一个新的突破，就是把慈善定义为现代大慈善。大慈善包含两方面的含义，第一是慈善的内涵，原来慈善的内涵主要是扶贫、济困、救灾、敬老，以这些为主，这次它把慈善的内容列了几大项，把文教体卫统统纳入慈善范畴，就是文化、教育、卫生、体育、环保，这样慈善的内涵就大大扩展了，不光是救济穷人，你只要是在做公益就是做慈善。所谓大慈善的第二个含义，它倡导大众来做慈善、人人来做慈善。这个项目的意义在于，在办医院的过程中和慈善组织联手，把慈善的内容嫁接到公益，公益加慈善，使医院办得更有意义。

　　人和人之间的情义，扩展一点做慈善就是大情义，是一种大情怀，这种是无价的。你们是在践行大慈善的理念、大公益的理念。我们也在做慈善，如果没有你们的加入，我们的慈善队伍不会越来越壮大，我们的慈善影响力也不会越来越深广，为什么在我们两家合作的基础上非常支持你们和慈爱中心的合作，因为慈爱中心是民办的养老机构，多少年来给孤残的特别是困难家庭的老年人以优惠。你们两家合作，医院发挥医院的优势，它发挥它的优势，这是强强

---

　　* 在邦尔慈善助医基金签约仪式上的讲话，2016 年 7 月 5 日。

合作、善善联手。慈善组织是有心牵线、有心搭桥，使一个善成为两个善，善加善成为更大的善。只要大家都有善心，都不以挣钱为最终目的，当然不能不挣钱，不挣钱想做善事没这个能力，但不以挣钱为最终目的，多做一点好事，必然受到更多人的尊重。预祝邦尔医院事业发展蒸蒸日上，预祝慈爱中心发展越来越好，预祝你们两家的合作、我们三方的合作为社会增添正能量。

向善者说

做慈善的明白人有心人举旗人[*]

我讲三个问题：

第一，要大力学习宣传慈善法，做依法行善的明白人。2016 年是我国慈善发展史上具有里程碑意义的一年，经过 10 年磨砺，大家盼望已久的慈善法终于在 2016 年全国人民代表大会上正式通过，并将于 9 月 1 日起正式施行。慈善法共 12 章 112 条，为什么要很好地学习？因为我们是做慈善的，要依法行善。依法行善就要有规范意识、法律意识，法律规定不能做的就不做，像没有公开募捐资格的慈善组织，不得向社会公开募集。慈善法给我们传递了很多重要的新信息，特别是界定了什么是慈善，慈善法把科教文卫体都纳入慈善范畴。还有关于慈善捐赠形式，不仅包括货币、实物、房屋，还有有价证券、股票、知识产权等，还有慈善信托，这是最新的概念。慈善信托在湖州、在浙江省还没有过，如果我们在座的谁敢第一个吃螃蟹，拿出 10 万、20 万元信托一下，看托得住托不住。再譬如，关于认捐不到位怎么办？公开承诺捐赠的没捐赠的，可以要求支付，也可以提出诉讼让法院要求支付。这些例子说明慈善法内容非常丰富，对慈善组织有鼓励、有约束，对捐赠人有鼓励、有约束，对受益人也是有鼓励、有约束。总之，做慈善一定要做一个明白人。

第二，精心组织"慈善一日捐"活动，做全民慈善的有心人。我们副会长单位特别是企业副会长单位，怎么算有心人啊，一分钱不算少，100 万元不算多，但是你要参与，原来没有这个概念，这两年越来越好。全民发动、全民参与，副会长单位更应该带个好头。

---

[*] 在三届七次会长全体会议上的讲话摘要，2016 年 8 月 16 日。

第三，积极参与"慈善排行榜"，当领跑慈善的举旗人。2016年市总会与媒体联合推出了"慈善排行榜"，这是民间组织的活动，工作量非常大。统计时间从 2016 年 1 月 1 日至 12 月 31 日，给全市慈善总会系统捐赠过的企业和个人，凡是上榜的，通过媒体发布。1、2、3、4 往下排，慈善组织手中没有官帽子，但可以给社会荣誉，到年底排名时，20 家副会长单位千万不要没有入围者，希望大家都能够榜上亮相。

不忘初心　继续奋斗
续写湖州现代慈善新篇章*

　　这一次学习培训不是搞形式主义，也不是给大家放假，更不是去游玩，而是为今后 5 年的工作做准备。现在中央强调讲政治，就是要重思想，在任何地方任何时候都要讲政治。我们是民间组织，也要讲政治。先统一思想，先提高政治觉悟，后面才是自力更生、艰苦奋斗，再后面是爱国家、爱集体。我们组织这次学习培训，也是从政治建设、思想建设方面来考虑的，所以我们选择去这几个地方学习考察。习近平总书记反复讲幸福是靠奋斗得来的，新时代是奋斗的时代，新时代是奋斗者的时代。哪些地方、哪些人物、哪些典型最能体现奋斗精神，我就想到了大庆、大寨。因为大庆在黑龙江远了一点，大寨近一点，我们就去了大寨。原来工业学大庆、农业学大寨。到大庆大家也会有这样的感悟，当年大庆的代表是王进喜，他最有名的口号就是"石油工人一声吼，地球也要抖三抖"。过去中国是个贫油国，石油都靠进口，后来依靠李四光的地质理论找到了油田，而且还是一个富油田，浩浩荡荡的石油大军开到东北一片荒原上去打井。零下几十摄氏度，怎么办？睡干打垒，就是夯土垒墙盖成的简陋房屋，人住在里面，连窑洞都不如。大庆那里是有条件要上，没有条件创造条件也要上。这些都是当年最典型的语言，过了几十年都不会忘记。尽管现在这些口号不提了，但是正如大家说的，当年的精神永远不过时。就是到了现代化，自力更生、艰苦

＊ 在市慈善总会学习交流会上的讲话，2018 年 5 月 29 日。

奋斗难道不要了？白手起家，不要靠别人，要靠自己的力量改变自己，改变命运，改变山河，这种劲头不要啦？还是要的。你穿着绫罗绸缎，吃着大鱼大肉了，奋斗精神不要啦？还是要奋斗的。事业是要靠奋斗的，当然条件大不一样了，原来是吃不上饭、吃不饱饭，现在吃的是细的、富有营养的，但是要想把事业往前推，还是要奋斗。我们学的是奋斗精神，学的是靠自己的双手改变命运的精神，改变命运之后不忘国家、不忘集体的精神。这种精神永远不会过时，不只是现在，将来也不会过时。新的5年怎么起步？就是要靠统一思想来起步，靠讲政治来起步。接下来当然要研究项目怎么做、经营慈善怎么做，这都是具体的。但是首先要解决"总开关"，习近平总书记讲，通过学习教育真正解决好世界观、人生观、价值观这个"总开关"问题（2013年7月11日至12日，习近平总书记在河北调研指导党的群众路线教育实践活动时的讲话）。"总开关"不解决，一上来就解决"螺丝钉"的问题，那是解决不好的。先把机器的总开关解决好，再解决整个机器的框架，每个螺丝钉就能解决好，这部机器才能运转起来，发挥最大的效益。这几天下来，我们不虚此行，大家的交流就证明了这一点。感悟有深有浅，体会有多有少，但是大家都受到了触动，都学到了正能量的东西，我们的目的就达到了。人的思想认识、思想觉悟并不是靠开一次会、上一堂课、搞一次学习培训就能解决的。周总理说，活到老，学到老，改造到老。这些话永远都不过时。所以，我们要经常学习，不断地改造，才能不断地提高。

未来5年怎么做，书记、市长对我们有要求，副书记陈浩对我们有要求，理事会向会员大会作了承诺，包括我的表态发言，也是作出承诺的，话讲出去收不回来，肯定要兑现。通过这一次学习培训，在思想层面上我们要解决几个问题：

一是不忘初心。首先是不忘党的初心，这是大目标。因为我们国家是共产党执政的国家，党领导一切。共产党的初心是什么？我们学了党的十九大报告，这次又到党的"一大"会址去参观，共产党的初心就是完成共产党的使命，为共产主义奋斗，现阶段为中国特色社会主义奋斗，为人民谋幸福。共产党员要记住，为之奋斗；不是党员也要知道，应当按照党的信念理想去追求。因为我们是做慈善的，要不忘我们做慈善的初心。慈善的初心是什么？很准确的话我找不到。我自己的初心就是那副对联——孙中山先生给黄埔军校题的，我把它改成："升官发财者莫入斯门，逍遥自在者请走他路"，横批是"慈善者来"。我到慈善总会来就是这个初心，不是为了升官，到这里也升不了官，更不能有发财的念头，有发财的念头肯定会犯错误。所以说，升官发财莫入斯门。若想逍遥自在、贪图安逸，那你也别到这里来，来了不干活、不干事，就别来了。既然来了，那就好好干，这就是不忘初心。我们每名同志也是这样，你的初心是什么？退一万步讲，我记得前几年我说过，你说我到这里来就是为了一个饭碗也可以，但是不好好干，这个饭碗也保不住，就是这个道理。你说我没有共产主义理想、没有慈善之心，不能要求人人都一样是吧！但是慢慢地你会有的，近朱者赤，在这个群体里大家都想着为老百姓做点事，都想着做点慈善的事，如果就你一个人光想着自己那点事，是不是对不住大家，在这个群体里就很难融入。为了保个饭碗并不丢人，首先要就业，就业是国家大事，是民生之本。但是如果不努力、不奋斗，这个饭碗里很可能连汤都盛不满；如果努力奋斗了，那么这个饭碗里可能就有大米饭，可能就有猪肉，可能就有美味佳肴。我跟大家讲不忘初心，讲得这么开，就是讲为了饭碗不丢人，但饭碗起码是一个铁饭碗，最好能成为铜饭碗、金饭碗。我们的目标是要使慈善工作者成为一个令人羡慕的职业。这意味着什么，意味着这个饭碗起码是人人都想要的饭碗，是摔不碎的饭碗，是有饭吃的饭碗。靠什么呢？靠的是你去做出来，要有慈善之心，要去奋斗。

二是肯下苦心。初心明了了，就要为初心去苦心经营。这个是我在醋房里得到的启发，那个老醋能成功，其中一条就是苦心经营。这个话含义是很深的，有了初心，不下苦心，不咬住不放，就会掉以轻心，做一天和尚撞一天钟，你的初心永远不能实现。要为了初心，肯下苦心，苦心去学习、苦心去研究、苦心去经营、苦心去做事，下得了苦心才能实现初心。过去讲吃得苦中苦，方为人上人，我们把"人上人"改为"甜中甜"总可以吧！

三是凡事用心。换届会议筹备期间，我和有些同志讲过多次，很多工作是没有技术含量的，不需要高科技，不需要高文凭，只要用心做肯定做得好。别人校对一遍你校对两遍，别人检查一遍你检查三遍，肯定是能做得好的。

四是持之恒心。一个人做一件好事并不难，难的是一辈子做好事，不做坏事。这是毛泽东同志说的。什么是贵有恒，今天做了，明天继续做，后天还这样做，看起来不起眼，连续做几年就能积小成为大成，积小善为大善。就像学习一样，今天有一点感悟，记在那里，明天又有一点感悟，记在那里，一个月下来，你有多少感悟啊。要持之以恒，恒心是最难的。人冲动一次、加一次班不稀奇，关键在坚持，坚持做下去。好的做法、好的制度、好的习惯要持之以恒，必有大成。

五是顺应民心。这是我们始终要把握的，慈善工作者做什么事情一定要把顺应民心作为落脚点。中国共产党就是事事为人民去想、为人民去做。我们做慈善也应该是这样，前5年在各方面的努力和关照下，取得了不错的成绩，很重要的一点是得到了老百姓的认可。今后5年湖州慈善要继续立得住、走得远、贡献大，还要时时注意湖州老百姓的呼声。老百姓需要什么，我们就做什么，什么事给老百姓带来的益处大，我们就做什么事。这不能当口号喊，但是思路要清晰、落点要实。

接下来，我讲一讲在工作层面怎么做，要做到"五知"：

一是知位置所在。这非常重要，是个大前提。从理论上来讲，要认清历史方位。中国共产党发展到了今天，处在什么历史方位？党的十九大报告就是从党的历史方位讲起。一个党是这样，一个社会团体也是这样，一个人也是这样，要知位置所在。比如说，你在这个组织中处于什么位置？上面有谁，下面有谁，左边有谁，右边有谁。有的人搞不清楚，干得稀里糊涂，甚至干了一辈子都弄不清楚。知位置所在，我自己也要知道我是谁，我在这里处于一个什么位置。尤其是你们年轻人，一开始就弄清楚了，会终身受益。毛泽东同志在战争年代写的那些文章，特别注意形势分析，讲究分清形和势，形是指客观存在，势是指发展大势，合起来叫形势。过去不是讲形势课吗，形势课实际上就是讲清楚目前我们处在一个什么方位，清楚方位，才知道从哪里出发。

二是知职责所系。各部室的职责、每个人的职责。办公室有办公室的职责，办公室主任有办公室主任的职责。知道了位置，然后要知道职责，职责实际上就是任务。你看过去那些战争片，讲国民党打败仗，在我们发起渡江战役时，敌人两个师负责的界线不明确，我们就专找这个缝隙来打。我们的工作也是这样，要知道位置所在，知道职责所在，把各自的职责理得清清楚楚、搞得明明白白，活就好干了。

三是知上级所望。要知道上级对你有什么要求、有什么期望，给你的指令是什么。有些人干是干了很多，但是搞不清楚自己的位置，结果干了别人的活。我年轻时经常做这种傻事，经常加班加点，有些好心的领导就半开玩笑地批评我："哦，别人的活你也干了？"到了一定的领导岗位不行了，你干了别人的活别人就有意见了。这种教训，我以前是很多的。所以，我们要把职责界限搞清楚，要知道上级所望，对你这个部室、对你这个人有什么要求，有的是有时间性的要求，有的是有质的要求，有的是有量的要求。

四是知下级所盼。你担任了一定职务，当了副部长，下面就慢慢有兵了，你要知下级所盼。不管你管的是一个人，还是管理一个部室管理了一帮人，不要只想自己，要知道下级对你有什么要求，他盼望你做什么事情。下级对上级最大的愿望就是希望指令是明确的，别含含糊糊。但是有些上级的指令往往是不明确的，你向他汇报了，他就说好好好，我考虑考虑，三次之后没态度，弄得下级不知道怎么办。但是人家说这是很聪明的，因为太明确了，万一错了就是领导错了。但是下级还是希望上级遇到事情不过夜、不含糊，马上有态度。下级希望上级能够多关心，做好了能够看得着，多表扬几句，待遇能高一点就尽量高一点。讲到这里，我再强调一句，你当了领导之后一定要知下级所盼，他盼望什么，他期待什么，你要了解。

五是知同事所需。从大概念来讲我们都是同事，尽管有上下级关系，其实都是同事。只有知同事所需，才能在关键时帮人一把，这就叫合作共事，这就叫分工不分家，这就叫团队精神。自扫门前雪是对的，但是自己扫好以后，假如同事正好今天没空，你帮他扫一扫也是可以的。实际上我们工作中经常会遇到这种情况，你帮了同事，同事也会帮你，如果形成这样一个氛围，那该多么好。

当好主人翁　擦亮主窗口
唱响主旋律　挺起主心骨*

今天这个会议，原定的议程都已经进行完了，最后我讲一件事，就是如何当好总会的副会长（单位），我认为，起码要做到四点。

一是积极建言献策，当好主人翁。你是主角，是我们的班子成员，不是配角，不是旁观者，在座的各位都是决策的参与者，大家要以主人翁的姿态建言献策、贡献智慧。

二是勇于示范带头，擦亮主窗口。部队里讲，班副班副，生产内务；班副班副，先干一步。这是说班长和副班长的关系。班长怎么说，副班长就首先去做，这是我当兵时部队里经常讲的。我把部队的说法搬到慈善总会来，副会长应该干什么，什么事都要勇于示范带头，总会号召的、要求的，像今天下午大家讲的，要保证去做、创新去做。首先擦亮自己的窗口，几位副会长就是几个主窗口，别人透过你这个窗口可以来评判我们慈善工作的发展水平、人员素质，透过这个窗口可以看到湖州市慈善工作者的形象。

三是主动传播慈善，唱响主旋律。传播的方式非常多，传统媒体依然强势，新媒体不断出现。唱响主旋律，慈善的主旋律，就是在善言善。你是慈善组织的副会长，不讲慈善讲什么？党的路线方针政策落实到我们这里，就是热心慈善、用心慈善，把慈善做真、做实、做好、做新、做大，使更多的人受益于慈善。

四是处处维护形象，挺起主心骨。你是慈善总会的副会长，是

---

* 在湖州市慈善总会四届二次会长全体会议上的讲话，2018 年 8 月 16 日。

窗口单位，也是形象大使。我们这一届聘了 12 位慈善大使，上一届是 14 位，他们是我们聘的慈善大使，副会长也是慈善大使。既然是慈善大使，就要维护慈善的形象，我不讲别的，涉及慈善的，哪些事该做，哪些事不该做，哪些需要透明，哪些需要公示，必须依据慈善法，依法依章依规来做。有利于慈善的话我就说；有利于慈善的事我就做；听到不利于慈善的事，该反驳就要反驳，该理论一下就要理论一下。既然我们是一个组织，我们就是一个整体，就要维护湖州慈善的形象，在这方面要挺起主心骨，做慈善难道还低人一等？我们不高人一等，但应该与人平等。主人翁、主窗口、主旋律、主心骨，有了这四个"主"，我们的主阵地就会越来越大，我们的主业就会越来越兴旺，我们湖州慈善的明天就会越来越亮丽、越来越美好。美丽慈善将与美丽湖州同行，与美丽中国同行。

把关协调育人 *

我们这些会长除了新民会长还没退休（但也到了二线岗位），其他都是退休同志。既然在这个位置上，应该怎么干？我想了六个字：把关、协调、育人。把关就不多说了，主要是把方向、明思路；协调是指对外的沟通联系，年轻的同志和党政领导、机关部门、大企业老总还搭不上话，我们资格老嘛，脉络广嘛，资源多嘛，需要我们出面去协调沟通；关键的作用是育人，要在培养人上用更多的心、倾更多的情、出更多的力，使之结更多的果。

以上说的这些我一直在强调。干活是靠人的，假如我们这些老同志有一天都不当会长了，这个组织还能运作，我们就功德无量。假如我们不当会长了，别人也不敢接会长，下面也不知怎么干了，我们就是失败的。市慈善总会的情况大家都熟悉。现在除了两个兼职的，这几年最少时是 6 个人，现在我们已经 15 个人了。15 个人的构成给大家通报一下：1 名驾驶员，2 名兼职的，在位工作 12 人，其中 5 名退休老同志、7 名年轻人，7 名年轻人中 70 后 2 名、80 后 3 名、90 后 2 名，有几人已经可以独当一面了。再用 3~5 年，只要这几名同志用心，我们也上心，相信他们几个都可以独当一面。到那时，秘书长也有人选，办公室主任也有人选，部长就更不要说了。事业要一代一代地有人接下去，我们只能跑好自己的这一棒，最终还是要一棒一棒交下去。所以在培养人上，要用更多的心、倾更多的情、出更多的力、结更多的果。

---

　　* 在湖州市区县慈善总会会长联席会议上的讲话摘要，2018 年 12 月 24 日。

大舞台　大熔炉　大家庭
　　——我向往的慈善组织*

　　过去的一年，又是一个果实沉甸甸的丰收年。手捧着我们的果实，向党献礼，向人民献礼；也向自己的良心汇报，向市委、市政府汇报，向湖州人民汇报，向我们慈善的同行汇报。丰收体现在三个方面：一是事业又有新发展。二是人有了新发展。队伍扩大了，素质提升了，跟事业的发展相比，我认为人的全面发展更加可贵。三是制度有了新发展。

　　新年新的期待，我仅就加强自身建设再谈一些想法，与大家共勉。这几天我一直在思考一个问题，我向往的慈善组织应该是个什么样子，我的答案是：一个被社会认可、被同人羡慕、被自己接受的慈善组织，一是干事的大舞台。在这里可以成就梦想、成就事业，这样的舞台是要靠大家来搭建的。二是成长的大熔炉。在这个组织里能学到东西、能不断成长，像把铁炼成钢一样。过去讲解放军是个大学校、是个大熔炉，战士在这里百炼成钢。如果我们这样一个组织，也能成为这样的熔炉，就非常好。三是温馨的大家庭。干事很较真，成事有成就感，但同时又像一个大家庭，互相关心，互相体谅。在这里该批评也批评，谁在家里面没有挨过批评，有批评才有进步。因为是一个大舞台、一个大熔炉、一个大家庭，该温馨就温馨，该板脸也要板脸。能够成为一个干事的大舞台、成长的大熔炉、温馨的大家庭，这个要求非常高。有时我有些理想化，追求至善至美，但不理想化、不追求至善至美，就没有方向、没有动力，也就没有大的作为。

---

　　* 在 2018 年度工作总结会上的讲话摘要，2019 年 1 月 28 日。

只要想成才，人人可成才*

　　总结会就是个盘点会，看看人家做得怎么样，看看自己做得怎么样。搞总结，各有各的方法，但常规的几个要素是不能少的。一是做了什么；二是收获了什么，就是经验、体会、思考；三是还有什么没做好；四是要有个基本的态度。这几个要素都有了，总结的要件就基本齐全了，其他的要靠长期积累。我衷心希望在座的年轻同志都是有用之才，都是可塑之辈。这个观念我年轻时没想到，到了一定的年龄才想到。人才就在身边，各有长短，用他的长处补他的短处，不都是人才了吗？只要想成才，人人可成才。作为领导要搭平台，帮他成才。激励可以帮助他，批评也可以帮助他。手把手教是帮助他，晾他一段时间也是帮助他。有的人一受表扬就翘尾巴，就不要表扬他；有的人一批评就崩溃，就非要批评他。要因材施教，因人施教。在座的几位聘用同志，年龄最大的才刚过 40 岁，但见识和经验已经积累了很多；年纪轻的 30 岁还不到，文凭一个比一个高，哪个不能成才？哪个不可以塑造？

　　每年的总结会，不是形式，而是很重要的一个学习机会，向别人学习，向集体学习，反过来也向自己学习。要自己跟自己比，看看哪方面有进步，激励自己明年做得更好。

　　过去一年总会各项工作稳健向前，总结经验可以有三条五条甚至更多，但最重要的还是靠我们这个团队，靠天靠地不如靠自己。刚才几位同志都讲了我们这个团队是最团结的、最质朴的、最能吃苦的、最有战斗力的。按照部队的说法，是一支拉得出、展得开、

---

　　* 在 2019 年度工作总结会上的讲话摘要，2020 年 1 月 16 日。

收得拢、打得赢的队伍。我举几个例子，就像"慈善一日捐"，大家那么累，每个人几乎天天加班。如果没有这种精神，"慈善一日捐"怎么能有这种成绩。还有慈善年会，我们是民间组织，就这么几个人，组织这么大的活动，人力、物力、财力、精力，要费多大的劲，现在已经开展得有条不紊、有序有效，我听到的都是赞誉的、鼓励的、肯定的声音。还有"慈善嘉年华"活动，各县（区）的团队，八九十支，自己租个车子，年年参加，一连5年还是热情高涨，活动的参与面还在不断地扩大，现场募集的金额一年比一年多。上面说的这些，都是靠我们团队做出来的。说到底我们团队是想干事的团队，也是会干事、能干成事的团队。

今后工作怎么做？2020年习近平总书记新春贺词中有一句话——"万众一心加油干，越是艰险越向前"。作为慈善总会，就是要团结一心加油干，只要有了团结，大家一心想干，就没有干不成的事。

沧海横流　方显慈善本色

　　——谨以此文献给并肩抗疫的湖州市慈善总会战友 *

　　2020 年春季，必将以其惊天动地、惊心动魄、惊涛骇浪的不同凡响，铸就一座历史丰碑，汇就一座精神富矿，成就一部生命教科书。让所有有良知的人敬仰、敬畏、学习、研究，以铸就更伟大的历史丰碑，汇就更宏大的精神富矿，成就更博大的生命教科书，护佑人类健康可持续前行。

　　2020 年春季，一场突如其来的新冠疫情瞬间把人们推进了生死攸关的大战，推上了不留情面的大考。值得庆幸的是，中国举国动员、浴血奋战，人民赢得了大战，高分献给了大考，春回大地，阳光普照神州。

　　让时光回到起点：

　　2020 年 1 月 23 日，中国武汉——一座千万人口的特大城市宣布封城。同一天，湖北、广东、浙江宣布启动重大突发公共卫生事件一级响应。霎时，国人震惊，世界注目。

　　2020 年 1 月 25 日（农历庚子年正月初一），中共中央总书记、国家主席、中央军委主席习近平主持召开中央政治局常务委员会会议，发出坚决打赢疫情防控阻击战的动员令。当晚 19 时，中央电视台《新闻联播》节目临时插播了这条重要新闻。一场波澜壮阔的疫情防控阻击战全面打响。

　　党有号召，我有行动。2020 年 1 月 26 日（农历庚子年正月初二），湖州市慈善总会：魏秀生、孙阿金、何国富、左军——这些退

---

　　* 在湖州市慈善总会疫情防控总结会上的演讲，2020 年 4 月 23 日。

休后出任总会领导的人——闻令而行、迅速响应，"慈爱湖州"网"共抗疫情、刻不容缓"项目迅即上线，湖州市慈善总会投入抗疫的冲锋号第一时间吹响。

十元、百元、千元、万元、几万元……一笔笔爱心款涌向"慈爱湖州"网；

10万元、30万元、50万元、70万元、80万元、85万元……项目筹款目标不断拉高；

"任意捐""跟我一起捐""全家捐""6.6元捐"……筹款方式不断创新；

10人、100人、500人、1000人、1600人、2000人、2800人……参捐人数不断攀升。

当我提笔行文时，项目筹款已达85.8211万元，3138人（次）参与，双双创造网站建立以来的最高成绩。通过这组数据，我们仿佛听到3000多颗爱心在网站跳动，汇聚成最新最美的旋律，响彻湖城大街小巷，印记在接受帮助的人们心中；通过这组数据，我们又仿佛看到3000多双温暖之手在平台相握，大手牵小手，小手拉大手，手手相握，托起了爱的天平，释放着善的能量。

在网络捐的同时，一个个网银捐的电话打了进来，一批批现金捐的人走了起来，一位位大额捐的慈善家被请了进来。1月30日、1月31日美欣达集团、大东吴集团率先发力，各捐200万元。一马当先，万马奔腾。50万元、100万元、200万元、400万元、600万元、800万元……湖城的捐赠热如钱江之潮呼啸而来，大额捐赠之多、到账速度之快前所未有。康诚石矿、久立房产、鑫远投资、升华控股、湖州银行、浙北大厦、美信佳建设、清溪鳖业、乔兴建设、黄红、陈根花……群英荟萃、群星灿烂！他们慷慨解囊却羞于表达，面对媒体的采访，他们很多人只会说："我们就是想表达一点心意，别的没想那么多。"——这就是我们面对的慈善家，既深深镌刻着独具特色的湖州印记，又处处诠释着千古一脉的中华符号。我相信，有了他们，湖州慈善的明天一定会春风又化喜雨，沃土再催新芽。

大战之时无闲者，总会也是小战场。在这里，人人都是战斗员，个个都在为前线。他们胸有大局，能谋善断；他们目标专一，只为打赢；他们心地坦荡，阳光透明。他们中有的中断休假，提前归队；有的主动请缨，抢挑重担；有的早出晚归，加班加点；有的多方沟通，争取资源；有的善于协调，畅通上下；有的独当一面，默默奉献；有的千方百计，引导舆论；有的乐于补位，谁忙帮谁；有的自我加压，不断超越；有的跑里跑外跑账单，只求分厘不差；有的跑进跑出跑保障，只为安全正点；有的身被隔离心在战，线上作业争贡献。面对大战，这个团队就像一枚蓄势已久待命启航的火箭，每一个部件擦得很亮，每一颗螺钉拧得很紧，每一道程序抠得很细，各就各位，一丝不苟，一声令下，直指苍穹！我为有这样的战友而骄傲，我为有这样的团队而自豪。

人心是杆秤，公道在人间。"走在前列说明湖州企业特别有社会责任感，也说明湖州市慈善总会组织得好。"——这是市委副书记、代市长王纲 2 月 3 日在总会专报信息上的批示。"全市慈善总会系统启动早、成效好，要给予充分肯定。"——这是夏坚定副市长 2 月 3 日对同一信息的评说。"看到你们退休了还在做公益，我也想做点好事捐点款。""想来想去，觉得还是把款捐给你们心里踏实。""不好意思，现在打电话说有些晚了，捐得也少了点，请你们不要笑话。"——这是三位企业家与我的通话。"你们也是一线，也很辛苦，也是最可爱的人。"——这是参与捐赠仪式的领导和同志们说的话。每当看到听到这些，我的心跳会加速，我的眼眶会湿润，甚至忘却一切地想发起新的冲锋。

截至 2020 年 4 月 8 日，全市慈善总会系统共接受捐赠款物 1.249 亿元，其中市慈善总会接受捐赠款物 4680.10 万元，支援了 3 个省、71 个市县（区）、96 家单位的抗疫斗争。

问渠那得清如许，为有源头活水来。心存忧患，时刻准备着；

科学研判，适时启动着；注重导向，舆论跟进着；大胆谨慎，规范运作着；内外协调，高效运转着；公开透明，阳光操作着；善于总结，不断改进着。这就是我们的基本经验。经验诚可贵，补短价更高，若为事业计，两者皆珍宝。应急慈善，政府与慈善组织及相关组织，如何建立统一协调、权责明晰的运行机制；慈善组织内部如何既高效又规范地运作，款物分配如何既快捷又精准；等等，都还需要再思考、深研究、有预案、能管用。

大灾大难，大彻大悟。此时此刻，我最想说的是，我有幸生在中国，我有缘活在当下。经历抗疫之战，我更感恩我们伟大的党、伟大的国家、伟大的军队、伟大的人民、伟大的事业、伟大的未来。我也更感恩我可敬可爱可信可靠的同人同事同志和战友。是你们，让我心有追求不迷向，休闲之年未下鞍；结缘慈善心坦荡，事业催征再扬鞭。是你们，让我淡泊名利重友谊，珍爱生命惜光阴；成就一份心中愿，广洒慈爱在人间。

各位同事、各位战友，这是一场人民战争、总体战、阻击战。今天，武汉已解封，但大路仍在伸延。人生之路还长，慈善之路更长。人生与慈善结缘就是与幸福结缘。让我们怀揣梦想追幸福，抖擞精神再出发；去路漫漫尽可期，无限风光在征途。

构思于 2020 年 3 月 19 日夜

成稿于 2020 年 3 月 20 日晨

定稿于 2020 年 4 月 8 日（武汉解封日）

感悟 2020 *

　　关于 2020 年，我已经在不同的场合、用不同的语言表达了我的记忆。今天我再用"六个非常"来概括：非常之年、非常之难、非常之策、非常之力、非常之喜、非常之道。

　　"六个非常"，使我感悟良多。

　　一是政治坚定性和事业纯粹性是我们的信念所在。中国共产党领导是中国特色社会主义最大的政治优势，我们能够度过非常的年份，也是因为有中国共产党领导，有中国特色社会主义制度。在党的领导下，如果不研究政治、不学习政治、不懂政治，只能是一个一般的缺少政治头脑和政治灵魂的走不远的人。特别是年轻同志，更要讲政治、懂政治。在这种非常之年，怎么做事，怎么决策，很简单，就是听党话、跟党走。党有号召，我有行动。纯粹性，这个词我想了一个多月，一直定不下来，突然想到毛泽东同志说过，要做"一个高尚的人，一个纯粹的人，一个有道德的人，一个脱离了低级趣味的人，一个有益于人民的人"（出自《纪念白求恩》，1939年 12 月 21 日，《毛泽东选集》合订本第 621 页），还是觉得用纯粹性最合适。我们对事业要有纯粹性，不带私心杂念，就是怀着慈善的心做慈善的事，就是一楼大厅挂的那副对联："升官发财莫入此门，逍遥自在请走他路。"有杂念就容易出问题。

　　二是团体凝聚力和个体战斗力是我们的力量所在。团体这个词也是到前天才定下来，我曾经用过五六个词，有整体、有组织等，考虑到慈善总会本身登记注册的就是社会团体，才决定用团体一词。

---

　　* 在 2020 年度工作总结会上的讲话节选，2021 年 1 月 28 日。

我们就是一个团体，因为相互信任，在一起可以共事，可以干事，可以成事，没有离心离德，这就是凝聚力。单单团体有凝聚力、个体没有战斗力也不行。团体是由个体构成的，个体的战斗力不提高，工作就做不成。没有个体战斗力，平时你好我好大家好，遇事你跑我跑大家跑，最后只能你了我了大家了。

三是不变的定力和应变的能力是我们的方法所在。 困难时期、危难时刻，只有坚定的信念，只有团结的团队，没有科学的方法也是行不通的。2020这个特殊的年份，就是把不变和应变结合起来，以不变应万变，在变局中寻新机，在变局中开新局。不变的定力是什么？不管外部环境怎么变，我们是慈善总会、是民间组织，既定的工作目标任务、基本思路，不能因外界的情况变了就乱了阵脚。不变的同时也要有应变的能力，2020年举行的那几个大活动，时时刻刻都在产生新的情况，没有应变能力，就找不出制胜之道。这些道理在将来的工作应对中都是管用的。

四是及时地总结和适时地修正是我们的动力所在。 总结和修正会带来创新。为什么我们做一件事就要总结一次，因为总结能够发现问题和不足，将问题和不足修正之后，新的东西就出来了。同时，因为形势变了、情况变了、要求变了，该修正的就要修正，该否定的就要否定，这样才能不断向前发展。个人是这样，团队是这样，事业也是这样。

五是广播的善因和广结的善缘是我们的底气所在。 这一条特别重要，2021年疫情捐赠充分说明了这一点。为什么疫情期间人家主动找上门来捐款？电话都直接打到孙阿金副会长这里，黄红副会长在香港也是直接联系我说要捐款。他们都表示，考虑再三还是觉得将善款捐给慈善总会比较踏实、比较放心。这是因为这些年我们的慈善宣教起作用了，慈善工作做到位了，市慈善总会的名声打响了，人家才会第一时间想到我们，充分信任我们，把善款捐给我们。

2020，感谢有你！

真善美诚是慈善的最大标尺 *

　　本次学习研讨班举办得非常成功，实现了研讨主题好、授课质量好、会务保障好、各方评价好。市内外、省内外参训的同志都给了我们很多赞美和鼓励。

　　主要收获：一是获得了新知识。二是扩大了交流。交流的面广了，朋友圈就大了。慈善是一种社会活动，慈善工作者都要成为社会活动家，没有与人交流的本事、不敢与人交流就走不出去，事业也就做不大。三是锻炼了队伍。四是探索了新路。研究院向哪个方向发展，学习研讨班应该怎么办？2021 年我们作了一些新的尝试，2020 年的研讨班是我们自己举办的，2021 年我们和市民政局及台州、嘉兴慈善总会联办；2020 年的学习研讨班是免费的，2021 年开始收基本培训费用，这些都是一种探索、一种尝试。研究院设立发展部，主要职责就是发展慈善自我"造血"的事业，让慈善更具延续性和可持续性。路子是一步一步摸索出来的，敢于探新路才能有前路，永远走老路，最终没有路。五是提升了平台。湖州市大东吴慈善文化研究院就是个大平台。在一楼宣传栏的总会简介中，2021 年我专门加了一句"以研究院为平台，以'百千创建'为载体的慈善文化建设方兴未艾"。研究院这个平台目前来说不算大，没有什么级别，也没有几个人，但它的潜力是巨大的。2020 年 6 月 18 日正式挂牌以来，在长三角慈善会系统已经有了一定的知晓度、相当的认可度和相应的影响力。六是增强了信心。通过组织这样一场活动，大家得到了历练、得到了提高，对未来的信心也更加坚定，底气也

---

　　* 在"社会治理与现代慈善"学习研讨班总结会上的讲话摘要，2021 年 7 月 1 日。

更加充足，对这个团队有了更强的信心。2021年7月1日，习近平总书记在庆祝中国共产党成立100周年大会上的讲话中强调："新时代的中国青年要以实现中华民族伟大复兴为己任，增强做中国人的志气、骨气、底气，不负时代，不负韶华，不负党和人民的殷切期望！"这个观点具有很强的现实针对性。我们慈善工作者，也需要时刻保持着这三气。没志气，没追求，不求上进不行；没骨气，不敢讲真话、实话也不行；没底气，对这个岗位自己都不认同、不认可，更是不行。

这次活动给我三点感悟：

一是初心使命是推动事业前行的最强动力。有人问我，退休这么多年了，满满心思扑在慈善上，究竟想要干什么。我跟他说，我就是喜欢慈善，就是想把这个工作干好。既然当了会长、兼了院长，那就要对得起这个职位，对得起这个称谓，对这个岗位负责，对下面的工作人员负责。共产党员有共产党员的初心，慈善工作者也有慈善工作者的初心。我的初心就是宣传栏上的那副对联，上联是"升官发财者莫入斯门"，下联是"逍遥自在者请走他路"，横批是"慈善者来"。这就是我的初心使命、干活的内在动力。靠外部作用是不长久的，只有内在动力才是长久的。有了内在动力，没有别人逼着你，自己也会主动去干。

二是学习求索是攀登事业高峰的最好阶梯。我们这次学习研讨班来了很多高级学者和名流大咖。人家为什么愿意接受我们的邀请来授课，是因为之前我们跟他们进行了一次次平等而深入的交流，让他们感到这个地方值得来，这一群人值得打交道。我们的同志特别是年轻同志，一定要把学习当作终身的事，真正做到活到老学到老。慈善的领域很广，慈善的学问很深，慈善的内涵很丰富，如果我们不走进去看一看、学一学，怎么知道这个领域有多深、这条道路有多远，怎么确定今后朝着哪个方向前进。越难越要学习，等你学进去了，知识储备丰富了，经验积累厚实了，你会尝到甜头的。

三是真善美诚是提升人生境界的最大标尺。为什么要用标尺这个词？就像射击一样，标尺定准了，目标才能瞄准，才能打到十环。慈善的标尺是什么，就是真善美诚，这是最高境界。可能一辈子达不到，但不能不追求、不能不靠拢，要永远在路上。

　　没有初心使命，叫别人推着、逼着、牵着都不愿意走，工作怎么可能干得好；不去学习、不去探索，只想着歪门邪道走捷径，永远都攀登不了事业的高峰；不讲真善美诚，一味弄虚作假，事业永远也做不大，也走不远。以上这些都是看得见、摸得着的真话、实话、心里话，希望能够对大家有所帮助。

认准了的事就要百折不挠干下去[*]

关于 2021 年的工作，在之前的市区县慈善总会会长联席会议上从"盘点之日看变化、透过变化看大势、变化之中有短板"等几个方面进行了总结，总体来说就是实现了由量变到质变的飞跃。

一是基层基础更加稳固；二是助力共富率先发力；三是慈善文化开辟新局；四是筹资项目稳中向好；五是区域协同竞相共进；六是队伍素质不断提升。总结过去的一年，我悟出了几个道理。

第一，认准了的事就要百折不挠地干下去。前提是认准的事必须是好的事情、正确的事情，比如说慈善文化建设、基层慈善基金建设、人才队伍建设等。这些年我对工作的思路是一贯的，着力点也是一贯的，不是突发奇想，所思考的都是对慈善总会系统的发展带有长远性、根本性、关键性的问题。这些事情一旦认准了，就一定要坚持干下去。没阻力是不可能的，之所以用了百折不挠这个词，就是希望遇到挫折也不要灰心泄气，暂时没取得成绩也不要停步不前。一直向前，总会成功的。

第二，明了的责就要义无反顾地担起来。责是什么？我在这里当会长，我要负第一责任，不管什么事，第一责任人肯定是我。我在很多场合讲过这个观点，在部队时讲，转业了讲，退休了到总会工作后还这么讲。只要在单位负主要责任，好事可以谦让一下，但如果出了什么问题，我肯定第一个担责。一件事情有了成绩、有了荣誉了要归自己，出了问题要担责任了就推给他人，这样做是绝对不行的。我相信如果你们在工作中面对责任时勇敢地担起来，有了

---

* 在市慈善总会 2021 年度工作述职报告会上的讲话，2022 年 1 月 25 日。

荣誉大家也不会忘了你。

2022年我们即将迎来党的二十大胜利召开，站在这样一个特殊的时间节点，我们要特别关注四件事：一是扩大增量任重而道远；二是文化研学任重而道远；三是人才培养任重而道远；四是规范运作任重而道远。

在成绩面前，我们没有轻飘飘的资本，只有越来越清醒、越来越奋进、越来越谨慎，才能够把总会办得越来越过硬。

胸有全局决战决胜*

刚才，何国富副会长传达了 8 月 29 日中华慈善总会领导来湖州检查论坛准备工作时的讲话精神。他是从市四套班子领导"慈善一日捐"捐赠仪式会场赶过来的，市委陈浩书记对这次中华慈善论坛非常重视，专门询问了论坛筹备情况，提出希望和要求。市委蔡旭昶副书记也多次听取汇报并给予指示。市委、市政府专门组织召开了协调会议。可以说，对于中华慈善论坛，湖州市委、市政府和有关部门给予了高度重视和大力支持。

中华慈善论坛筹备已经进入倒计时阶段，我认为有必要再进行一次全面的动员，这也是咱们的传统。凡是重大活动、重大工程，都有战前动员、誓师。尽管是一个形式性的活动，但这种形式很有必要。今天的会议虽然人不多，但是规格不低。市政府办公室的卢晓华副主任百忙之中到会，市民政局的领导主持会议，都是对今天会议和中华慈善论坛的重视。下面，我讲六个问题。

一、读懂设计，胸有全局

参加这个活动，要了解设计者设计了一个什么样的方案，这个方案的框架是什么？内核是什么？读懂这张设计图才能掌控全局。关于在湖州举办中华慈善论坛，是 2021 年 12 月 6 日我到北京和中华慈善总会宫蒲光会长签约时说定的，7 日返程途中我们就开始考虑活动具体内容。我将这个活动概括为"三三四八"。第一个"三"

　＊ 在中华慈善论坛（2022）会务保障工作动员誓师大会上的讲话，2022 年 8 月 30 日。

是三位一体。活动的全称是"中华慈善论坛（2022）与全国慈善会系统高级人才研修班暨第二届南太湖慈善论坛"，三个活动集合在一起。用宫蒲光会长的话讲两个论坛，是大论坛套小论坛。中华慈善论坛至今一共办了三届，这一次是第四届。2021年我和宫会长交流时，他主动问，明年有一个中华慈善论坛，湖州能承办吗？我满口答应。我当时说，这些年，我们组织慈善研讨班、慈善论坛已经有了一定的经验，同时明年我们也要举办第二届南太湖慈善论坛。宫会长立即明确，大论坛套着小论坛，两个一起办。还有全国慈善会系统高级人才研修班，原来定的是全国慈善公益人才培训班，后来考虑到活动的规模，才限定到了全国慈善会系统。第二个"三"是三级联办。活动的主办单位是中华慈善总会、浙江省慈善联合总会、湖州市人民政府，国家、省、市三个层面。"四"是四面相助。活动的协办单位有四家，分别是慈善公益报社、湖州市民政局、浙江工商大学英贤慈善学院、西北大学慈善研究院。"八"是八方来客。来参加本次活动的，是全国31个省份和15个计划单列市慈善会系统的领导，以及部分高等院校的专家学者。

二、明了初衷，认清意义

初衷可以用三句话来概括：这是全国慈善界的一件盛事；这是慈善领域专家学者、高级人才的一次盛会；这是慈善文化研讨的一场盛典。它体现了五方面的意义：这是全国慈善会系统高举习近平新时代中国特色社会主义思想伟大旗帜，认真学习贯彻习近平总书记关于新时代慈善事业一系列重要论述的重大举措；这是湖州慈善事业发展史上具有里程碑意义的重大事件；这是提升湖州美誉度、助力创建全国文明典范城市的重要窗口；这是湖州市慈善总会系统积极投身"在湖州看见美丽中国"实干争先实践活动的重要体现；这是锤炼慈善队伍、凝聚慈善力量的重要机遇。总之，中华慈善论坛系列活动在湖州举办意义重大、意义非凡。

三、清楚任务，担当尽责

一是担责要明责。譬如我自己，此次会务保障我是总责任人，出了任何纰漏，我都有不可推卸的领导责任，绝对不会推责。昨天，中华慈善总会的孙达副会长来检查准备情况，指出了一些小的问题。我首先表明是我的责任，我考虑不周到。各组的组长就是小组的第一责任人，每个组的组员就是你们这个小组任务的具体负责人。任务布置下来，谁是第一责任人，谁是具体责任人，都要清清楚楚。二是担责要尽责。所谓尽责就是全力以赴，努力追求完美。万无一失很难做到，但一定要去力争，有失也要是有小失无大失。大家都要朝着这个目标全力以赴，把分到的任务力争做得完美。三是失责要追究。在总会的内部会上已经说过，平时可以嘻嘻哈哈，小事可以忽略不计。在重大活动、重要事项中，有大的失误肯定要追究。责任怎么追究也是有讲究的，问题是由责任心不强造成的，还是由于不可预料的因素造成的，要实事求是地分析。在能力范围内可以预料的、可以防范的事情发生了，就要从重追究。清楚任务，担当尽责，各级领导要一级带着一级干，一级做给一级看，从小组长开始都应该有这种姿态。

四、知道重点，全程关注

重点有以下几个：一是从政治角度看，安全是重点。为什么请公安局、执法局和疾控中心的同志来，都是从安全角度考虑的。在当前形势下，第一位的是疫情防控安全。我们的初衷是想把这次活动办成一个盛会或盛典，如果因为我们工作考虑不周到，在疫情防控方面出了什么事情，势必会对湖州造成不好的影响。疫情防控工作必须非常严肃，严格按照国家、省、市的要求，不折不扣、一丝不苟地落实到位。这一点必须头脑清醒，警钟长鸣。二是从流程角度看，无缝对接、有序推进是重点。本次活动是"三位一体"，从9

月5日入场开始到9月7日活动小结结束，尽管已经有了细化的方案，但还是要反复斟酌和完善，确保每一个环节都做到无缝对接，每一个细节都不能疏漏。绝对不能出现该上台的人没上、该摆7张凳子少了一张、该统一服装的没统一等问题。每个细节都要做到细之又细、实之又实。三是从保障角度看，重要宾客是重点。哪些是重要宾客？我们已经讲过多次，从职务上来讲，省部级以上的领导是重要宾客，知名专家学者也是重要宾客，还有外省计划单列市的会长，等等。四是从来宾感受的角度来看，第一印象和离别感受是重点。中国人讲来有接、走有送。原来，我和上面对接的结果是在杭州下车、下飞机的不去接，高铁站一般接厅级以上。昨天接到新的要求，凡是外地来浙江的，都要去接。来的人是不同时间不同批次，接站的同志第一、第二趟接可能笑脸相迎，第三、第四趟接可能情形就变了，等到了晚上可能就承受不住了，太累了，脸色就不好看了，如果这样，就前功尽弃了。你可能接了四五趟人，但人家见你是第一面，你板着个脸，给人的第一印象就不好。人家也不管你是哪个单位的，反正是湖州的，对湖州的第一印象就会不好。说"在湖州看见美丽中国"，结果第一眼就没有看到美丽。我们都做过这份工作，也理解这份工作的辛苦，但还是希望大家要将心比心，打起十二分精神，给人家留一个好印象。还有离别，2021年我们办了一个活动，当时我就要求，等人家回去以后，负责对接的同志必须打个电话问候一下。这样做反响非常好，人家对湖州的印象特别好。

五、记住要求，不打折扣

关于这次活动的总要求，年初定了四句话：紧跟时代、紧贴中心、富有创意、富有影响。这16个字是我提出来的。中华慈善总会孙达副会长来检查时也讲了8个字"圆满、顺利、安全、成功"。这些要求要不折不扣做好落实。有几个具体事项，我再点一点。一是6

月 17 日明确的三个"一"的要求：一个途径、一个渠道、一个账本。对外宣传就一个途径，所有的稿子都要经过沈振建同志审阅；对上衔接的工作由办公室负责，尽管大家都有联系人，还是要经过办公室，防止信息不对称；每个小组都需要开支，要先做好预算，报批以后再支出，不允许先支后报，有特殊情况的也要提前打招呼。二是 6 月 27 日传达贯彻市委、市政府协调会议精神时，提出的两个具体要求：从 8 月 27 日开始，总会人员的 7 辆私家车全部征用；人员没有特殊情况不允许请假，要请假的直接找我。

六、学会协作，团结自身

一个好的班子是团结协作的班子，一个好的团队是相互沟通、相互协作的团队。团结出战斗力，团结延长生命力。尽管我们有分工，但只有团结协作、相互补台，你想不到的我帮你想到了，你做不到的我帮你做到了，才能不出差错。过去在这方面，慈善总会系统的工作做得非常好，分工不分家，不争你高我低，不讲你多我少，不争功诿过。过去我们接受的教育是，有困难就上，有荣誉就让，这种精神我认为永远不过时。有困难就躲，有便宜就抢，有硬仗就绕，有矛盾就推，是做不好工作的。希望我们继续发扬优良作风，学会协作，依靠团结，尽管人很少也能办大事。

同志们，这次活动是一场大仗，也是一场大考。我相信，有市委、市政府的高度重视，有市民政局和有关部门的大力支持，有中华慈善总会和省慈善联合总会的具体指导，有我们这一支多年历练、能打硬仗的团队，面对大战大考，我们一定胜券在握。

慈善万岁*

2022 年 9 月 5 日，湖州——这座太湖南岸的美丽城市，将被全中国热心慈善的人士深深铭记。

这一天，是第七个"中华慈善日"；

这一天，以"弘扬真善美与新时代慈善"为主题的中华慈善论坛（2022）与全国慈善会系统高级人才研修班暨第二届南太湖慈善论坛在湖州开元名都大酒店三楼东吴厅隆重开幕；

这一天，中央、省、市多家主流媒体和全国慈善会系统主要媒体聚焦湖州；

这一天，作为活动承办方的湖州市慈善总会、湖州市大东吴慈善文化研究院（中华慈善总会慈善文化湖州研学基地）全体人员衣着整齐、精神抖擞地活跃在论坛现场，格外引人注目。

出席开幕式的有全国人大社会建设委员会副主任委员、中华慈善总会会长宫蒲光，副会长孙少华、孙达、刘伟，会长助理胡传木，浙江省副省长王文序，中共湖州市委书记陈浩，市人大常委会副主任吴伟，市人民政府副市长夏坚定，市政协副主席施会龙，浙江省政府原副省长、党组副书记，十一届省政协副主席、党组副书记、省慈善联合总会会长陈加元，副会长吴桂英、施利民、乐益民、谈月明、蔡国华，上海市人大常委会原党组副书记、副主任，市慈善基金会理事长钟燕群，安徽省政协党组副书记、副主席，省慈善总会会长刘莉，福建省人大常委会原党组副书记、副主任，省慈善总

---

* 写在中华慈善论坛（2022）与全国慈善会系统高级人才研修班暨第二届南太湖慈善论坛总结表彰之时，2022 年 10 月 11 日。

会会长雷春美，河南省政协原副主席、党组副书记，省慈善总会会长邓永俭，陕西省人大常委会原副主任、省慈善协会会长吴前进，著名专家学者郑功成、王振耀、郁建兴、何文炯、傅昌波等领导和嘉宾215人。中华慈善总会360余家会员单位组织人员在线观看论坛直播。

两个论坛和研修班按既定方案有序推进，硕果累累，形成了一批以宫蒲光会长发表的《扎实推进共同富裕是新时代慈善事业的重大使命》的主旨演讲，全国人大常委会委员、中国社会保障学会会长、中华慈善总会专家委员会主任委员郑功成以视频方式作的《促使我国慈善事业高质量发展的着力点》的主旨演讲，省慈善联合会会长陈加元所作的《以慈善的主动作为助推乡村振兴先行》的演讲，以及现场发布的《第二届南太湖慈善论坛湖州宣言》为标志的慈善文化理论成果，为中华慈善总会慈善文化湖州研学基地授牌，为基地主任、副主任颁发聘书并考察研学基地和"两山"理念诞生地、湖州市慈善文化实践示范基地安吉县余村为标志的慈善文化实践成果。活动于9月7日圆满收官，9月8日与会领导和嘉宾陆续返程，他们带着期许而来，满载收获而归。报刊音频网纷纷为活动发声，共有21家媒体、35篇报道传播了这次盛会。与会领导和嘉宾对这次盛会充分肯定，好评如潮。

大幕落下人散去，寂静无声思绪飞……

2021年12月6日10时，北京，中华慈善总会。在我们应邀赴京与中华慈善总会签署《合作协议》的仪式上，双方商定2022年9月在湖州举办以"共同富裕与新时代慈善"为主题的中华慈善论坛2022暨第二届南太湖慈善论坛和公益慈善人才研修班，决定在论坛期间考察研学基地并为研学基地授牌。这是一种极大的信任，一份很高的荣誉，又是一种极大的责任，一副很重的担子。

一诺千金，不容懈怠。从那一日那一刻起，到2022年9月15日（代表返程一周内没有因来湖出现疫情），9个月又10日，共284

天，我们无时无刻不在思考着如何不负信任、不负重托，既要把论坛办成一届紧跟时代、紧贴中心，富有创意、富有影响的慈善盛会，又要在新冠疫情不规律发生的形势下，确保生命至上、疫情为零。

万事开头难，而此举开头则是难上加难。办论坛就要考察研学基地，为研学基地谋得一处落户之地，挂牌之处就成为这次活动的当务之急。有难不可怕，怕在知难而退。迎难而上、攻坚克难，是共产党人的应有本色，也是当代慈善者的应有品质。幸在有市委、市政府的高度重视，有相关部门的大力支持。5月6日，我们拿到了市政府4月30日签发的《关于中华慈善总会慈善文化湖州研学基地用房有关专题会议纪要》，1115平方米的场地给研学基地使用。来不及兴奋和感慨，因为时间不等人，必须在7月底之前完成装修布展。两个工作小组即刻成立，从组长到成员个个绷紧神经、瞪大了眼睛、铆足劲头，夜以继日地投入战斗。装修组率先行动，5月20日装修队进场，工作组成员跟随进场，与装修队并肩作战。在现场，有时你根本分不清谁是施工者，谁是监工者。我们有的同志几乎吃住在工地，对现场的情况比施工者更清楚、更在行，披星戴月，能说会干。40摄氏度的高温，赤膊上阵，令人动容。为了节省一个铜板，本着能用则用、能修则修的原则，电梯、水管、大厅的地面、墙壁、吊顶修修补补继续用，院内的杂草、树枝，拿来自家的砍刀、锯子，修枝除草，自己搬运，80后90后的姑娘、小伙儿参与其中，他们说从小没干过这种活，也没见到过这样干活。正是有了这种拼命三郎精神和舍小家为大家的情怀，才有了既省钱又省时、省工的超速度。

布展组紧随其后，同步展开。但布什么内容的展，怎么布展，却是一张白纸。一张白纸何所惧，请众人出谋，请行家划策。资深的媒体人出场了，老到的领军者亮相了，慈善工作者，社科界、书画界研究员，慈善大使，一场场座谈会、咨询会紧锣密鼓召开，一个个金点子，一条条好建议，摆满案头。新时代小女子勇挑重担，敢第一个吃螃蟹，敢闯新路，干前人未干之事，圆今人追求之梦。奇迹出现了：丁莲芳慈善文化超市诞生了，研究员之家落地了，慈善直播间开播了，慈善小使者行动了……一张白纸画出了至新至美的图画。省慈联陈加元会长欣然为文化超市题匾，省社科联原党组书记、大东吴慈善文化研究院高级研究员陈永昊题写的"研究员之家"醒目耀眼。从5月6日到8月上旬短短三个月，原来空空如也的旧场地焕然一新、琳琅满目，一个富有时代气息、文化韵味的研学基地问世了。

这是一场前哨战，打得干净利索，成为一场速决战，靠的是狠劲、钻劲。

沟通是春风化雨，协调是攥指成拳。谋事需要深思熟虑，成事需要沟通协调。这场"三位一体"（大小论坛和研修班）、"四级联动"（中华慈善总会，省慈联，市政府，市慈善总会，市大东吴慈善文化研究院，各区县慈善总会）的慈善盛会，基础在沟通协调，关键也在沟通协调。从离京返湖途中我们就在开始做沟通协调的工作，返程的车上即草拟了向市委市政府、市民政局和省慈联的信息专报。按照"提前谋划、听从指挥、精心准备、全力配合"的工作方针，在2022年1月底发出了第二届南太湖慈善论坛征文的通知，春节后一上班就与中华慈善总会分管部室主动对接。在疫情管控的大背景下，北京、湖州相距千里，只能线连线，无法面对面。6月上旬，再次书面报告并调整沟通方式。柳暗花明，对接进入实质性阶段。与此同时，我们可以自主安排南太湖论坛的论文征集、评审、《湖州宣言》起草、《湖州慈善文化研究丛书》编辑、《因善兴文　以文扬善》视频片拍摄，多项工作有序推进、陆续就绪。6月24日赴省慈联汇报，得到的是坚定支持、携手共进。信念不能变，脚步不能停，盯住目标，卡紧时间节点，坚定前行，这个信念一直支撑着我们。老天不负慈善人，人间正道是沧桑。8月28日终于见到了活动的正式通知，8月29日迎来了中华慈善总会孙达副会长一行的检查。与市委、市政府的汇报沟通，虽说时间有点长、次数有点多，但得到的都是正面信息，这让我们心中有了底。难为了那些为沟通协调作出贡献的幕后英雄，你们是默默付出者、忍辱负重者、聪明智慧者、化危为机者！

沟通协调是一场持久战，这一战胜在韧劲、智劲。

万事俱备，东风已启，盛典的大幕就要开启。一场演出的主角是演员，但演出的成功离不开台前幕后的保障。面对庞大的演出阵容和多场的演出程序，直接参与演出保障的却是捉襟见肘的总会、研究院的这十几号人。请会务公司，这是好心人的建议，一问价，200万元！对我们来说这是天价。紧要关头，市委、市政府特别给力。8月26日，市委、市政府两办的协调会召开了，市民政局靠前接棒、主动请缨，市公安局、市卫健委、市行政执法局、市委宣传部、市新闻传媒中心、市消防、爱飞扬分会、南太湖医院纷纷加入保障队伍行列，不仅增加了力量，更给了我们信心和勇气。我们的同志精神饱满、信心百倍。动员誓师大会上个个摩拳擦掌、誓言铮铮，从六七十岁的老同志到二三十岁的小年轻，心无旁骛地投入战斗。这是积聚起来的力量，这是激发出来的活力，汹涌澎湃，势不可当。从9月4日代表报到至9月8日代表返程，这是最繁忙、最紧张、最辛苦、最见功力的五天。萧山机场、湖州高铁站，往来穿梭，接到位，送到位，有的一天要跑几趟，知情者说全国类似的活动没有这样接送的。签到、做核酸，送到房间，接出房门，变更行程，临时要求，能满足的尽最大可能满足；搭台至半夜三更，装袋到午夜之后，没有人叫苦喊累，没有人推诿讲价；有的同志几天几夜没睡一个囫囵觉，有的同志从早到晚见不到家中老人孩子的面；为了慈善、为了集体、为了荣誉，豁出去了！待到人去房空归巢时，我们的同志坐在凳子上发呆了，趴在桌子上睡着了……见到这一幕，我的鼻子酸了，眼眶湿润了。

会务保障是一场阵地战、运动战。运动中一路绿灯，安全有序；

阵地上个个坚守，人在阵地在，这一仗胜在硬劲、拼劲。

时针重回今天的总结表彰会。一场大活动就是一次大展示、大淬火、大洗礼，收获的是大团结、大思考、大进步。为此：

我感恩，感恩这个伟大的时代，是这个时代为慈善事业开启了新征程，为慈善者搭建了新平台，为有志者创造了新作为；

我感谢，感谢中华慈善总会和省慈联对我们的信任和厚爱，感谢市委、市政府对我们的关心和重视，感谢市民政局、各区县慈善总会和有关部门对我们的支持和帮助，感谢所有关注这次活动的社会各界人士对我们的理解和声援；

我感动，为所有为之付出的单位和组织而感动，为我身边同志的精彩表现而感动，为那些对我们的每一份付出给予鼓励、鼓劲、鼓气的领导和嘉宾，甚至素不相识的朋友而感动；

我感慨，感慨这 10 年来市慈善总会、这 3 年来大东吴慈善文化研究院造就了这么一支特别讲政治、特别讲奉献、特别能吃苦、特别能战斗的好队伍，遇到了一批同向同行、甘苦与共的好搭档、好同事，特别是有一支风气很正、成长很快、潜力很大、前景很好的年轻人队伍，这是我们的希望所在；

我感悟，慈善事业崇高，慈善文化深厚，慈善之路曲折，慈善未来美好。在湖州看见美丽中国，在湖州也一定能看见美丽慈善。为慈善而鼓，为慈善而呼，为慈善而激昂，为慈善而奋进。

今生无悔慈善事，来世还做慈善人。

慈善万岁！

站好最后一班岗 *

很高兴到慈善总会工作整整 10 年。从 1969 年参军，军龄加工龄到 2023 年 54 年了，第 55 年已经开始。如果从班长以上的岗位算起，50 多年我换了将近 20 个岗位，在一个岗位干 10 年，而且是退休以后的 10 年，时间是最长的，我感到很荣幸、很值得。

下个月就要交班了，回头一看感到时间过得很快，一晃 10 年过去了。感到非常快，为什么呢？可能是非常充实，天天有事干，天天排得满满的。尽管 10 年时间，还感到好像一眨眼就过去了。退下来以后做慈善非常荣幸，发自内心地高兴。

记得一位老领导跟我说过，看一个人怎么样，就看他平常和哪些人打交道，他周围都是些什么人，要看他的朋友圈、交往圈。这些年我和在座的各位副会长成了好朋友，大家在一起可以无话不说，你也不提防我，我也不担心你，彼此知根知底，因为大家都是有善心的人。

关于市总会的换届，从 2022 年开始就有人在议论，在传各种消息，我坚持"三不"——不打听，不解释，不影响，该干什么干什么。当有一天组织决定你不再担任会长，那就不担任，这是多大的一个官？人人都可以干，人人都可以干好，这是心里话。

我是军人出身，在一天干好一天，站好最后一班岗，肯定不脱岗，也不赖岗。我在两个月前换届筹备工作的内部会议上讲过，面临换届我肯定做到：思想不松，工作不断，秩序不乱，干劲不减，请大家监督。几十年都这么干下来了，还在乎这几个月吗？看一个

---

* 在四届十一次会长全体会议上的讲话，2023 年 4 月 6 日。

358

人的素质、品行要看在风口浪尖面前、名利得失面前的表现，而不是看你报告作得怎么样。你在台上讲得很响亮，在工作中做得也一定响亮吗？

在2013年总会全体人员的第一次会议上，我就讲了要做一个什么样的慈善工作者。有人说我们是慈善家，我说慈善家是对慈善作了贡献的，拿出真金白银的，这些人是慈善家，我们做得再好也就是一个慈善工作者，是一个中介人物。

我一直坚持一个观点，慈善总会有自己的特性，它是社会团体，是民间组织，是有官方背景的社会团体。当会长的多数都曾经是一个官，但我们自己千万别把自己还当作一个官，不能把行政的一套拿到慈善组织来。你那样做有效、有用，但有限。为什么有限呢？当你那个官的权力没了，当你退休已经若干年了，最终靠什么？还是要靠慈善组织自身的运行，靠组织的社会公信力。靠个人是暂时的，长远的是靠制度。我们既然是慈善组织，就要按照慈善的理念、慈善的方式来做慈善。

最后，我要特别郑重其事地说，感谢感谢再感谢！因为有了你们，我才能坐在这里充满底气地说这些话，没有你们的奉献，没有你们的捐赠，没有你们的帮助，没有你们的支持，就没有湖州市慈善总会这10年的发展进步。在我离任之前，再讲一遍，感谢感谢再感谢，感谢有您，有您真好！

后　记

　　《向善者说》是我从 2013 年 4 月至 2023 年 5 月担任湖州市慈善总会会长期间对慈善的学习、探索、思考和总结。收录其中的文稿都是自己动脑动笔，从实践中获取的。会长十年，已成过往，唯有感谢，永志不忘。

　　感谢这波澜壮阔的十年。这十年是党的十八大以来的十年，以习近平同志为核心的党中央高度重视慈善事业发展，中国特色慈善事业有了新定位、新使命，迎来发展壮大的新时代。2016 年，《中华人民共和国慈善法》颁布实施，为慈善组织的运行和发展提供了政治前提和法律依据，中国慈善从此进入了依法治善、依法行善的新阶段。湖州慈善的十年是中国慈善十年的一个缩影，反映了这期间中国慈善事业发展的一些轨迹。我作为亲历者、见证者，有责任为这段历程做一个记录。

　　感谢湖州这片充满慈心善行的土地和人民。湖州虽然面积不大、人口不多，经济实力也不雄厚，但历史上这里就是民风淳朴之地、乐善好施之乡，向上向善的血脉早已融入湖州大地。湖州人热情善良、充满爱心，正是有了如此深厚的文化底蕴，湖州慈善才能枝繁叶茂、硕果累累。

　　感谢一起从事慈善工作的领导和同人。这十年，我认识了很多有志于慈善的朋友，他们都是充满理想、充满善心的好人。有的德高望重，给予关怀；有的满腹才情，不吝分享；有的联手联动，团结奋进；更有的风雨同舟，甘苦与共。是他们，共同谱写了湖州现代慈善的华彩篇章。

感谢在本书成书过程中给予过帮助的人。中国社会出版社程伟社长、陈琛主任、秦健编辑及参与本书出版的所有同志，他们为本书出版给予了大力支持；孙阿金、沈振建、夏永社、刘艳云、施敏锋、李韬、张进煊、金智豪等同志，他们在本书收集、整理、成稿过程中给予了无私帮助。没有他们，就没有本书的如期出版。

在这里，我要特别感谢第十三届全国人大社会建设委员会副主任委员、民政部原副部长、中华慈善总会会长宫蒲光热情为本书作序；特别感谢浙江省十一届政协副主席、党组副书记，省慈善文化研究院院长陈加元欣然为本书题写书名。他们既是我的领导，又是我的师长，这些年我们因善结缘。他们对我既有工作上的指导，也有学识上的启迪，更有思想上的帮助。这次又为本书作序、题写书名，也给拙作增了色。

魏秀生

2023 年 12 月 18 日